Q&A
医薬品・
医療機器・
健康食品等
に関する
法律と実務

医薬品該当性，医薬品・健康食品の広告，
製造販売，添付文書，薬局，個人輸入，
医薬部外品，医療機器，化粧品，指定薬物

弁護士・薬剤師 **赤羽根 秀宜** 著

日本加除出版株式会社

は し が き

　平成26年11月25日には「医薬品，医療機器等の品質，有効性及び安全性の確保等に関する法律」（薬機法）が施行された。これまで「薬事法」という名称だった法律を「医薬品，医療機器等の品質，有効性及び安全性の確保等に関する法律」という名称に変更している。これは，近年，医薬品，医療機器，化粧品等を取り巻く環境が変わってきていることから，その変化への対応をするためである。

　今回の改正のポイントは，医薬品，医療機器等に係る安全対策の強化，医療機器の特性を踏まえた規制の構築，再生医療等製品の特性を踏まえた規制の構築，とされている。具体的には，安全対策として添付文書の届出制導入，医療機器の製造販売業等について医薬品と区別して規制，単体プログラムの医療機器での規制，再生医療等製品の条件及び期限を付した製造承認等が上げられる。薬機法の規制対象は医薬品，医療機器，医薬部外品，化粧品，再生医療等製品となっている。

　医薬品・健康食品等に関しては，薬機法違反に注意しなければならないだけではなく，製造物責任や医療過誤等の民事責任，場合によっては刑事責任にも注意を要する。近年は，いわゆる健康食品にかかる様々な規制もあり，販売態様によっては薬機法との関係もでてくる。また，これらの医薬品・健康食品関係の広告においては，薬機法，健康増進法，景品表示法などの法律が絡み合い，問題となる場合が数多くある。

　私は弁護士でもあり，薬剤師でもある関係から，医薬品や健康食品等の健康に関する分野の相談を受けることが多く，またその相談も多岐に亘る。この分野においては，実務家，業界関係者等は法律とともに政省令，判例，通達等に精通する必要があるが，「どこに，何に関して記載されているかが分かりづらい」との声をよく聞く。本書はまさにそれらの声にこたえるものであり，「法律・省令による根拠は何か」「裁判例，行政の解釈はどうか」等について根拠を示した上で，解説を添えており，実務家，業界関係者等に有益な書になるよう工夫した。

はしがき

　なお，近年の動きとして，一般用医薬品のネット販売を認めた最高裁判決（最二小判平25・1・11）を踏まえた薬機法の改正，広告に関し，消費者契約法に基づく差止めの対象となるかが争われた最高裁判決（最三小判平29・1・24）も反映し，平成31年に予定がされている薬機法の改正にも言及した。

　事業者が医薬品や健康に関する事業に関わる際，法令に関して懸念，悩む機会も増えていると思われ，本書がそれらの判断の指針，根拠の確認などの一助になれば幸甚である。

　最後になるが，本書の企画，出版を支援してくださった日本加除出版株式会社の佐伯寧紀氏，鶴崎清香氏に心から感謝申し上げる。

　平成30年6月

赤羽根　秀宜

凡　例

1　本書中，法令名等の表記については，原則として省略を避けたが，括弧内においては以下の略号を用いた（「医薬品，医療機器等の品質，有効性及び安全性の確保等に関する法律」等は本文中でも薬機法等と記載している。）。

【法令等】

薬機	医薬品，医療機器等の品質，有効性及び安全性の確保等に関する法律（薬機法）
薬機令	医薬品，医療機器等の品質，有効性及び安全性の確保等に関する法律施行令（薬機令）
薬機規	医薬品，医療機器等の品質，有効性及び安全性の確保等に関する法律施行規則（薬機規）

薬剤	薬剤師法	食品衛生	食品衛生法
薬剤規	薬剤師法施行規則	食品表示	食品表示法
製造物	製造物責任法（PL法）	健増	健康増進法
医療	医療法	消費契約	消費者契約法
医療規	医療法施行規則	特許	特許法
健保	健康保険法	臨床	臨床研究法

景表	不当景品類及び不当表示防止法
機構	独立行政法人医薬品医療機器総合機構法
機構令	独立行政法人医薬品医療機器総合機構法施行令
機構規	独立行政法人医薬品医療機器総合機構法施行規則
薬担規則	保険薬局及び保険薬剤師療養担当規則
療担規則	保険医療機関及び保険医療養担当規則
QMS省令	医療機器及び体外診断用医薬品の製造管理及び品質管理の基準に関する省令（平成16年厚生労働省令第169号）
QMS体制省令	医療機器又は体外診断用医薬品の製造管理又は品質管理

凡　例

	に係る業務を行う体制の基準に関する省令
QMS区分省令	医薬品，医療機器等の品質，有効性及び安全性の確保等に関する法律第23条の2の5第7項第1号に規定する医療機器又は体外診断用医薬品の区分を定める省令
GCP省令	医薬品の臨床試験の実施の基準に関する省令
GLP省令	医薬品の安全性に関する非臨床試験の実施の基準に関する省令
GQP省令	医薬品，医薬部外品，化粧品及び再生医療等製品の品質管理の基準に関する省令
GVP省令	医薬品，医薬部外品，化粧品及び医療機器の製造販売後安全管理の基準に関する省令
GMP省令	医薬品及び医薬部外品の製造管理及び品質管理の基準に関する省令
GPSP省令	医薬品の製造販売後の調査及び試験の実施の基準に関する省令

【裁判例等】

・最二小判昭29・9・10判タ42号27頁
　→　最高裁判所第二小法廷判決昭和29年9月10日判例タイムズ42号27頁
・昭46・6・1薬発476号厚生省薬務局長通知
　→　昭和46年6月1日薬発第476号各都道府県知事宛厚生省薬務局長通知

凡　例

2　出典の表記につき，以下の略号を用いた。

大民集	大審院民事判例集	高刑速	高等裁判所刑事判決速報集
民集	最高裁判所民事判例集		
集民	最高裁判所判例集民事	高検速報	高等裁判所刑事裁判速報
民録	大審院民事判決録		
刑集	最高裁判所刑事判例集	訟月	訟務月報
集刑	最高裁判所判例集刑事	東高民時報	東京高等裁判所民事判決時報
下民	下級裁判所民事裁判例集		
		判タ	判例タイムズ
裁時	裁判所時報	判自	判例地方自治
刑月	刑事裁判月報	判時	判例時報
		金判	金融・商事判例

『逐条薬事』　薬事法規研究会『逐条解説薬事法 (五訂版)』(ぎょうせい，2012)

『用語辞典』　法令用語研究会『法律用語辞典』(有斐閣，第 4 版，2012)

v

目　次

目　次

第1章　関連法改正の経緯及び関連法規 ―――――― 1

■ Q 1　薬事法から薬機法になった経緯と概要は。　1

■ Q 2　改正薬剤師法のポイントは。　3

■ Q 3　健康保険法と病院や薬局はどのような関係となるか。　5

第2章　医薬品該当性 ―――――――――――――― 7

■ Q 4　薬機法において，医薬品の該当性はどのように判断されるか。　7

■ Q 5　医薬品該当性の判断において効能効果はどのように考慮されるのか。　10

■ Q 6　医薬品該当性の判断において，形状はどのように考慮されるのか。　13

■ Q 7　医薬品該当性の判断において，用法用量はどのように考慮されるか。　15

■ Q 8　医薬品の製造段階では，医薬品該当性はどのように判断されるか。　17

第3章　医薬品 ―――――――――――――――――― 19

■ Q 9　薬機法で定める医薬品にはどのような種類があるか。　19

　図1　医薬品の分類　19

■ Q10　医療用医薬品はどのように分類され販売においてはどのように規制されるか。　21

■ Q11　OTC医薬品はどのように分類されるか。　25

vii

目　次

図2　OTC医薬品の分類　25

Q12　要指導医薬品とは何か。販売についての注意点はあるか。　28

Q13　薬局製造販売医薬品とは何か。　30

Q14　体外診断用医薬品とは何か。　31

Q15　希少疾病医薬品とはどのような医薬品か。　33

Q16　劇薬・毒薬とは。　34

Q17　後発医薬品とは何か。　35

第4章　医薬品の製造販売等 ——————— 37

Q18　医薬品の承認，製造販売業の許可，製造業の許可はどのような関係になるか。　37

Q19　医薬品等の製造には小分けも含むとされているが，小分けとはどのような行為か。　41

Q20　医薬品等総括販売責任者とはどのようなものか。　43

Q21　医薬品の副作用に関して，製造物責任はどのように判断されるか。　45

Q22　先発医薬品の特許権存続期間中に後発医薬品製造承認の申請資料作成のために，当該医薬品の製造等をすることは特許権の侵害に当たるか。　47

Q23　医薬品の回収等は，どのような場合に行わなければならないか。　48

Q24　臨床研究法とはどのような法律か。　51

図3　臨床研究の範囲　52

Q25　薬局製剤や院内製剤，調剤した薬剤については「製造物」（製造物2条1項）に該当するか。　55

目　次

第5章　医薬品等に関する制度 ——————57

- Q26　PMDAとは何か。　57
- Q27　再審査制度とはどのようなものか。　58
- Q28　RMPとは，どのような制度か。　59
- Q29　副作用・感染症報告制度とは。　60
- Q30　製造販売業者等が，副作用の報告を怠った場合にはどのような処分が科せられるか。　61
- Q31　医薬関係者の副作用報告制度とはどのようなものか。　63
- Q32　医薬品副作用被害救済制度とは。　65
- Q33　医薬品副作用被害救済制度の給付の要件は何か。　67

第6章　添付文書等 ——————69

- Q34　添付文書の届出制とはどのようなものか。　69
- Q35　医薬品の添付文書に従わない処方は法的にどのように判断されるか。　70
- Q36　治験において治験実施計画書に従わない治療は，医師の過失においてどのように判断されるか。　72
- Q37　医療法において，特定機能病院における適応外使用及び未承認医薬品の使用の体制はどのように整備する必要があるか。　74
- **コラム**　在宅医療での医療廃棄物はどのように処理するか？　76

第7章　医薬品の販売・調剤等 ——————77

- Q38　薬局と医薬品の店舗販売業，卸売販売業の違いは何か。　77
- Q39　配置販売業とは何か。　79
- Q40　登録販売者とは。　80

ix

目　次

Q41　薬局や店舗販売業の開設に関して開設場所の制限はあるか。　81

Q42　薬局を移転する場合や開設者が変更になる場合には，薬局の許可は新たに必要か。　83

Q43　薬局のM&Aにおいて気を付けることは何か。　84

Q44　薬剤師が不在の場合には薬局を開局することはできないか。　86

Q45　薬局の管理薬剤師は他の薬局で薬事に関する実務を行うことはできるか。　88

Q46　同じ開設者の薬局において，A薬局で調剤した医薬品を患者宅等に送付し，B薬局に勤務する薬剤師が患者宅において服薬指導を行う事は可能か。　89

Q47　薬局において調剤した薬剤を，患者宅に郵送等で届けることは可能か。　90

Q48　調剤した薬剤を薬剤師が患者宅に届けることは可能か。　92

Q49　偽造医薬品への対策として薬局等ではどのような対応が求められるか。　93

Q50　特定販売とはどのような販売方法か。　96

Q51　一般用医薬品の特定販売（インターネット販売等）を行うに当たり，店舗販売業の許可を受けている店舗からではなく，倉庫から直接配送することは可能か。　98

Q52　一般用医薬品を特定販売において，直接消費者宅に送付するのではなく，コンビニ等に送付し，その場所で患者が受けることは可能か。　100

Q53　一般用医薬品の特定販売（インターネット販売等）においては，販売する店舗から医薬品を発送しなければならないが，注文を受ける場所をコールセンター等として当該店舗と別の場所で行うことは可能か。　102

Q54　近隣の医療機関が処方箋を発行する予定であったため保険薬局を開局したが，突然医療機関が処方箋発行を取りやめてしまった。この場合，保険薬局は，医療機関に損害賠償請求を行うことは可能か。　104

目　次

- Q55　一般用医薬品の特定販売（インターネット販売等）を専門とする店舗の開設は可能か。　106

- Q56　店舗販売業者等がOTC医薬品を組み合わせて販売することは許されるか。　107

- Q57　保険医療機関や保険薬局が患者紹介ビジネスを利用することは可能か。　109

- **コラム**　なぜ医薬分業？　111

第8章　医薬品等の個人輸入 —————113

- Q58　医薬品等を個人輸入して利用することは問題がないか。　113

- Q59　医薬品の個人輸入を個人の代わりに事業者が行うことはできるか。　117

- Q60　医薬品等の個人輸入の輸入代行業務を行うに当たり，海外医薬品等を広告することは可能か。　118

第9章　医療機器 —————119

- Q61　薬機法で定める医療機器とはどのようなものか。　119

- Q62　医療機器の該当性はどのように判断されるか。　121

- Q63　医療機器はどのように分類されるか。　123
    - **図4**　製造販売業許可の種類　123

- Q64　特定保守管理医療機器，設置管理医療機器とはどのような分類か。　125

- Q65　医療機器の販売業・貸与業に許可は必要か。　127

- Q66　薬局において，患者に対し，インスリン自己注射用ディスポーザブル注射器と注射針を交付する場合には，高度管理医療機器等販売業の許可が必要か。　128

- Q67　医療機器の修理業に許可は必要か。　130

xi

目　　次

- Q68　QMS省令とは何か。　132
- Q69　医療機器プログラムとは何か。　133
- Q70　医療機器プログラムの該当性はどのように判断されるか。　135
- Q71　医療機器の使用成績評価制度とは，どのような制度か。　137
- Q72　承認前の医療機器の広告は許されるか。　141
- Q73　中古の医療機器をネットオークション等で販売する場合に制限はあるか。　142

第10章　医薬部外品・化粧品 ——————143

- Q74　医薬部外品とはどのようなものか。　143
- Q75　化粧品とはどのようなものか。　146
- Q76　化粧品の広告はどのように規制されるか。　147
- Q77　薬用化粧品の広告はどのように規制されるか。　151

第11章　再生医療等製品 ——————155

- Q78　薬機法に定められる再生医療等製品とはどのようなものか。　155

第12章　健康食品 ——————157

- Q79　健康食品において，効能効果をうたうことはできるか。　157
- Q80　栄養機能食品とはどのような食品か。　158
- Q81　特定保健用食品とはどのような食品か。　159
- Q82　機能性表示食品とはどのような食品か。　161
- Q83　特別用途食品とは何か。　162

目　次

第13章　医薬品等の広告——————————165

Q84　医薬品等の広告について薬機法上注意する点は何か。　165

Q85　医薬品等適正広告基準とはどのようなものか。　168

Q86　平成29年9月に医薬品等適正広告基準が改正となったが，改正の内容はどのようなものか。　170

Q87　学会等における製薬企業のブースにおいて，医療用医薬品のパンフレットを参加している一般参加者に配布することは許されないか。　172

Q88　誇大広告等を禁止する薬機法第66条第1項で定める「広告」と「記述」，「流布」はどのような関係か。　174

Q89　医薬品について論文に投稿することは医薬品の広告に該当するか。　176

Q90　店舗販売業者が，一般用医薬品をインターネット販売するにあたって，医薬品について，口コミやリコメンドによる広告を行うことは可能か。　178

Q91　インターネット上の無承認医薬品等の広告はどのように監督されているか。　180

Q92　健康食品の広告について注意する点は何か。　181

Q93　特定の成分の効果等を紹介した一般論の記載と，当該成分を含有した健康食品の広告を一つにまとめた表示は，健康食品の広告と判断されるか。　184

Q94　健康食品の広告においてホームページ上に効能効果を記載することは許されないが，リンクを貼ってリンク先のページで効能効果をうたうことは許されるか。　185

Q95　新聞や雑誌等で，健康食品の特集がされ，商品名を紹介した上で，一部効能効果をうたっているような記事をみることがあるが，このような記事の掲載は許されるか。　187

Q96　健康食品において，研究所等が当該食品の成分に関する一般的な効果をうたうチラシを配ることは問題があるか。また，そのチラシ等とは別に，その成分を含んだ健康食品の広告を行う際に注意する点は何か。　189

xiii

目　次

■　Q97　健康食品等の「広告」は，「勧誘」(消費契約4条1項1号)に該
　　　　当するか。　192

■　Q98　医療法で規制される病院等の広告の規制はどのようなもの
　　　　か　194

第14章　指定薬物 ———————————————————— 197

■　Q99　指定薬物とは。　197

■　Q100　指定薬物の取締りはどのようなものか。　198

付　録

■ 資　料

資料1　医薬品等適正広告基準の改正について　203

資料2　医薬品等適正広告基準の解説及び留意事項等について　208

資料3　医療用医薬品の添付文書等の記載要領について　242

資料4　プログラムの医療機器への該当性に関する基本的な考え方について　257

資料5　個人輸入代行業の指導・取締り等について　265

資料6　インターネットによる医薬品等の広告の該当性に関する質疑応答集
　　　　（Q＆A）について　270

資料7　無承認無許可医薬品の指導取締りについて　273

■ 索　引

事項索引　283

条文索引　286

判例索引　291

通知等索引　292

第1章 関連法改正の経緯及び関連法規

Q1 薬事法から薬機法になった経緯と概要は。

A 「医薬品，医療機器等の品質，有効性及び安全性の確保等に関する法律」（以下，「薬機法」という。）は，薬事法という名称の法律であったが，平成25年11月の改正で名称が変更された（平成26年11月25日施行）。

薬事法は，医薬品を主たる規制の対象としていたが，医療の質を向上させるためには，医薬品だけでなく医療機器の研究実用化も重要であり，近年はiPS細胞の発見等から再生医療についても注目がされてきた。一方，医薬品等による薬害等の防止にも力をいれる必要があるため，本改正に至った。

解説

改正の主要な点は，以下の3点である。

(1) 医療機器の承認等について医療機器の特性を踏まえた制度の創設

医療機器は，医薬品等に比べ短いサイクルで改善・改良が行われる等医薬品とは異なる性質があるにもかかわらず，製造販売等について医薬品と同様の規制がされていたため，医療機器の特性を踏まえて，医療機器の製造販売業・製造業について，医薬品等と章を区分して規定がされた。これを踏まえて名称も薬事法から，「医薬品，医療機器等の品質，有効性及び安全性の確保等に関する法律」と改正された。

(2) 再生医療等製品の新設

iPS細胞（induced Pluripotent Stem cells，人工的に作られた多様性の幹細胞）等

第1章　関連法改正の経緯及び関連法規

による再生医療は，実用化に向けた国民の期待が高い一方で，安全面など
の課題がある。また，再生医療等製品は，人の細胞等を用いることから品
質が不均一となる等の問題があり，有効性の予測が困難であるため，有効
性が推定され，安全性が確認されれば，条件及び期限付きで早期に承認で
きる等特性を踏まえた制度が新設された。

　再生医療等製品による健康被害については，条件付等の承認があること
もあり，副作用被害救済制度及び感染等被害救済制度（Q32参照）の対象
とされている。

(3) 安全性に関する規制の強化

　医薬品等の添付文書は，使用上の注意等を現場に伝える重要なものであ
るにもかかわらず，薬事法では添付文書に最新の知見が反映されることが
明確になっていなかった。本改正において，医薬品等の製造販売業者は，
最新の知見に基づき添付文書を作成し，厚生労働大臣に届け出るものとさ
れた。迅速な情報提供を行う観点から，届け出た添付文書は直ちに独立行
政法人医薬品医療機器総合機構ウェブサイトに掲載することになる（薬機
52条の2第2項・216条の7）。

　また，医薬品等の品質，有効性及び安全性の確保等について，国，都道
府県，医薬品関連事業者等，医薬関係者の責務，及び国民の役割が明示さ
れた（薬機1条の2〜1条の6）。

　なお，薬機法は，施行後5年を目処に改正後の規定等に検討を加え，必
要な措置を講ずるものとされており，平成31年を目処とした改正に向けて，
以下のテーマについて議論がされる予定である（平成30年4月11日平成30年度
第1回医薬品医療機器制度部会資料参照）。

テーマ①　革新的な医薬品・医療機器等への迅速なアクセス確保・安
　　　　全対策の充実
テーマ②　医薬品・医療機器等の適切な製造・流通・販売を確保する
　　　　仕組みの充実
テーマ③　薬局・薬剤師のあり方・医薬品の安全な入手

改正薬剤師法のポイントは。

　薬剤師の調剤した際の患者等に対する義務が「情報提供」だけでなく「必要な薬学的知見に基づく指導」が追加された（薬剤25条の2）点などである。

── 解　説 ──

　薬機法の平成26年の改正は二つあった。一つは薬事法から薬機法に名称が変更になり医療機器の規制等の改正がされた点である（Q1参照）。もう一つは，医薬品のインターネット販売を規制していた薬事法施行規則が，最高裁判所において無効と判断された（最二小判平25・1・11民集67巻1号1頁）ことを受け，新たに一般用医薬品の販売ルールを定めるために改正された点である（Q11参照）。この改正に伴い一般用医薬品はすべて特定販売（薬機規1条2項5号）が可能となったが，新たに新設された「要指導医薬品」（薬機4条5項3号）や「調剤された薬剤」，「薬局医薬品」においては，販売等に関して，薬剤師による対面での情報提供及び指導が義務づけられた（平成31年を目処とした改正において遠隔服薬指導の議論がされている）。

　この改正に伴い薬剤師法も改正（平成25年12月13日成立，平成26年6月12日施行）がされ，薬剤師の調剤した際の患者等に対する義務が「情報提供」だけでなく「必要な薬学的知見に基づく指導」義務が追加された（薬剤25条の2）。この義務は，薬剤師が調剤した際の義務であるため，薬局だけでなく病院や診療所に勤務する薬剤師にも適用がされる。この指導義務が加わったことにより調剤した薬剤に関しては，薬剤師は，今まで以上に，患者個人の生活をみた具体的な服薬指導が法的に求められている。したがって，これまで以上に薬剤に関する説明については薬剤師の関わりが重視されることとなる。

　この「必要な薬学的知見に基づく指導」については，厚生労働省は薬機法の解釈ではあるが，「薬剤師が有する薬学的知見に基づき，購入者から確認した使用者に関する情報（年齢，性別，症状，服用履歴等）を踏まえ，当

3

第1章　関連法改正の経緯及び関連法規

該使用者の個別具体の状態，状況等に合わせて，適正使用等を指導する行
為をいう。」（平26・3・31厚生労働省医薬食品局総務課・厚生労働省医薬食品局監視
指導・麻薬対策課事務連絡「医薬品の販売業等に関するＱ＆Ａについて」問28）と示
している。

◎薬剤師法

（情報の提供及び指導）

第25条の2　薬剤師は，調剤した薬剤の適正な使用のため，販売又は授与の
　　目的で調剤したときは，患者又は現にその看護に当たつている者に対し，
　　必要な情報を提供し，及び必要な薬学的知見に基づく指導を行わなければ
　　ならない。

Q3 健康保険法と病院や薬局はどのような関係となるか。

A 保険診療等を行う病院等においては，病院等の許可に加えて，保険医療機関の指定を受ける等健康保険法においても規制がされるため，保険医療機関及び保険医療養担当規則（療担規則）や保険薬局及び保険薬剤師療養担当規則（薬担規則）等にも従う必要がある。

――― 解　説 ―――

　医療機関や薬局の開設をするためには，病院，診療所，薬局の開設の許可がそれぞれ必要である（医療7条1項，薬機4条1項）。しかし，現在の日本の多くの医療機関等は，健康保険法等に基づき保険診療や保険調剤を行っているため，開設者は，医療機関等の開設許可に加えて，健康保険法に基づき，厚生労働大臣から保険診療や保険調剤を行うための指定を受けなければならない（健保65条）。このような医療機関等を「保険医療機関」又は「保険薬局」という（健保63条3項1号）。また保険診療や保険調剤を行うためには，医師又は薬剤師も，医師，薬剤師の免許以外に，保険医又は保険薬剤師の登録が原則必要である（健保64条）。

　健康保険を利用しない自費による自由診療のみを行っている医療機関等であれば別であるが，保険医療機関，保険薬局，保険医，保険薬剤師においては，医療法，薬機法，医師法，薬剤師法の規制だけでなく上記のとおり健康保険法の規制も受ける。具体的な業務については，健康保険法に基づき，保険医療機関及び保険医療養担当規則（療担規則），保険薬局及び保険薬剤師療養担当規則（薬担規則）により規制がされており，これらの規則に従った診療等が求められることとなる。

　なお，保険診療等で支払われる診療報酬及び調剤報酬は，2年に一度改正がされ，その報酬の要件にしたがって業務を行い，保険診療の請求等が行われている。

Q4 薬機法において，医薬品の該当性はどのように判断されるか。

第2章 医薬品該当性

薬機法において，医薬品の該当性はどのように判断されるか。

日本薬局方に収められている物は医薬品に該当するが，それ以外の物では，その物の成分，形状，名称，その物に表示された使用目的・効能効果・用法用量，販売方法，その際の演述・宣伝などを総合して判断される。

―― 解　説 ――

「医薬品」とは，薬機法において以下のとおり定義されている（薬機2条1項）。

① 日本薬局方に収められている物
② 人又は動物の疾病の診断，治療又は予防に使用されることが目的とされている物であって，機械器具等でないもの（医薬部外品及び再生医療等製品を除く。）
③ 人又は動物の身体の構造又は機能に影響を及ぼすことが目的とされている物であって，機械器具等でないもの（医薬部外品，化粧品及び再生医療等製品を除く。）

(1) 日本薬局方に収められている物

「日本薬局方」とは，医薬品の性状及び品質の適正を図るための基準であり，厚生労働大臣が公示する（薬機41条1項）。第十七改正日本薬局方（平成28年3月7日厚生労働省告示第64号）の収載品目は，1962品目であり，ここに収載されている物は当然に医薬品となる。

7

第 2 章　医薬品該当性

ただし，「その使用目的が食品用，化学工業用等に限定されている場合には，解釈上医薬品から除外される。また，ある物が日本薬局方に収載されている物に該当するか否かは，その表示も含めて社会通念によって判断すべき」である（『逐条薬事』226頁）。

⑵　人又は動物の疾病の診断，治療又は予防に使用されることが目的とされている物

行政解釈では，この物への該当性に関して，「医薬品に該当するか否かは，医薬品としての目的を有しているか，又は通常人が医薬品としての目的を有するものであると認識するかどうかにより判断することとなる。通常人が同項（編注：薬機2条1項）第2号又は第3号に掲げる目的を有するものであると認識するかどうかは，その物の成分本質（原材料），形状（剤型，容器，包装，意匠等をいう。）及びその物に表示された使用目的・効能効果・用法用量並びに販売方法，販売の際の演述等を総合的に判断すべきものである。」とし，判定方法を示している（無承認無許可医薬品の指導取締りについて　別紙「医薬品の範囲に関する基準」（昭46・6・1薬発476号厚生省薬務局長通知），【資料7】参照）。

また，判例も，「医薬品とは，その物の成分，形状，名称，その物に表示された使用目的・効能効果・用法用量，販売方法，その際の演述・宣伝などを総合して，その物が通常人の理解において「人又は動物の疾病の診断，治療又は予防に使用されることが目的とされている」と認められる物をいい，これが客観的に薬理作用を有するものであるか否かを問わない」（最三小判昭57・9・28判タ480号62頁）と判示し，ほぼ同様の立場をとっている。

薬理作用を全く有さない物であっても医薬品に該当する場合があり，前掲の通知においては，成分だけでなく，以下の項目から医薬品該当性について検討している。

① 　物の成分本質（原材料）からみた分類
② 　医薬品的な効能効果

8

Q4 薬機法において，医薬品の該当性はどのように判断されるか。

③ 医薬品的な形状

④ 医薬品的な用法用量

その上で，以下の基準で判断される（前掲通知）。

（一）効能効果，形状及び用法用量の如何にかかわらず，判断基準の1．に
該当する成分本質（原材料）が配合又は含有されている場合は，原則とし
て医薬品の範囲とする。

（二）判断基準の1．に該当しない成分本質（原材料）が配合又は含有され
ている場合であって，以下の①から③に示すいずれかに該当するものに
あっては，原則として医薬品とみなすものとする。

① 医薬品的な効能効果を標ぼうするもの

② アンプル形状など専ら医薬品的形状であるもの

③ 用法用量が医薬品的であるもの

※ 判断基準「1．医薬品の該当性については，法第2条における定義に照ら
し合わせて判断されるべきものであり，本基準は，当該判断に資するよう，
過去の判断を例示しているものであることから，医薬品の該当性は，その目
的，成分本質（原材料）等を総合的に検討の上，判断すること。」

なお，「野菜，果物，調理品等その外観，形状等から明らかに食品と認
識される物」，「健康増進法（平成14年法律第103号）第26条の規定に基づ
き許可を受けた表示内容を表示する特別用途食品」は医薬品には該当しな
い（前掲通知参照）。

(3) 人又は動物の身体の構造又は機能に影響を及ぼすことが目的とされて
いる物

治療や予防が目的でなくても，身体等に影響を及ぼすことが目的とされ
ている物も医薬品である。痩せる薬，発毛剤等健康な人が使用する物も含
まれる。医薬品該当性の判断は，上記(2)と同様と考えられる。

第2章 医薬品該当性

 医薬品該当性の判断において効能効果はどのように考慮されるのか。

 医薬品的な効能効果をうたっていれば原則として医薬品と判断される。

―――― 解　説 ――――

　医薬品に該当するか否かは,「物の成分,形状,名称,その物に表示された使用目的・効能効果・用法用量,販売方法,その際の演述・宣伝などを総合」して判断される（Ｑ４参照）。したがって,仮に薬理作用が全くないものであっても,通常人の理解において「人又は動物の疾病の診断,治療又は予防に使用されることが目的とされている」と認められる物は医薬品に該当する。

　このように薬理作用が全くないものであっても,医薬品に該当する理由は,「医薬品の使用によつてもたらされる国民の健康への積極・消極の種々の弊害を未然に防止しようとする点にあること」（最三小判昭57・9・28判タ480号62頁）であり,この消極的な弊害とは,国民に不当な過信を与え適時適切な医療を受けさせる機会を失わせるおそれがあることと考えられる。この消極的弊害のおそれの観点からみれば,効能効果の標ぼうは重要な意味をもっており,医薬品的な効能効果を標ぼうすれば,原則として医薬品に該当することとなる。

　前記判例においても,「つかれず」「つかれず粒」として,クエン酸又はクエン酸ナトリウムを主成分とする白色粉末や錠剤を,効能効果として高血圧,糖尿病,低血圧,貧血,リウマチ等に良く効くと宣伝し販売していた事案で,主成分が,人体に対し有益無害だとしても,通常人の理解において「人又は動物の疾病の診断,治療又は予防に使用されることが目的とされている物」であるとして,薬理作用が全くない物についても,医薬品に該当すると判断している。

　なお,「つかれず」等は,一般に食品として通用しているレモン酢や梅酢と同一の主成分であるクエン酸又はクエン酸ナトリウムであり,同一で

Ｑ5　医薬品該当性の判断において効能効果はどのように考慮されるのか。

ある旨を製品の袋や紙箱に明記し，あくまで「酢」であることを前提として，「酢」の人体に対する効用を強調したにも関わらず，医薬品と判断されている（東京高判昭55・11・26高検速報2470号，刑月12巻11号1154頁）。

　また，小麦胚芽油，大豆油等からなる天然ビタミンＥを含有する高純度濃縮植物油（販売名「ネオキシンＥ明治」）を，「ビタミンＥを多く含有する健康維持食品である」などの記載をしながらも，「過酸化脂質は，動脈硬化，血栓症肝疾患その他多くの疾患とかかわりを持っており，ビタミンＥの摂取によって，過酸化脂質ができるのを防止でき，１日１粒ないし４粒を水又は湯でとること」等医薬品を暗示するような効能，用法の記載をし，ビタミンＥの効果として「脳卒中になりにくい」，「リューマチになりにくい」等と標ぼうした事案で医薬品と判断したものがある（広島高判平2・9・13高刑速7号243頁）。

　以上のとおり，医薬品的な効能効果を標ぼうすれば，その成分を明らかにしていたとしても，原則は医薬品に該当すると判断されることになる。行政解釈においても，薬理作用をもつ成分を含まない場合でも「①　医薬品的な効能効果を標ぼうするもの」は原則として医薬品とみなし取締りの対象としている（昭46・6・1薬発476号厚生省薬務局長通知，【資料7】参照）。同通知は，医薬品的な効能効果を以下のとおり示している。なお，栄養補給や健康維持等に関する表現は医薬品的な効能効果には当たらない（例「運動するあなたをサポート」，「栄養補給に」，「健康維持のために」等）。

◎「無承認無許可医薬品の指導取締りについて（抄）」（昭46・6・1薬発476号厚生省薬務局長通知）別紙「医薬品の範囲に関する基準」

　2　医学的な効能効果の解釈
　（略）
①　疾病の治療又は予防を目的とする効能効果
　（例）糖尿病，高血圧，動脈硬化の人に，胃・十二指腸潰瘍の予防，肝障害・腎障害をなおす，ガンがよくなる，眼病の人のために，便秘がなおる等
②　身体の組織機能の一般的増強，増進を主たる目的とする効能効果

ただし，栄養補給，健康維持等に関する表現はこの限りでない。

（例）疲労回復，強精（強性）強壮，体力増強，食欲増進，老化防止，勉学能力を高める，回春，若返り，精力をつける，新陳代謝を盛んにする，内分泌機能を盛んにする，解毒機能を高める，心臓の働きを高める，血液を浄化する，病気に対する自然治癒能力が増す，胃腸の消化吸収を増す，健胃整腸，病中・病後に，成長促進等

③　医薬品的な効能効果の暗示

（a）名称又はキャッチフレーズよりみて暗示するもの

　（例）延命○○，○○の精（不死源），○○の精（不老源），薬○○，不老長寿，百寿の精，漢方秘法，皇漢処方，和漢伝方等

（b）含有成分の表示及び説明よりみて暗示するもの

　（例）体質改善，健胃整腸で知られる○○○○を原料とし，これに有用成分を添加，相乗効果をもつ等

（c）製法の説明よりみて暗示するもの

　（例）本邦の深山高原に自生する植物○○○○を主剤に，△△△，×××等の薬草を独特の製造法（製法特許出願）によって調製したものである。等

（d）起源，由来等の説明よりみて暗示するもの

　（例）○○○という古い自然科学書をみると胃を開き，欝（うつ）を散じ，消化を助け，虫を殺し，痰なども無くなるとある。こうした経験が昔から伝えられたが故に食膳に必ず備えられたものである。等

（e）新聞，雑誌等の記事，医師，学者等の談話，学説，経験談などを引用又は掲載することにより暗示するもの

　（例）医学博士○○○○の談

　　　「昔から赤飯に○○○をかけて食べると癌にかからぬといわれている。………癌細胞の脂質代謝異常ひいては糖質，蛋白代謝異常と○○○が結びつきはしないかと考えられる。」等

医薬品該当性の判断において，形状はどのように考慮されるのか。

A　アンプル剤等形状だけで医薬品と判断される物もあるが，錠剤やカプセル剤等であれば，「食品」と明示すれば，原則形状だけでは医薬品とは判断されない。

アンプル剤

―――― 解　　説 ――――

　医薬品に該当するか否かは，「物の成分，形状，名称，その物に表示された使用目的・効能効果・用法用量，販売方法，その際の演述・宣伝などを総合」して判断される（Q4参照）。したがって，仮に薬理作用が全くないものであっても，通常人の理解において「人又は動物の疾病の診断，治療又は予防に使用されることが目的とされている」と認められる物は医薬品に該当する。

　以前は，錠剤，丸剤，カプセル剤等については，一般に医薬品に用いられる剤型であるとして医薬品的形状とみなされ，形状だけで医薬品に該当するとされていた。判例においても，医薬品に特有の包装方式であるPTP包装を用いた物について医薬品としたものがある（最二小決昭54・12・17判夕406号98頁）。

PTP包装

　しかし，現在は錠剤やカプセル剤等であっても，直ちに医薬品であるという判断は一般人においてもなされておらず，現実にそのような食品も出回っている。そのため「食品」である旨が明示されている場合は，錠剤やカプセル剤等であったとしても，原則として，形状のみによって医薬品に該当するとは判断されない。ただし，アンプル形状など通常の食品としては流通しない形状を用いる場合には，医薬品と判断される（昭46・6・1薬発476号厚生省薬務局長通知，【資料7】）。

　したがって，「食品」の明示があれば，医薬品以外の健康食品において

13

第 2 章　医薬品該当性

も錠剤やカプセル剤の形状を用いることは可能である。一方アンプル形状
以外でも，通常食品では用いられない舌下錠等は同様に医薬品と判断され
ることになろう。

Q7 医薬品該当性の判断において，用法用量はどのように考慮されるか。

A 物の使用方法として服用時期，服用間隔，服用量等の記載がある場合には，原則として医薬品と判断される。

──────── 解　　説 ────────

　医薬品に該当するか否かは，「物の成分，形状，名称，その物に表示された使用目的・効能効果・用法用量，販売方法，その際の演述・宣伝などを総合」して判断される（Q4参照）。したがって，仮に薬理作用が全くないものであっても，通常人の理解において「人又は動物の疾病の診断，治療又は予防に使用されることが目的とされている」と認められる物は医薬品に該当する。

　医薬品は，適切な治療等の効果及び副作用等を防ぐ安全性の確保の観点から，服用時点又は服用間隔，服用量詳細な用法用量を定めることが必要不可欠である。そのため，昭和46年6月1日薬発第476号各都道府県知事宛厚生省薬務局長通知では，以下のとおり定め，医薬品のように服用時期や間隔を記載する場合は，原則として医薬品的な用法用量に当たり，医薬品に該当するとしている。

◎「無承認無許可医薬品の指導取締りについて（抄）」（昭46・6・1薬発476号厚生省薬務局長通知）別紙「医薬品の範囲に関する基準」

Ⅰ　医薬品の判定における各要素の解釈
（略）
4　医薬品的な用法用量の解釈
　ある物の使用方法として服用時期，服用間隔，服用量等の記載がある場合には，原則として医薬品的な用法用量とみなすものとし，次のような事例は，これに該当するものとする。ただし，調理の目的のために，使用方法，使用量等を定めているものについてはこの限りでない。
　一方，食品であっても，過剰摂取や連用による健康被害が起きる危険性，

第2章　医薬品該当性

その他合理的な理由があるものについては，むしろ積極的に摂取の時期，間隔，量等の摂取の際の目安を表示すべき場合がある。

　これらの実態等を考慮し，栄養機能食品にあっては，時期，間隔，量等摂取の方法を記載することについて，医薬品用法用量には該当しないこととして差し支えない。

　ただし，この場合においても，「食前」「食後」「食間」など，通常の食品の摂取時期等とは考えられない表現を用いるなど医薬品と誤認させることを目的としていると考えられる場合においては，引き続き医薬品的用法用量の表示とみなすものとする。

（例）　1日2～3回，1回2～3粒
　　　　1日2個
　　　　毎食後，添付のサジで2杯ずつ
　　　　成人1日3～6錠
　　　　食前，食後に1～2個ずつ
　　　　お休み前に1～2粒

　以上のとおりであるため，仮に食品において，摂取量の目安や服用間隔等を記載するとしても，「食品」であることを明示した上で，以下のようにあくまで目安を記載する必要がある。

・目安として1日2個から3個。
・栄養補給の目安としては1日3から6カプセル程度。

Q8 医薬品の製造段階では，医薬品該当性はどのように判断されるか。

Q8 医薬品の製造段階では，医薬品該当性はどのように判断されるか。

A 製造時に存在する事情を基礎として，製造時に想定される販売方法や販売の際の演述・宣伝等，一般消費者が入手する段階の事情をも考慮して判断される。

―――― 解　　説 ――――

医薬品等は製造業の許可を得たものでなければ業として製造できない（薬機23条1項）。医薬品とは，以下のとおり定義されており（薬機2条1項），②の判断については，「医薬品とは，その物の成分，形状，名称，その物に表示された使用目的・効能効果・用法用量，販売方法，その際の演述・宣伝などを総合して，その物が通常人の理解において「人又は動物の疾病の診断，治療又は予防に使用されることが目的とされている」と認められる物をいい，これが客観的に薬理作用を有するものであるか否かを問わない」（最三小判昭57・9・28刑集36巻8号787頁）とされており，総合判断となる。③についても同様と考えられる。

① 日本薬局方に収められている物
② 人又は動物の疾病の診断，治療又は予防に使用されることが目的とされている物であって，機械器具等でないもの（医薬部外品及び再生医療等製品を除く。）
③ 人又は動物の身体の構造又は機能に影響を及ぼすことが目的とされている物であって，機械器具等でないもの（医薬部外品，化粧品及び再生医療等製品を除く。）

販売等においては，宣伝広告等も含んで医薬品の該当性を判断することとなり，医薬品的な効能効果を標榜すれば原則医薬品と判断されるが，製造段階においては，いまだ販売はされていないため，販売後に予定されている広告等も考慮されて医薬品該当性が判断されるかが問題となる。

第2章　医薬品該当性

　裁判例においては，「「人又は動物の身体の構造又は機能に影響を及ぼすことが目的とされている」と認められるかどうかを判断するための考慮要素を例示したものであって，一般消費者が関与しない製造の段階においては，その製品の薬事法2条1項3号の医薬品該当性は，製造時に存在する事情を基礎としつつ，その製品がどのようなものとして一般消費者に販売されることになるかなど，製造時に想定される販売方法ないし販売の際の演述・宣伝等，一般消費者が入手する段階の事情をも考慮して判断すべきものと解される。」（東京高判平25・3・28判タ1411号264頁）と判断し，製造時に想定される広告等も考慮するとしたものがある。薬機法は，医薬品の副作用等による積極的な危険を生じることの防止だけでなく，客観的に薬効のないものについて薬効を標榜することによって，適時適切な医療を受ける機会を失わせるおそれがある消極的な弊害も防止することを目的としていると考えれば，製造時における医薬品該当性も，通常人の理解を判断基準とし，消費者が当該製品を入手する際の事情も考慮要素とすべきである。したがって，製造時においては，製造時に存在する，販売時に想定される販売方法，販売の際の予定されている宣伝等，消費者が購入等する段階の事情等も含めて総合判断することとなる。

Q9 薬機法で定める医薬品にはどのような種類があるか。

第3章 医薬品

Q 9 薬機法で定める医薬品にはどのような種類があるか。

A 大きくは，医療用医薬品とOTC医薬品に分類がされる。その他薬局製造販売医薬品もある。

―― 解　　説 ――

〈図1　医薬品の分類〉

医薬品	OTC医薬品	一般用医薬品	第一類医薬品
			第二類医薬品
			第三類医薬品
		要指導医薬品	
	薬局医薬品	医療用医薬品	処方箋医薬品
			処方箋医薬品以外の医療用医薬品
		薬局製造販売医薬品	

　薬機法で定められている医薬品は，大きくは，医療用医薬品といわゆるOTC医薬品^(注)（市販薬）に分類される。医療用医薬品とは，医師の処方等に基づいて使用されることを目的として供給される医薬品であり，OTC医薬品は，薬局や，薬店・ドラッグストア等の店舗販売業者で市販される医薬品である。その他，薬局製造販売医薬品（「薬局製剤」）もある。
　このうち，医療用医薬品は，処方箋医薬品と，それ以外の医療用医薬品に分けられ，OTC医薬品は，要指導医薬品，第一類医薬品，第二類医薬品，

第3章　医薬品

第三類医薬品に分類される。

　また，薬局医薬品という分類もあり，要指導医薬品及び一般用医薬品以外の医薬品とされており，医療用医薬品及び薬局製造販売医薬品が該当する。薬局医薬品は，薬局でしか販売できない医薬品であり，店舗販売業では販売をすることができない。

◎薬機4条5項2号

二　薬局医薬品　要指導医薬品及び一般用医薬品以外の医薬品（専ら動物のために使用されることが目的とされているものを除く。）をいう。

（注）OTC医薬品：OTCは，「Over The Counter」の略で，カウンター越しに販売する医薬品の意味。医師等が発行する処方箋によるのではなく，専門家からの情報提供等に基づき，消費者の判断で購入する医薬品を一般的には指す。

Q10 医療用医薬品はどのように分類され販売においてはどのように規制されるか。

 医療用医薬品はどのように分類され販売においてはどのように規制されるか。

A 医療用医薬品は，処方箋医薬品とそれ以外の医療用医薬品に分類される。

───────── 解　　説 ─────────

1　処方箋医薬品

　医療用医薬品は，処方箋医薬品とそれ以外の医療用医薬品に分類することができる。このうち，厚生労働大臣から指定をされる処方箋医薬品は，原則，処方箋の交付を受けた者以外には販売できない（薬機49条1項）。処方箋医薬品は，「厚生労働省告示第24号」において指定されているが，全ての医療用医薬品が処方箋医薬品として指定されているわけではない。指定の判断は以下のとおりである。

◎処方せん医薬品の指定について（平17・2・10薬食発0210001号厚生労働省医薬食品局長告示）

（略）

２．新指定告示の要旨
(1) 医薬品として承認されているもののうち，医師，歯科医師又は獣医師（以下「医師等」という。）の処方せんに基づいて使用すべきものとして，以下に該当するものを処方せん医薬品として指定したこと。
　① 医師等の診断に基づき，治療方針が検討され，耐性菌を生じやすい又は使用方法が難しい等のため，患者の病状や体質等に応じて適切に選択されなければ，安全かつ有効に使用できないもの
　② 重篤な副作用等のおそれがあるため，その発現の防止のために，定期的な医学的検査を行う等により，患者の状態を把握する必要があるもの
　③ 併せ持つ興奮作用，依存性等のため，本来の目的以外の目的に使用されるおそれがあるもの
(2) 旧薬事法における要指示医薬品については，(1)に該当するものとして，処方せん医薬品として指定されるものであること。

第3章 医薬品

(3) 放射性医薬品，麻薬，向精神薬，覚せい剤，覚せい剤原料，特定生物由来製品及び注射剤については，(1)に該当するものとして，これらすべてが処方せん医薬品として指定されるものであること。なお，これらについては，それぞれ新指定告示第1号から第7号に規定しており，有効成分の表記（第8号）による指定ではないことに留意されたい。

(4) 新指定告示第7号については，人工腎臓用透析液及び医療用注入器を用いて体内に直接適用する固形製剤も含まれるものであること。

(5) 新指定告示第8号関係

① 製剤に含まれる有効成分が同号に掲げるもの，その塩類，それらの水和物及びそれらの誘導体からなるもの（殺そ剤を除く。）が処方せん医薬品として指定されるものであること。

② 複数の有効成分を含有する製剤については，新指定告示上，含有するすべての有効成分を塩類，水和物及び誘導体までを含めた形で表記し，指定対象品目の明確化を図ったこと。

③ 歯科用薬剤は外用剤には含まれないものであること。

(6) 上記にかかわらず，体外診断用医薬品については処方せん医薬品として指定されないものであること。

　処方箋医薬品を処方箋に基づかず販売できる「正当な理由」は以下のとおり通知が示されている。

　なお，電話による医師の処方は，急速を要する場合，過誤を避けるために必要かつ十分な注意をし，確実性を保障するに必要な条件を具備するときは処方箋と同一視することができるとした裁判例がある（大判昭6・12・21大刑集10巻803頁）。

◎薬局医薬品の取扱いについて（抄）（平26・3・18薬食発0318第4号厚生労働省医薬食品局長通知）

1 (2) 略
① 大規模災害時等において，医師等の受診が困難な場合，又は医師等からの処方箋の交付が困難な場合に，患者（現に患者の看護に当たっている者を含む。）に対し，必要な処方箋医薬品を販売する場合

Q10　医療用医薬品はどのように分類され販売においてはどのように規制されるか。

② 　地方自治体の実施する医薬品の備蓄のために，地方自治体に対し，備蓄に係る処方箋医薬品を販売する場合

③ 　市町村が実施する予防接種のために，市町村に対し，予防接種に係る処方箋医薬品を販売する場合

④ 　助産師が行う臨時応急の手当等のために，助産所の開設者に対し，臨時応急の手当等に必要な処方箋医薬品を販売する場合

⑤ 　救急救命士が行う救急救命処置のために，救命救急士が配置されている消防署等の設置者に対し，救急救命処置に必要な処方箋医薬品を販売する場合

⑥ 　船員法施行規則第53条第1項の規定に基づき，船舶に医薬品を備え付けるために，船長の発給する証明書をもって，同項に規定する処方箋医薬品を船舶所有者に販売する場合

⑦ 　医学，歯学，薬学，看護学等の教育・研究のために，教育・研究機関に対し，当該機関の行う教育・研究に必要な処方箋医薬品を販売する場合

⑧ 　在外公館の職員等の治療のために，在外公館の医師等の診断に基づき，当該職員等（現に職員等の看護に当たっている者を含む。）に対し，必要な処方箋医薬品を販売する場合

⑨ 　臓器の移植に関する法律（平成9年法律第104号）第12条第1項に規定する業として行う臓器のあっせんのために，同項の許可を受けた者に対し，業として行う臓器のあっせんに必要な処方箋医薬品を販売する場合

⑩ 　新法その他の法令に基づく試験検査のために，試験検査機関に対し，当該試験検査に必要な処方箋医薬品を販売する場合

⑪ 　医薬品，医薬部外品，化粧品又は医療機器の原材料とするために，これらの製造業者に対し，必要な処方箋医薬品を販売する場合

⑫ 　動物に使用するために，獣医療を受ける動物の飼育者に対し，獣医師が交付した指示書に基づき処方箋医薬品（専ら動物のために使用されることが目的とされているものを除く。）を販売する場合

⑬ 　その他①から⑫に準じる場合

　なお，①の場合にあっては，可能な限り医師等による薬局等への販売指示に基づき，④，⑤及び⑧の場合にあっては，医師等による書面での薬局等への販売指示をあらかじめ受けておくなどする必要がある。このうち，④及び⑤については，販売ごとの指示は必要ではなく，包括的な指示で差し支えない（第2の2．において同じ。）。

　また，⑥に規定する船長の発給する証明書については，昭和41年5月13日

第3章　医薬品

付け薬発296号「船員法施行規則の一部改正及びこれに伴う船舶備付け要指
示医薬品の取扱いについて」の別紙様式に準じて取り扱われたい（第2の2.
において同じ。）。

2　処方箋医薬品以外の医療用医薬品

　以上の要件に該当しないような作用が緩和なものは，医療用医薬品で
あっても処方箋医薬品とはされていない。このような処方箋医薬品以外の
医療用医薬品は，医師の処方箋に基づかず販売が法律上は可能である。

　しかし，前記通知「薬局医薬品の取扱いについて」（平26・3・18薬食発
0318第4号厚生労働省医薬食品局長通知）においては，「処方箋医薬品以外の医
療用医薬品（薬局製造販売医薬品以外の薬局医薬品をいう。以下同じ。）
についても，処方箋医薬品と同様に，医療用医薬品として医師，薬剤師等
によって使用されることを目的として供給されるものである。」とし，処
方箋医薬品と同様な「正当な事由」が認められる場合に販売することが原
則としている。また，一般用医薬品の販売による対応を考慮したにもかか
わらず，やむを得ず販売を行わざるを得ない場合などにおいては，必要な
受診勧奨を行い，販売数量の限定（薬機規158条の7），販売記録の作成（薬
機規14条3項・4項）等の事項を遵守し，他の薬剤等との相互作用・重複投
薬を防止するため，患者の薬歴管理を実施するよう努めることとされてい
る（前記通知）。販売する場合が限定等されているため，実際，薬局におい
ては，処方箋医薬品以外の医療用医薬品についても，処方箋に基づかない
販売を積極的に行っているところは少ない。

Q11 OTC医薬品はどのように分類されるか。

OTC医薬品は、要指導医薬品と一般用医薬品に分類され、一般用医薬品は、第一類、第二類、第三類医薬品に分類される。

なお、OTC医薬品とは英語の「Over The Counter」―カウンター越しに薬を販売するかたちに由来している薬局、ドラッグストアで販売されている医薬品のことである（日本OTC医薬品協会ホームページ参照）。

解　説

OTC医薬品は、店舗販売業の許可を受けたものが販売できる医薬品であり（薬機25条1号）、以下のとおりに分類される。なお、薬局で販売も可能である（薬機24条1項）。

〈図2　OTC医薬品の分類〉

	要指導医薬品	一般用医薬品		
		第一類	第二類	第三類
販売形態	店舗販売 特定販売不可 （対面販売のみ）	店舗販売 特定販売可	店舗販売 特定販売可	店舗販売 特定販売可
販売者	薬剤師	薬剤師	薬剤師又は登録販売者	薬剤師又は登録販売者
年齢・他の薬剤の使用状況等の確認義務	義務	義務	努力義務	規定なし
情報提供及び指導義務	情報提供及び指導義務	情報提供義務	情報提供の努力義務	規定なし
相談応需	義務	義務	義務	義務

平成26年の薬機法の施行までは、一般用医薬品のうち、第三類医薬品し

第3章　医薬品

か原則インターネット販売が許されていなかったが，第三類医薬品以外の
インターネット販売を規制していた従前の薬事法施行規則は薬事法の委任
の範囲を逸脱し違法とされた（最二小判平25・1・11裁時1571号35頁）。

　この判決を受けて，一般用医薬品は，全てインターネット販売等の特定
販売（薬機規1条2項5号）が可能となったが，薬剤師の対面での指導等を
要する要指導医薬品（薬機4条5項3号）が新たな医薬品として定義された。

　要指導医薬品には，スイッチ直後品目等（スイッチOTC，ダイレクトOTC，
劇薬）が指定される。スイッチOTCとは，医療医薬品からOTC医薬品に転
用された医薬品をいい，ダイレクトOTCとは，医療用医薬品としても承
認されたことがない医薬品がOTC医薬品として承認される医薬品をいう。
スイッチOTCは，原則3年で一般用医薬品に移行がされ，ダイレクト
OTCは再審査期間が原則8年とされている。

◎薬機4条5項3号・4号

三　要指導医薬品　次のイからニまでに掲げる医薬品（専ら動物のために使
　用されることが目的とされているものを除く。）のうち，その効能及び効
　果において人体に対する作用が著しくないものであつて，薬剤師その他の
　医薬関係者から提供された情報に基づく需要者の選択により使用されるこ
　とが目的とされているものであり，かつ，その適正な使用のために薬剤師
　の対面による情報の提供及び薬学的知見に基づく指導が行われることが必
　要なものとして，厚生労働大臣が薬事・食品衛生審議会の意見を聴いて指
　定するものをいう。
　イ　その製造販売の承認の申請に際して第14条第8項に該当するとされた
　　医薬品であつて，当該申請に係る承認を受けてから厚生労働省令で定め
　　る期間を経過しないもの
　ロ　その製造販売の承認の申請に際してイに掲げる医薬品と有効成分，分
　　量，用法，用量，効能，効果等が同一性を有すると認められた医薬品で
　　あつて，当該申請に係る承認を受けてから厚生労働省令で定める期間を
　　経過しないもの
　ハ　第44条第1項に規定する毒薬
　ニ　第44条第2項に規定する劇薬

Q11 OTC医薬品はどのように分類されるか。

四 一般用医薬品 医薬品のうち，その効能及び効果において人体に対する
作用が著しくないものであつて，薬剤師その他の医薬関係者から提供され
た情報に基づく需要者の選択により使用されることが目的とされているも
の（要指導医薬品を除く。）をいう。

第3章　医薬品

 12 要指導医薬品とは何か。販売についての注意点はあるか。

 　要指導医薬品とは，店舗販売が可能な医薬品であるが，薬剤師の対面での情報提供が必要であり，特定販売はできない。また，販売に当たり，消費者からの情報の確認や，使用者以外への販売ができない等の規制がされる。

解　説

　要指導医薬品とは，平成26年の薬機法改正で新たに設けられた医薬品であり，一般用医薬品と同様に薬局や店舗販売業において，処方箋がなくても購入することが可能な医薬品である。

　要指導医薬品は，医薬品のうち，①人体に対する作用が著しくないもの，②情報に基づき需要者が選択するもの，③薬剤師の対面による情報提供及び指導が必要なもの，と定義されている（薬機2条5項3号）。①と②の要件は一般用医薬品と同様であるが，③のとおり，薬剤師の対面による情報提供及び指導が求められており，インターネット等での販売（特定販売）を行うことはできない。また，第一類医薬品にも義務づけられる販売時の情報提供に加えて，「必要な薬学的知見に基づく指導」が求められており，購入者から確認した使用者に関する情報（年齢，性別，症状，服用履歴等）を踏まえ，当該使用者の個別具体の状態，状況等に合わせて，適正使用等を指導しなければならない（平26・3・31厚生労働省医薬食品局総務課・監視指導・麻薬対策課事務連絡「医薬品の販売業等に関するQ＆Aについて」問28）。また，薬剤師でなければ販売ができない（薬機36条の5第1項）。

　その他，販売に当たって，薬剤師のかかわりを重視することで適正使用や安全性を担保するため，以下の事項等の規制がされている。

Q12　要指導医薬品とは何か。販売についての注意点はあるか。

○消費者からの情報の確認（薬機36条の6第2項，薬機規158条の12第4項）

○使用しようとする者以外の者への原則販売禁止（薬機36条の5第1項）

　　　※販売が可能な正当な理由が認められる場合は，大規模災害時や研究のため
　　　等（平26・3・18薬食発0318第6号厚生労働省医薬食品局長通知「薬事法
　　　第36条の5第2項の「正当な理由」等について」）

○適正な使用のために必要と認められる数量の販売（薬機規158条の11第3項）

　　　※原則として一人包装単位（1箱，1瓶等。平26・3・18薬食発0318第6号
　　　厚生労働省医薬食品局長通知「薬事法第36条の5第2項の「正当な理由」
　　　等について」，平26・3・10薬食発0310第1号厚生労働省医薬食品局長通
　　　知「薬事法及び薬剤師法の一部を改正する法律等の施行等について」）。

○適正な使用を確保することができないと認められるときの販売禁止（薬機
　36条の6第3項）。

○必要に応じた代替品の推奨・受診勧奨等（薬機158条の12第1項5号・6号）。

○販売・授与したときの法定の事項を書面に記載し，2年間保存（薬機14条
　3項・4項）。

29

第 3 章　医薬品

 薬局製造販売医薬品とは何か。

　薬局製造販売医薬品とは，「薬局製剤」とよばれ，薬局において製造し当該薬局で販売する医薬品である。

解　説

　薬局製造販売医薬品とは，「薬局開設者が当該薬局における設備及び器具をもつて製造し，当該薬局において直接消費者に販売し，又は授与する医薬品であつて，厚生労働大臣の指定する有効成分以外の有効成分を含有しないもの」（薬機令3条）とされている。通常は，「薬局製剤」と呼ばれることが多く，文字通り薬局において製造した医薬品を当該薬局で販売するものである（製造した薬局以外では販売はできない。）。薬局で薬局製造販売医薬品を販売するためには，薬局の許可だけでは足りず，製造販売業及び製造業の許可，製造販売承認等が必要になる。成分，製造方法，用法用量等は「薬局製剤指針」（平28・3・28厚生労働省医薬・生活衛生局審査管理課）に定められている。

　薬局製造販売医薬品は，薬局医薬品であるため，対面での情報提供及び指導が原則となる。原則通りであれば特定販売は認められないが，特例として電話等での情報提供及び指導も認められている（薬機80条，薬機規158条の10）。

Q 14　体外診断用医薬品とは何か。

A 　診断を目的とする医薬品のうち，身体に直接使用されることのないものである。

解　説

　体外診断用医薬品とは，「専ら疾病の診断に使用されることが目的とされている医薬品のうち，人又は動物の身体に直接使用されることのないものをいう。」(薬機2条14項)。

　体外診断用医薬品は，診断に使用されることが目的であるため医薬品である。しかし，同じ診断用医薬品であっても内服等で体内に入るものとは異なるため，医薬品とは異なる規制がされており，基本的には医療機器に準じた規制がされている。また，リスクに応じてクラスⅠ，クラスⅡ，クラスⅢに分類がされている。

　製造販売の承認についても，リスク区分によって，届出，認証，承認と手続が異なる(薬機23条の2の12・23条の2の23・23条の2の5)。

　また，医療用医薬品と一般用検査薬との区分があり，医療用医薬品は，病院等で医療用として使用されるものであり，一般用検査薬は，薬局等で一般消費者が自己検査用に購入するものである。一般用検査薬は，3種類(一般用グルコースキット(尿糖)，一般用総蛋白キット(尿蛋白)，一般用ヒト絨毛性性腺刺ホルモンキット(妊娠検査薬)。いずれも第二類医薬品)が承認されていたが，拡大の要望等もあることから，「体外診断用医薬品の一般用検査薬への転用について」(平26・12・25薬食発1225第1号厚生労働省医薬食品局長通知)が示され，「一般用黄体形成ホルモンキット」(排卵予測検査薬。第一類医薬品)が承認され(『一般用医薬品の区分リストについて』の一部改正について」平28・9・21薬生安発0921第1号厚生労働省医薬・生活衛生局安全対策課長通知)，「黄体形成ホルモンキットに係る一般用検査薬ガイドライン」(「黄体形成ホルモンキットに係る一般用検査薬ガイドラインの策定について」平28・2・22薬生機発0222第1号厚生労働省大臣官房参事官(医療機器・再生医療等製品審査管理担当)通知)

第3章　医薬品

も示された。また，「一般用検査薬にかかる啓発及び普及を目的とした情報提供について」（平28・11・15厚生労働省医薬・生活衛生局医療機器審査管理課・厚生労働省医薬・生活衛生局監視指導・麻薬対策課事務連絡）も示され，一般用検査薬の使用者自らによる診断・予防ができるとの誤解を生じないように注意も促されている。

Q15 希少疾病医薬品とはどのような医薬品か。

希少疾病医薬品（薬機2条16項）とは，いわゆる難病と呼ばれる疾病の治療薬に関して，国が研究開発の促進のために特別の支援策を講じている医薬品である。

―――― 解　　説 ――――

希少疾病医薬品（薬機2条16項）とは，オーファンドラッグとも呼ばれる医薬品である。いわゆる難病と呼ばれる疾病は，重篤な症状であるにもかかわらず患者数が少ない場合が多い。服用する患者が多く見込まれる医薬品であれば，資金や期間をかけて製薬会社も開発を試みるが，このような難病に関しては，採算性の問題から開発が進まない状況となる。一方，このような病気を持つ患者は治療薬の開発を待ち望んでいるため，国が研究開発の促進のために特別支援策を講じる事としている医薬品が希少疾病医薬品である。

希少疾病医薬品は，厚生労働大臣が指定をするが（薬機77条の2第1項），指定ができる要件は，以下のとおりである。

① 我が国での対象患者が5万人に達しないこと（薬機77条の2第1項1号，薬機規251条）。

※用途が指定難病の場合は，人口のおおむね1000分の1程度

② その用途に関し，特に優れた使用価値を有することとなる物であること（薬機77条の2第1項2号）。

希少疾病医薬品に指定がされると，承認の優先審査（薬機14条7項），資金の確保（薬機77条の3）による助成金の交付，税制上の措置（薬機77条の4），PMDAによる優先対面助言，再審査期間が最長10年間までの延長などの措置を受けることができる。

なお，希少疾病用医薬品の他に，希少疾病用医療機器・希少疾病用再生医療等製品の制度もあり，PMDAでは，開発を促進するため，これらを対象とした優先対面助言を行っている。

第3章　医薬品

 16　劇薬・毒薬とは。

　毒薬とは，毒性が強いものとして，劇薬とは，劇性が強いものとして，厚生労働大臣が指定するもので，表示に関して等の規制がされている。

解　説

　毒薬とは，毒性が強いものとして厚生労働大臣が薬事・食品衛生審議会の意見を聴いて指定する医薬品である（薬機44条1項）。

　劇薬とは，劇性が強いものとして厚生労働大臣が薬事・食品衛生審議会の意見を聴いて指定する医薬品である（薬機44条2項）。

　毒薬は，直接の容器等に，黒地に白枠，白字をもって，その品名及び「毒」の文字，劇薬は，白地に赤枠，赤字をもって，その品名及び「劇」の文字が記載されていなければならない。毒性と劇性の差は相対的なものであり，危険性の程度の差で区別される（『逐条薬事』769頁）。

　毒薬，劇薬の範囲は，薬機法施行規則第204条別表第3で規定されている。

　業務上毒薬又は劇薬を取り扱う者は，これを他の物と区別して，貯蔵等をしなければならず，毒薬の保管場所等には，鍵を施さなければならない（薬機48条）。また。譲渡手続に関しても通常の医薬品と異なる規制がある。

　2011年に埼玉県の薬局において，自動分包機で調剤を行ったところ設定のミスがあり，患者に毒薬を誤って調剤し，患者が死亡し管理薬剤師が業務上過失致死罪で刑事処罰を受けた事件があり，取扱いには注意をすべきである（毎日新聞（夕刊），2011年8月19日）。

Q17 後発医薬品とは何か。

A 後発医薬品とは，有効成分の特許が切れ，かつ再審査期間が終了した後に，生物学的同等性等一部の資料の提出によって承認がされる医薬品である。

解　説

　後発医薬品は，ジェネリック医薬品ともいわれている。医療用医薬品は，この後発医薬品と先発医薬品に分かれている。先発医薬品は，いわゆる新薬であり，有効成分に関して特許を取得しているため，特許期間については，独占的な販売が行われる。後発医薬品は特許期間が経過してから承認がされる。先発医薬品は長い期間と費用が掛かるが，後発医薬品では先発医薬品と比べて，提出資料が少なく，規格及び試験方法に関する資料，加速試験に関する資料，生物学的同等性に関する資料等提出によって申請の承認が判断されるため（「医薬品の承認申請について」（平26・11・21薬食発1121第2号厚生労働省医薬食品局長通知）），価格が安い。もっとも，上記申請において，先発医薬品と治療学的な同等性が保証されている。

　また，先発医薬品には，製造販売承認後，有効性と安全性等を確認する原則6年間（最大10年間）の再審査期間（薬機14条の4）が設けられており，この期間内は仮に有効成分の特許が切れていても，後発医薬品の申請はできない。

　したがって，後発医薬品とは，有効成分の特許が切れかつ再審査期間の終了した医薬品と同等性を有する医薬品である。

　なお，後発医薬品は，先発医薬品と，有効成分，分量，用法，用量，効能，効果等が同じであることが多いが，時には，先発医薬品のもつ適応症（効能効果）と異なる場合がある。これは，先発医薬品が適応症を追加した場合，当該適応症が再審査期間内の場合には，この適応症について後発医薬品は，申請ができないためである。また，既に製造販売の承認を与えられている医薬品と明らかに異なる効能・効果等が認められた医薬品等につ

第3章 医薬品

いては，原則として，4年間の再審査期間を付される（「医療用後発医薬品の薬事法上の承認審査及び薬価収載に係る医薬品特許の取扱いについて」（平21・6・5医政経発0605001号薬食審査発0605014号厚生労働省医薬食品局審査管理課長通知））。

さらに，先発医薬品の一部の効能・効果等に特許（用途特許）が存在し，その他の効能・効果等を標ぼうする医薬品の製造が可能である場合については，後発医薬品を承認はできるが，特許が存在する効能・効果等については承認しないこととされている（前記通知）。医薬品が製剤特許を有している場合などは，異なる添加剤を使用したり，異なる製剤となることもある。

Q18 医薬品の承認，製造販売業の許可，製造業の許可はどのような関係になるか．

第4章 医薬品の製造販売等

 医薬品の承認，製造販売業の許可，製造業の許可はどのような関係になるか．

 医薬品の承認とは，医薬品を製造販売する場合に，医薬品の品目ごとに厚生労働大臣から受ける承認である．医薬品の製造販売をする場合には，医薬品の承認だけではなく，医薬品の製造販売業の許可が必要であり，医薬品の製造をする場合には製造業の許可が必要である．

―――― 解　説 ――――

1　医薬品の承認

医薬品を製造販売しようとするものは品目ごとに厚生労働大臣の承認を得なければならない（薬機14条1項）．医薬品の製造販売とは，製造又は輸入した医薬品を販売することであり（薬機2条13項），医薬品の承認とは，製造販売しようとする者が，当該医薬品ごとに，当該医薬品が効能効果を有するのか，有害な副作用等がないのか等確認して承認が与えられることになる（薬機14条2項）．

この承認を得るためには，臨床試験の試験成績に関する資料その他の資料を添付して申請しなければならない（薬機14条3項）．この資料については，薬機法施行規則第40条に定められ，医薬品によって申請の具体的な内容等については通知が出されている（「医薬品の承認申請について」（平26・11・21薬食発1121第2号厚生労働省医薬食品局長通知））．なお，臨床試験の試験成績に関する資料の収集を目的とする試験を「治験」という（薬機2条17項）．この治験の実施基準については，薬機法第80条の2に基づき「医薬品の臨床試験の実施の基準に関する省令」（GCP省令）が定められている．治験は

37

第4章　医薬品の製造販売等

一般的には，製薬会社が医療機関に依頼をするものが多いが，医師自らが行う治験（医師主導治験）もある。

GCP^(注)省令は，被験者の人権の保護，安全の保持，福祉の向上や，治験の科学的な質，成績の信頼性の確保等のために規定されており，副作用等収集の手順書作成，被験薬の安全性等について重要な情報を知ったときの治験薬概要書の改訂等が定められている。また，非臨床試験（動物試験等）については，「医薬品の安全性に関する非臨床試験の実施の基準に関する省令」（GLP省令）が定められている。

(注)　GCP：Good Clinical Practice
　　　 GLP：Good Laboratory Practice
　　　 GQP：Good Quality Practice
　　　 GMP：Good Manufacturing Practice

2　製造販売業の許可

医薬品の製造販売とは，その製造（他に委託して製造をする場合を含み，他から委託を受けて製造をする場合を除く。）をし，または輸入した医薬品を販売等することをいう（薬機2条13項）。医薬品を製造販売するためには，上記の医薬品の承認だけでなく製造販売業の許可も必要である（薬機12条1項）。この許可を受けるためには，品質管理と製造販売後安全管理の方法が厚生労働省令の基準に適合していなければならない（薬機12条の2）。この基準は，品質管理については，「医薬品，医薬部外品，化粧品及び再生医療等製品の品質管理の基準に関する省令」（GQP省令），製造販売後安全管理については「医薬品，医薬部外品，化粧品及び医療機器の製造販売後安全管理の基準に関する省令」（GVP省令）で基準が定められている。医薬品の販売後は，承認前には判明していなかった副作用等が発見されることがあるため，GVP省令において，医薬品の品質，有効性，安全性に関する事項，適正な使用のために必要な情報の収集等，安全確保のための規定がされている。

製造販売業の許可は以下のように分類されている（薬機12条1項）。

Q18　医薬品の承認，製造販売業の許可，製造業の許可はどのような関係になるか。

①　処方箋医薬品を製造販売する場合　第1種医薬品製造販売業許可
②　処方箋医薬品以外の医薬品を製造販売する場合
　　　　　　　　　　　　　　　　　　　　第2種医薬品製造販売業許可

3　製造業の許可

　医薬品の製造販売業者は，製造し又は輸入した医薬品を販売等するものであり，医薬品の製造はできない。医薬品を製造する場合には，医薬品の製造業の許可を受けなければならない（薬機13条1項）。製造販売業者が製造する場合には，その製造販売業者が製造業の許可を受ける必要があり，第三者が委託を受けて製造する場合は，委託先が製造業の許可を受ける必要がある。製造業の許可は製造所ごとに受ける必要がある（薬機13条2項）。

　製造業の許可は以下のとおり区分されている（薬機13条2項，薬機規26条1項）。

◎薬機規26条1項
一　令第80条第2項第3号イ，ハ及びニに規定する医薬品[編注]の製造工程の全部又は一部を行うもの
二　放射性医薬品（前号に掲げるものを除く。）の製造工程の全部又は一部を行うもの
三　無菌医薬品（無菌化された医薬品をいい，前二号に掲げるものを除く。以下同じ。）の製造工程の全部又は一部を行うもの（第5号に掲げるものを除く。）
四　前三号に掲げる医薬品以外の医薬品の製造工程の全部又は一部を行うもの（次号に掲げるものを除く。）
五　前二号に掲げる医薬品の製造工程のうち包装，表示又は保管のみを行うもの

（編注）生物学的製剤（体外診断用医薬品を除く。），国家検定医薬品，遺伝子組換技術応用医薬品，細胞培養技術応用医薬品，細胞組織医薬品。

　製造業の許可を得るためには，構造設備が「薬局等構造設備規則」（昭和36年厚生省令第2号）に適合していなければならない（薬機13条4項1号）。

第4章　医薬品の製造販売等

　また，政令で定める医薬品等の場合には，製造業者が「医薬品及び医薬部
外品の製造管理及び品質管理の基準に関する省令」(GMP省令) を遵守して
いなければならない (薬機14条2項4号)。

Q 19 医薬品等の製造には小分けも含むとされているが、小分けとはどのような行為か。

A 小分けは医薬品を分包するものであるが、特定の人の求めに応じて行われるものは含まず、一般の人の求めに応じるためにあらかじめ行われるものをいう。

解　説

　医薬品等の製造には小分けも含むとされている（薬機1条の4）。従って、医薬品や医療機器等を業として小分けをする場合には許可や登録を受けなければならない（薬機13条・23条の2の3）。

　『分割販売』と『小分け販売』は、通常の小売包装単位である被包等の医薬品を分包する点は同様である（『逐条薬事』690頁）。この区別については、「医薬品の販売業者において、医薬品の直接の容器又は被包を開き、その医薬品を分割して販売する行為が、販売の一態様に過ぎない分割販売に該当するか、薬事法（昭和35年法律第145号）第12条第1項に規定する医薬品製造業の許可を必要とする小分け製造行為に該当するかの区別は、当該行為が特定の人の求めに応じて行なわれるのか、それとも一般の人の求めに応じ得るようにするためあらかじめ行なわれるのかの相違により判断すべきである。」（昭44・11・6薬事326号厚生省薬務局薬事課長回答）とされている。したがって、「小分け」とは、一般の人の求めに応じるために、通常の小売包装単位である被包等に収められている医薬品をより小包装にあらかじめ分包するものである。

　このように小分けが製造に含まれるとされている理由は、医療機器の例であるが、「小分け作業は、その作業所の構造設備、作業員、使用器具、製品の保管設備等に関する衛生状態のいかん又は作業方法のいかんによつては、既製の医療用具につき、変質、変形等による品質・有効性の低下ないし雑菌、異物等による汚染をもたらし、公衆に対する保健衛生上有害な結果を招来するおそれがある点において、医療用具の本来の製造過程における場合と同様の問題があることによるものと解される」（最三小判昭59・

第4章　医薬品の製造販売等

6・19刑集38巻8号2761頁，判タ535号206頁）と示したものがある。

　同判決は，許可を受けた医療用具製造業者から，容器に約30本から100本で包装されていた，いわゆる円皮鍼（当時の薬事法上の医療用具の一つとされるはり用器具の一種に属したもの）を購入したうえ，一般向けに，他の容器に数本入れる作業を行っていた事例において，小分けに該当すると判断している。

Q20 医薬品等総括販売責任者とはどのようなものか。

A 医薬品等総括製造販売責任者とは、品質管理及び製造販売後安全管理の総括的な責任を負う者であり、製造販売業者は、医薬品等総括販売責任者が適切な業務が実施できるような体制の整備が求められる。

解　説

　医薬品等の製造販売業者における医薬品等総括製造販売責任者とは、品質管理及び製造販売後安全管理の総括的な責任を負う者である（薬機17条1項、薬機規87条）。品質保証責任者（GQP省令4条3項）と安全管理責任者（GVP省令4条2項）とあわせて「三役」といわれることがある。

　総括製造販売責任者は、製造販売業によって薬剤師等の資格要件があり（薬機17条1項）、遵守事項は以下のとおりとされている（薬機規87条）。

> ◎薬機規
>
> （医薬品等総括製造販売責任者の遵守事項）
> 87条　（略）
> 一　品質管理及び製造販売後安全管理に係る業務に関する法令及び実務に精通し、公正かつ適正に当該業務を行うこと。
> 二　当該業務を公正かつ適正に行うために必要があると認めるときは、製造販売業者に対し文書により必要な意見を述べ、その写しを5年間保存すること。
> 三　医薬品、医薬部外品又は化粧品の品質管理に関する業務の責任者（以下「医薬品等品質保証責任者」という。）及び製造販売後安全管理に関する業務の責任者（以下「医薬品等安全管理責任者」という。）との相互の密接な連携を図ること。

　会社においては、総括製造販売責任者が、一般職員であり経営陣に理解されない、責任や権限が理解されづらい等の問題があり、三役の責務を果

第4章　医薬品の製造販売等

たすことが重要であることから「医薬品の製造販売業者における三役の適切な業務実施について」（平29・6・26厚生労働省医薬・生活衛生局長薬生発0626第3号厚生労働省医薬・生活衛生局長通知）が示されている。同通知では，「法令遵守は最優先事項の一つであること並びに品質管理及び製造販売後安全管理に関する法令遵守しては三役が中心的な割を担うものである」等とし，製造販売業者に社内体制等の確保や三役に必要な措置を講じさせることや，製造販売業者に三役の責務の理解と総括製造販売責任者の意見等を尊重することを求めている。製造販売業者は，三役の業務が実施できるような体制の整備が求められ，総括販売責任者を原則として経営会議等の直接出席させることや，組織内の三役の指揮命令が機能する社内体制の整備に努めることなどが求められている。

Q21 医薬品の副作用に関して，製造物責任はどのように判断されるか。

 21 医薬品の副作用に関して，製造物責任はどのように判断されるか。

A 副作用があることをもって直ちに欠陥があるのではなく，添付文書等において適切な指示がされていないことを一つの要素として欠陥とされる。

―――― 解　説 ――――

　医薬品の副作用の欠陥についても，「製造物が引き渡しの時点において通常有すべき安全性を欠いているかどうか」（製造物2条2項）によって判断されることになるが，医薬品において副作用が存在しないものはない。医薬品は，効能効果との関係（有用性の有無，程度）や副作用についての指示・警告の内容も総合して，その欠陥の有無が判断されるべきものと考えられる（「最高裁平成25年4月12日第三小法廷判決解説」判タ1390号152頁）。したがって，医薬品においては副作用が存在すれば直ちに欠陥があるわけではない。肺がん治療薬「イレッサ」に関する判例においても，「医薬品は，人体にとって本来異物であるという性質上，何らかの有害な副作用が生ずることを避け難い特性があるとされているところであり，副作用の存在をもって直ちに製造物として欠陥があるということはできない。」としている（最三小判平25・4・12民集67巻4号899頁）。

　副作用に関しては，医薬品は，副作用の可能性を前提に使用されるものであり，副作用等について適切に添付文書に記載することにより，発生を抑止し，また副作用が発生した場合には適切に対応することによって安全性を確保している。したがって，通常想定される使用形態において，引渡し時点で予見し得る副作用の情報が適切に与えられていない場合は，そのことを一つの要素として，医薬品に欠陥があると判断される場合がある（前記判例）。そして，添付文書の記載が適切かどうかの判断は，副作用の内容ないし程度（その発現頻度を含む。），効能又は効果から通常想定される処方者ないし使用者の知識及び能力，添付文書における副作用の記載の形式ないし体裁等の諸般の事情を総合考慮し，副作用の危険性が処方者等に

45

第 4 章　医薬品の製造販売等

十分明らかにされているといえるか否かという観点から判断される（前記判例）。通常想定される処方者ないし使用者については，通常医師は処方する医薬品の範囲には制限がないため，全ての医師が通常の処方者ともなりえるが，実際の効能効果から判断し，実際に使用する医師を基準として判断をすることになる。

　前記判例は，医療用医薬品についてのものであり，医師が処方することが原則となっているため，添付文書等には，一般人の理解できる程度の記載までは必要がない。一方，要指導医薬品や，一般用医薬品であれば，使用者である一般人が理解できる記載が必要となる。その程度は今後の事例を待つことになるが，このような医薬品は，専門家が関わって販売はするが一般消費者が選択して購入することになるため，一般人を基準として判断されることになると考えられる。また，処方箋医薬品以外の医療用医薬品については，医師の処方がなくても購入できる場合があることを考えると，使用者を医師等の医薬関係者を基準として判断していいかという問題もあるが（イレッサは処方箋医薬品である。），実際には処方箋医薬品以外の医療用医薬品が処方箋なくして販売される例は多くはなく（Q10），薬剤師の関与が義務づけられていることからすれば，医薬関係者を基準とすべきである。

　なお，医薬品に欠陥がない場合の副作用には，原則，医薬品副作用被害救済制度（機構15条 1 項 1 号イ）で救済されるが，抗がん剤等は原則対象にはなっていない（機構 4 条 6 項 1 号）。

Q22 先発医薬品の特許権存続期間中に後発医薬品製造承認の申請資料作成のために，当該医薬品の製造等をすることは特許権の侵害に当たるか。

Q 22 先発医薬品の特許権存続期間中に後発医薬品製造承認の申請資料作成のために，当該医薬品の製造等をすることは特許権の侵害に当たるか。

薬機法第14条の承認申請のために必要な試験を行うことは，特許法第69条第１項の「試験又は研究のためにする特許発明の実施」に当たり，特許権の侵害には当たらない。

解　説

　特許権存続期間中に特許発明の技術的範囲に属する有効成分を有する医薬品を製造等をし，薬機法第14条の承認申請のために必要な試験を行うことが特許権の侵害に当たるかという問題である。

　この申請のために製造等を行うことは，特許権の効力が及ばない「試験又は研究のためにする特許発明の実施」(特許69条１項)に該当するため，特許権の侵害とはならない。判例においても，「ある者が化学物質又はそれを有効成分とする医薬品についての特許権を有する場合において，第三者が，特許権の存続期間終了後に特許発明に係る医薬品と有効成分等を同じくする医薬品（以下「後発医薬品」という。）を製造して販売することを目的として，その製造につき薬事法14条所定の承認申請をするため，特許権の存続期間中に，特許発明の技術的範囲に属する化学物質又は医薬品を生産し，これを使用して右申請書に添付すべき資料を得るのに必要な試験を行うことは，特許法69条１項にいう「試験又は研究のためにする特許発明の実施」に当たり，特許権の侵害とはならないものと解するのが相当である。」(最二小判平11・4・16民集53巻4号627頁)としている。

　なお，同判例では，製造承認申請のための試験に必要な範囲を超えて，特許期間終了後に販売等する後発医薬品を生産することや，その成分とするため特許発明に係る化学物質を生産・使用することは，特許権を侵害すると判断している。

第4章 医薬品の製造販売等

 23 医薬品の回収等は，どのような場合に行わなければならないか。

 製造販売業者は，危害の発生又は拡大するおそれがある場合には回収販売の停止等必要な措置を講じなければならない。

―――――――――― 解　説 ――――――――――

　医薬品等の製造販売業者は承認を受けた医薬品等の使用によって保健衛生上の危害が発生し，又は拡大するおそれがあることを知ったときは，これを防止するために廃棄，回収，販売の停止，情報の提供その他必要な措置を講じなければならない（薬機68条の9第1項）。また，回収するときは，回収に着手した旨及び回収の状況を厚生労働大臣に報告しなければならない（薬機68条の11）。なお，薬局開設者，病院，診療所の開設者等は，この製造販売業者が行う措置の実施に協力するよう努めなければならない（薬機68条の9第2項）。回収の判断としては，危害の発生又は拡大するおそれが重要となるが，「医薬品・医療機器等の回収について」（平26・11・21薬食発1121第10号厚生労働省医薬食品局長通知）において以下のとおり定められている。

◎医薬品・医療機器等の回収について（平26・11・21薬食発1121第10号厚生労働省医薬食品局長通知）

（略）
２．回収の要否及び回収対象に係る基本的考え方
　回収の要否及び回収対象の判断に当たっては，以下の(1)～(3)の観点から総合的に判断すること。

(1) 有効性及び安全性への影響
　① 何らかの不良により医薬品・医療機器等の安全性に問題がある場合は回収すること。安全性に問題がない場合であっても，有効性の問題等により期待される効能・効果が得られない場合又は期待される性能が発揮

Q23 医薬品の回収等は，どのような場合に行わなければならないか。

されない場合は，回収すること。製造販売業者等が不良医薬品・医療機器等について有効性及び安全性に問題がないことを明確に説明できない場合には，当該不良医薬品・医療機器等を回収すること。

② 法又は承認事項に違反する医薬品・医療機器等は回収すること。

(2) 混入した異物の種類及び製品の性質

① 異物が混入又は付着している医薬品・医療機器等であって，保健衛生上問題が生じないことが明確に説明できない場合は，回収すること。

② 無菌製剤は，原則的に無菌性保証が確実か否かを重要な判断基準とすること。

(3) 不良範囲の特定に関する判断

① 製造販売業者等が不良医薬品・医療機器等についてロット又は製品全体に及ぶものではないことを明確に説明できない場合には，当該不良医薬品・医療機器等を回収すること。ロット又は製品全体に不良が及ばないことを説明するためには，原則として，以下の全ての条件を満たしている必要がある。

ア．不良発生の原因と工程が特定できること。

イ．当該不良医薬品・医療機器等と同ロットの参考品等により，品質に問題がないことが確認できること。

ウ．医薬品及び医薬部外品の製造管理及び品質管理の基準に関する省令（平成16年厚生労働省令第179号。以下「GMP省令」という。），医療機器及び体外診断用医薬品の製造管理及び品質管理の基準に関する省令（平成16年厚生労働省令第169号。以下「QMS省令」という。）又は再生医療等製品の製造管理及び品質管理の基準に関する省令（平成26年厚生労働省令第93号）に基づき，不良発生防止のための措置が適切に講じられていたことを説明できること。

エ．医薬品，医薬部外品，化粧品及び再生医療等製品の品質管理の基準に関する省令（平成16年厚生労働省令第136号。以下「GQP省令」という。）又はQMS省令に基づき，同様の品質に関わる苦情が他にも多数発生していないことが確認できること。

② 当初はロット又は製品全体に不良が及ばないと考えられた場合であっても，実際に複数施設において当該不良が生じた場合には，当該不良の発生率との関係を考慮した上で原則的に回収すること。

49

第4章　医薬品の製造販売等

③　大型医療機器，埋め込み型の医療機器又は再生医療等製品等，ロットを構成しない医療機器又は再生医療等製品の不良について，同種他製品に同様な不良がある場合，当該製品群をロットとみなし回収に準じた扱いを行うこと。同様の不良が同種他製品に及ばないと明確に説明できる場合は，「現品交換」に準じた扱いとすること。

その他同通知において，回収に係るクラス分類の定義，回収に着手した旨の情報の提供等が示されている。

Q 24 臨床研究法とはどのような法律か。

　国民の臨床研究に対する信頼の確保を図ることを通じてその実施を推進し，もって保健衛生の向上に寄与することを目的とする法律であり，臨床研究における実施基準の遵守，インフォームド・コンセントの取得，個人情報の保護等を規制している。

解　説

1　制定の経緯

　医薬品や医療機器の開発や治療法の研究等において臨床研究は重要なものである。しかし，平成25年頃から臨床研究にかかる不適切な事案が起こり，試験結果への信頼性等が問題となったこと等を受けて，臨床研究の対象者をはじめとする国民の臨床研究に対する信頼の確保を図ることを通じてその実施を推進し，もって保健衛生の向上に寄与することを目的として（臨床1条），臨床研究法が制定され，平成30年4月1日に施行された。

2　対象

　臨床研究法の対象は，医薬品等（医薬品，医療機器，再生医療等製品）を人に対して用いることにより，当該医薬品等の有効性又は安全性を明らかにする研究であるが，治験は除かれる（臨床2条1項）。また，通常の診療の経過や結果を評価する観察研究は臨床研究には該当しない。「医薬品等を人に対して用いる」とは，医薬品，医療機器又は再生医療等製品を人に対して投与又は使用する行為のうち，医行為に該当するものを行うことを指す（「臨床研究の範囲について」（平成29年8月2日厚生労働省第1回臨床研究部会資料6）参照）。

　また，特定臨床研究の以外の臨床研究は臨床研究実施基準に基づく実施する努力義務が課されるが（臨床4条1項），特定臨床研究（臨床2条2項）については，臨床研究実施基準にしたがって実施することが義務づけられる（臨床4条2項）。

〈図3　臨床研究の範囲〉

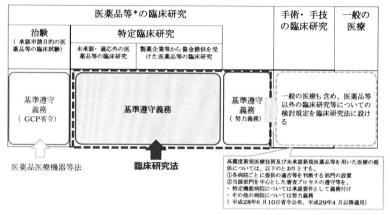

（出典：厚生労働省「参考資料：臨床研究の範囲について」，http://www.mhlw.go.jp/file/06-Seisakujouhou-10800000-Iseikyoku/0000207068.pdf）

3　特定臨床研究

特定臨床研究は，以下の研究が該当する（臨床2条2項）。

○医薬品等製造業者から研究資金等の提供を受けて実施される臨床研究（1号）
○薬機法における未承認医薬品又は適応外医薬品（2号）

適応外医薬品には，薬機法で承認等を受けてない用法等で，保険診療として取り扱われることがあるものでも，特定臨床研究に該当する（平30・3・13厚生労働省医政局研究開発振興課事務連絡「臨床研究法の施行等に関するQ&Aについて（その1）」）。

特定臨床研究を実施する場合には，特定臨床研究ごとに実施計画を作成し，実施の適否及び留意事項について，認定臨床研究審査委員会の意見を聴いた上で，厚生労働大臣に提出することを義務付けられる（臨床5条）。また，モニタリング・監査の実施，利益相反の管理等の実施基準の遵守

（臨床4条），インフォームド・コンセントの取得（臨床9条），個人情報の保護（臨床10条），記録の保存（臨床12条）等を義務付けられる（「臨床研究法（平成29年法律第16号）の概要」厚生労働省参照）。また，副作用が疑われる場合には，認定臨床研究審査委員会の意見を聴き，厚生労働大臣に報告することを義務づけられる（臨床13条・14条）。また，医薬品等製造業者が研究者に研究資金等の提供を行う場合には契約の締結が義務づけられ（臨床32条），また資金提供等に関する情報を公表しなければならない（臨床33条）。

4　臨床研究において使用される未承認医薬品等

　なお，臨床研究において使用される未承認医薬品等の提供については，以下に示される妥当な臨床研究については，一般に薬機法が適用されない旨や留意事項が示されている（平30・4・6薬生発0406第3号厚生労働省医薬・生活衛生局長通知「臨床研究において使用される未承認の医薬品，医療機器及び再生医療等製品の提供等に係る医薬品，医療機器等の品質，有効性及び安全性の確保等に関する法律の適用について」）。

◎「臨床研究において使用される未承認の医薬品，医療機器及び再生医療等製品の提供等に係る医薬品，医療機器等の品質，有効性及び安全性の確保等に関する法律の適用について」（平30・4・6薬生発0406第3号厚生労働省医薬・生活衛生局長通知）別添「臨床研究において使用される未承認医薬品等の提供等に係る医薬品医療機器等法の適用に関する考え方」（抄）

3．未承認医薬品等の提供等に医薬品医療機器等法が適用されない場合の妥当な臨床研究の範囲についての考え方
　⑴　本考え方は，以下のいずれかの要件を満たす臨床研究のうち，未承認医薬品等の提供等がなされる臨床研究（以下「特定臨床研究等」という。）が対象となること。
　　①　「臨床研究法」（平成29年法律第16号）に規定する特定臨床研究に該当すること。
　　②　「人を対象とする医学系研究に関する倫理指針」（平成26年文部科学省・厚生労働省告示第3号。以下「医学系倫理指針」という。）
　　に基づき実施される臨床研究であること。

第4章　医薬品の製造販売等

　　　　ただし，医学系倫理指針上の介入を行わない研究については，希少疾
　　　病等を対象として行われ，かつ，公的研究費によるものや保健医療に関
　　　する法令等の規定に基づくもの等の適切で公益性のある研究であること
　　　について事前に関係部局による研究計画の確認を得たものに限る。
　⑵　医師又は歯科医師が主体的に実施する臨床研究であること。なお，
　　　「主体的に実施」とは，医師又は歯科医師自らが臨床研究の計画を立案
　　　するとともに，企業等が医師又は歯科医師の求めに応じて未承認医薬品
　　　等及びこれらに関する必要な情報を提供等することをいう。医師又は歯
　　　科医師が責任主体となっていない場合，臨床研究を目的とする一連の提
　　　供行為の正当性を担保することが困難となること。
　⑶　被験症例数，使用回数等を含めた実施方法及び実施期間等は，臨床研
　　　究の内容（実施目的）に即してあらかじめ合理的に設定されたものであ
　　　り，かつ，提供等される未承認医薬品等の数量が実施目的に照らして必
　　　要な範囲内にとどまること。
　⑷　臨床研究の実施期間中及び終了後に未承認医薬品等が疾病の診断，治
　　　療又は予防を目的として使用されることを防止するための必要な措置を
　　　取ること。なお，必要な措置とは，提供等される未承認医薬品等が当該
　　　臨床研究にのみ使用されるものであることを明示すること，また，その
　　　取扱いに関してあらかじめ必要な事項を定めること（当該臨床研究に使
　　　用されなかった医薬品や反復継続して使用が可能な機械器具にあっては，当
　　　該臨床研究の終了後に返却又は廃棄すること等）等をいう。
　⑸　臨床研究に使用される未承認医薬品等の提供等の対価は，提供者側の
　　　営利目的とみなされない範囲内（製造に係る実費等）にとどまるもので
　　　あること。臨床研究において被験者の費用負担が生じる場合も提供者側
　　　の営利目的とみなされない範囲内にとどまるものであること。

Q25 薬局製剤や院内製剤，調剤した薬剤については
「製造物」（製造物2条1項）に該当するか。

Q 25 薬局製剤や院内製剤，調剤した薬剤については「製造物」（製造物2条1項）に該当するか。

A 薬局製剤，新たな薬剤を製造する院内製剤は「製造物」である。予製のための院内製剤，調剤した薬剤については，「製造」又は「加工」された薬剤であれば「製造物」であるが，錠剤の計数調剤等は「製造物」ではない。

解　説

「製造物」は，「製造又は加工された動産」（製造物2条1項）である。「製造」とは，一般的には「原材料に手を加えて新たな物品を作り出すこと。「生産」よりは狭い概念で，いわゆる第二次産業に係る生産行為を指し，一次産品の産出，サービスの提供には用いられない」（『用語辞典』666頁）とされており，「加工」とは，「動産を材料としてこれに工作を加え，その本質は保持させつつ新しい属性を付加し，価値を加えること」（『用語辞典』116頁）とされている。

(1) 薬局製剤

一般的に薬局製剤と呼ばれているのは，薬局製造販売医薬品（薬機令3条）である。薬局製造販売医薬品は，「薬局開設者が当該薬局における設備及び器具をもつて製造し，当該薬局において直接消費者に販売し，又は授与する医薬品（体外診断用医薬品を除く。）であつて，厚生労働大臣の指定する有効成分以外の有効成分を含有しないもの」と定義され，実際に薬局において調合等がされ，特定の医薬品を製造し販売している。したがって，薬局製剤は，この定義規程からも実体からも，製造された動産であり「製造物」に該当する。

(2) 院内製剤

院内製剤とは，医療機関の責任の下で院内において調整・使用されている薬剤である。院内製剤は，「その使用目的に応じ，①調剤の準備を目的

55

第 4 章　医薬品の製造販売等

とするもの，②患者の治療・診断を目的とするもの，③医療に用いるが患者の治療・診断目的ではないもの，に大別でき，調剤の迅速化，効率化を図るための予製を行うものから，全く新たな薬剤を製造するものまで多種多様である。」（「院内製剤の調製及び使用に関する指針」（一般社団法人日本病院薬剤師会，平成24年 7 月31日））。院内製剤のうち，全く新たな薬剤を製造するものは，上記の薬局製剤と同様「製造物」に当たると考えられる。一方，予製を行うものについては，調剤した薬剤と同様に考えられる。

(3)　調剤した薬剤

　薬局，病院等で提供される調剤した薬剤については，調剤が役務の提供であるため製造物責任の対象外となるかが問題となるが，役務により製造物を作られていることに着目すれば製造物責任が及ぶと考えられる（浦川道太郎「『製造物』の定義と範囲」判タ862号34頁）。役務の提供にかかる製造物責任に関しては，割烹料亭で調理した魚を食べ，その魚の毒素が原因で食中毒を起こした事例で製造物責任を認容した裁判例（東京地判平14・12・13判時1805号14頁）がある。

　もっとも，調剤された薬剤のうち，錠剤・湿布薬等の数量の調整をしたものなど，いわゆる計数調剤（内用薬のPTPシートや外用薬の包装ごとに，日数分の数量をそろえる業務）や分割しただけのようなものは，「製造」，「加工」とはいえず「製造物」には当たらず，対象となる薬剤は限られる（納品された商品を化粧箱にいれるだけでは別個の製造物とはいえないとした裁判例（東京地判平16・ 3 ・23判時1908号143頁）参照）。

医薬品等に関する制度

 PMDAとは何か。

 医薬品の審査や副作用被害の救済等を行う独立行政法人である。

━━━━━━━━━ **解　　説** ━━━━━━━━━

　PMDA（Pharmaceuticals and Medical Devices Agency）とは独立行政法人医薬品医療機器総合機構であり，独立行政法人医薬品医療機器総合機構法に基づく機関である。許可医薬品等の副作用又は許可生物由来製品等を介した感染等による健康被害の迅速な救済を図り，並びに医薬品等の品質，有効性及び安全性の向上に資する審査等の業務を行う（機構3条）。PMDAは，承認が必要な医薬品等の承認にかかる審査を行い，市販後における安全性に関する情報の収集，分析，提供を行っている。医薬品等の承認にかかる指導や相談もPMDAで行われている。

　また，医薬品の製造販売業者等への立入検査等を行うこともある（薬機69条の2）。

第5章 医薬品等に関する制度

 27 再審査制度とはどのようなものか。

 新医薬品について，承認を受けてから一定期間，製造販売業者に対し製造販売後調査等を義務付けられる制度である。

解　　説

　新医薬品の承認時に評価，検討がされる資料においては，症例数が少ないこと，使用期間が長期でないこと，併用薬，合併症，患者年齢等多種多様な条件下での使用でないこと等があり，有効性，安全性等をすべて確認するには限度がある。そのため，新医薬品（既に承認を与えられている医薬品と有効成分，分量，用法，用量，効能，効果等が明らかに異なる医薬品として厚生労働大臣がその承認の際指示したもの。薬機14条の4第1項1号）については，承認を受けてから一定期間（4年から10年間），実際に使用されたデータを集める等して，承認後においても，製造販売業者に対し製造販売後調査等を義務付けている（薬機14条の4第6項）。この再審査期間中は，市販後の調査により得られた結果の報告を承認から2年間は半年ごと，その後は1年ごとに行わなければならない（薬機規63条。安全性定期報告）。この期間の経過後に当該医薬品の品質，有効性及び安全性を確認するために再審査が行われる（薬機14条の4）。再審査の結果，①承認の取消し，②効能効果の削除又は修正，③特に措置なし，の判断がなされる。③の場合であっても添付文書の改定はなされる。再審査の調査には，「医薬品の製造販売後の調査及び試験の実施の基準に関する省令」（GPSP省令）が適用される。

　なお，「新医薬品」には，「既に製造販売の承認を与えられている医薬品と用法（投与経路を除く。）又は用量が明らかに異なる医薬品であつて有効成分及び投与経路が同一のもの」（薬機規57条2項）が含まれているため，有効成分が同じであっても新たな効能効果が承認された場合，新医薬品として再審査期間が設けられることになる。

28 RMPとは，どのような制度か。

 　医薬品の開発から市販後までのリスクを管理するための医薬品リスク管理計画である。

解　　説

　RMP（Risk Management Plan）とは，医薬品リスク管理計画である。医薬品の安全性確保のためには，開発の段階から市販後に至るまで常にリスクを適正に管理することが重要である。そのため，医薬品の製造販売業者等は，常に医薬品の適正使用を図り，ベネフィット・リスクバランスを適正に維持するため，安全性検討事項を特定し，医薬品安全性監視計画及びリスク最小化計画を策定し，必要に応じて有効性に関する製造販売後の調査・試験の計画を策定し，これらの計画の全体を取りまとめた医薬品リスク管理計画書を作成しなければならない。この医薬品リスク管理計画は，平成25年から策定が求められ，医療用医薬品の承認時の条件として義務づけられている。医薬品リスク管理計画については，「医薬品リスク管理計画指針について」（平24・4・11薬食安発0411第1号・薬食審査発0411第2号厚生労働省医薬食品局安全対策課長・厚生労働省医薬食品局審査管理課長通知）において，指針が示されている。

第5章　医薬品等に関する制度

 副作用・感染症報告制度とは。

　副作用・感染症報告制度とは，医薬品等の製造販売業者が承認を受けた医薬品について，副作用や感染症について一定の事項を知った場合に，厚生労働大臣に報告をしなければならない制度である。また，医薬関係者においても，副作用等を報告する制度がある。

■■■■■■■■■■■■　解　　　説　■■■■■■■■■■■■

　医薬品等の製造販売業者は，承認を受けた医薬品について，医薬品の安全対策を進めるために，副作用や感染症の発生等で厚生労働省令において報告が必要とされる範囲の事実を知ったときは，その旨を厚生労働大臣にしなければならない（薬機68条の10第1項。実際の窓口は委託がされているためPMDA（Q26参照）となる。）。この期間は，内容に応じて15日以内，30日以内と定められており，報告を要するものかどうか等，様々な通知が出されている（「医薬品等の副作用の重篤度分類基準について」（平4・6・29薬安80号厚生省薬務局安全課長通知），「医薬品等の副作用等の報告について」（平26・10・2薬食発1002第20号厚生労働省医薬食品局長通知），「副作用等報告に関するＱ＆Ａについての改訂について」（平26・2・26厚生労働省医薬食品局審査管理課・厚生労働省医薬食品局安全対策課事務連絡）参照）。

　また，製造販売業者だけでなく，病院や薬局開設者や医師，薬剤師等の医薬関係者にも，医薬品の副作用などと疑われる健康被害を知った場合，保健衛生上の危害の発生又は拡大を防止するため必要があると認めるときには，その報告が義務付けられている（薬機68条の10第2項，Q31参照）。

　この制度は，医薬品等の市販後の安全対策を確保することが目的であり，報告された情報は，医薬品等の安全対策や医療関係者への情報提供に使われる事になる。

　なお，PMDAでは，現在，患者からも医薬品の副作用情報を収集している。

30 製造販売業者等が，副作用の報告を怠った場合にはどのような処分が科せられるか。

A 業務改善命令がされることがあり，場合によっては，業務停止処分がされうることがある。

―――――― 解　説 ――――――

　医薬品等の製造販売業者は，承認を受けた医薬品について，副作用や感染症の発生等で厚生労働省令において報告が必要とされる範囲の事実を知ったときは，その旨を厚生労働大臣に報告しなければならない（薬機68条の10第1項）。この期間は，内容に応じて15日以内，30日以内と定められている（薬機規228条の20第1項）。また，治験薬の副作用についても報告しなければならない（薬機80条の2第6項）。期限は，内容に応じて7日又は15日（薬機規273条1項違反）となっている。この義務を怠った場合，業務改善命令がされることがある（薬機72条の4第1項）。また，場合によっては，製造販売業の業務停止処分がされることもある（薬機75条1項）。

　過去には，業務改善命令が出された後に，更なる報告義務違反が発覚した事案で業務停止15日間に処されたものがある（「医薬品医療機器法違反業者に対する行政処分について」（厚生労働省ホームページ，http://www.mhlw.go.jp/stf/houdou/0000075273.html））。

　また，副作用報告義務の対象となる4,573症例の報告を法令の理解不足から怠ったため業務改善命令がされた事例（「セルジーン株式会社に対する行政処分を行いました」（厚生労働省ホームページ，http://www.mhlw.go.jp/stf/houdou/0000154548.html）），社員の認識不足等により86例の症例報告を怠ったとして改善指導がされた事例（厚生労働省ホームページ「バイエル薬品株式会社に対し，副作用報告義務違反への改善指導を行いました」（http://www.mhlw.go.jp/stf/houdou/0000179072.html））がある。

　このような事案を踏まえて，厚生労働省から「製造販売業者における製造販売後安全管理業務に関する法令遵守の徹底について（再周知徹底依頼）」（平29・9・29薬生安発0929第2号厚生労働省医薬・生活衛生局医薬安全対策課

第 5 章　医薬品等に関する制度

長通知）が出されている。

　報告義務を怠った事案では，社員等の認識不足や，管理体制の不備が多いようである。そのため，社内体制や業務手順書等が法令に基づき適切に実施できるように整備し，社内教育を定期的に行うことなどが重要となる。

Q31 医薬関係者の副作用報告制度とはどのようなものか。

 Q 31 医薬関係者の副作用報告制度とはどのようなものか。

A 　医薬関係者の副作用報告制度は，「必要があると認められるとき」に行うこととなっているが，ガイダンス骨子等を参考に適切に行うことが求められている。

―――――――――――― 解　　説 ――――――――――――

　製造販売業者には，承認を受けた医薬品等について副作用報告が義務付けられている（Q29）。このような副作用報告制度は，製造販売業者だけでなく病院や薬局開設者，医師，薬剤師等の医薬関係者にも，義務付けられている（薬機68条の10第2項）。もっとも，医薬関係者の報告については，製造販売業者とは異なり，該当する副作用であっても「保健衛生上の危害の発生又は拡大を防止するため必要があると認めるとき」に報告することとなっている。

　近年は，高齢化，抗がん剤治療等による多剤併用が増加し複合的な副作用の発生が起こることもある。また，後発医薬品の促進によって多様な企業が関わっている現状もあるため，医療関係者からの副作用の報告は重要である。しかし，「必要があると認めるとき」とされていることもあってか，製造販売業者からの報告の件数は年々増加しているのに対し，医薬関係者からの報告は増加していないという問題がある。

　そこで，「薬局・薬剤部の機能を活用した副作用報告の推進に関する研究」（平成28年度厚生労働科学特別研究事業，研究代表者：益山光一）において，「医薬関係者の副作用報告ガイダンス骨子」案が作成され，平成29年7月に「医薬関係者の副作用報告ガイダンス骨子」（平29・7・10厚生労働省医薬・生活衛生局総務課・安全対策課事務連絡別紙）が発出されている。

第5章　医薬品等に関する制度

◎「医薬関係者の副作用報告ガイダンス骨子」（平29・7・10医薬・生活衛生
局総務課・医薬安全対策課事務連絡（要旨））

（別紙）
1．速やかに報告する副作用
○死亡，障害及びそれらにつながるおそれのある症例等について，重篤度分
　類基準を参考として，重篤なもの（グレード3）を15～30日を目途に当局
　に報告
2．医療機関の対応について
○医療機関内での診療科間，診療科と薬剤部門間における情報共有，連携。
　連携方法のあらかじめの共有。
○副作用が疑われる症例に関する情報の医療機関内での集約・一元化。管理
　者を定め，情報の恒常的な把握。
3．薬局の対応について
○処方した医療機関への受診勧奨によるフィードバック。患者の副作用，検
　査値等の情報共有。
○情報共有の結果，薬局から副作用報告を行うこととした場合，提出に際し，
　処方した医療機関は連名として記入する。

（出典：「平成30年度診療報酬改定の概要　調剤　厚生労働省保険局医療課」）

　保険薬局においては，平成30年度の調剤報酬改定において，地域支援体
制加算の施設基準の一つに「当該保険薬局以外の医療従事者等に対し，医
薬品に係る医療安全に資する情報の共有を行うにつき必要な体制が整備さ
れ，一定の実績を有していること。」との項目が設けられ「副作用報告に
係る手順書を作成し，報告を実施する体制を有していること。」（平成30年
10月以降適用）とされているため今後副作用報告の体制等の整備が重要とな
る。なお，今後上記ガイダンス骨子等を踏まえて，報告体制を整えるため
の手引が整備されることとなる予定である。

医薬品副作用被害救済制度とは。

 　医薬品副作用被害救済制度（機構15条1項1号）とは，医薬品を適正に使用したにもかかわらず副作用による一定の健康被害が生じた場合に，医療費等の給付を行い被害者の救済を行う制度である。

解　　説

　この制度の適用になるのは，許可医薬品の「適正な使用」によって起こった副作用によるものだけであり，基本的には，用法用量を守り使用上の注意を守って使用された場合に限られる（機構4条10項）。もっとも，適応外使用（添付文書に従わない使用）であるからといって直ちに適用にならないわけではなく，現在の医学・薬学の学問水準に照らして総合的な見地から判断されることになる。また，死亡及び入院を必要とする程度の疾病，日常生活が著しく制限される程度の障害が対象となっており，軽微な健康被害は対象とならない（機構16条1項1号，機構令3条）。なお，医療用医薬品だけではなく，一般用医薬品等の使用においても対象となる。

　その他，以下の場合は対象とならない。

① 　法定予防接種を受けたことによるものである場合（機構16条2項1号。予防接種健康被害救済制度の対象）。任意に予防接種を受けたことによる健康被害は対象となる。
② 　医薬品の製造販売業者などに明らかに損害賠償責任がある場合（機構16条2項2号）
③ 　救命のためやむを得ず通常の使用量を超えて医薬品を使用したことによる健康被害で，その発生が予め認識されていた等の場合（機構16条2項3号，機構規3条2号）
④ 　対象除外医薬品等（抗がん剤等）による場合（機構4条6項1号）

第 5 章　医薬品等に関する制度

　また，この制度は給付の種類によって，請求期限もあるので注意が必要である（機構16条 3 項）。

　なお，この医薬品副作用被害救済制度と同様に，生物由来製品等を介した感染等による健康被害の救済についても，生物由来製品感染等被害救済制度が設けられている（機構15条 1 項 2 号）。

医薬品副作用被害救済制度の給付の要件は何か。

 許可医薬品等の適正な使用目的によって発現する副作用等が給付の対象であり，適正要件や因果関係は請求者が立証責任を負う。

━━━━━━━━━ 解　　説 ━━━━━━━━━

　医薬品副作用被害救済制度は，許可医薬品（機構 4 条 6 項）又は許可再生医療等製品（機構 4 条 9 項）の副作用による健康被害の救済を行うものである（機構15条 1 項 1 号。Q31参照）。

　「許可医薬品等による副作用」とは，「適正な使用目的に従い適正に使用された場合においてもその許可医薬品又は副作用救済給付に係る許可再生医療等製品により人に発現する有害な反応をいう。」（機構 4 条10項）。「副作用」と定義されるが「有害な反応」であるため，治療目的のための作用である「主作用」によるものも含まれる。

　「適正な使用目的に従い適正に使用された場合」（適正要件）については，請求者が立証責任を負う（東京地判平20・10・31裁判所ウェブサイト）。適正要件には，用法用量を守り使用上の注意を守って使用された場合だけでなく，添付文書に従わない適応外使用であっても該当する場合がある。「医薬品の用法・用量は，個別の患者の性別，体重，特異体質，当該疾病の種類，性質，特殊性のほか，当時の医療の実態との関連等をも考慮した総合的な見地から判断される必要があることからすれば，添付文書に記載された用法・用量の範囲を超える場合であっても，適正要件に該当すると判断される場合があり，結局のところ，「適正に使用された」か否かは，個別の患者ごとに，上記諸般の事情を考慮した上での総合的見地によって判断する必要がある」（東京地判平19・10・11ウェストロー・ジャパン，LLI／DB判例秘書）とされている。

　因果関係の立証責任についても，請求者が負い，一点の疑義も許されない自然科学的証明ではなく，経験則に照らして全証拠を総合検討し，特定の事実が特定の結果発生を招来した関係を是認し得る高度の蓋然性を証明

第5章　医薬品等に関する制度

することが必要である（東京高判平27・9・30裁判所ウェブサイト，東京地判平19・10・11ウェストロー・ジャパン，LLI／DB判例秘書）。なお，抗がん剤等の給付の除外となる医薬品を含む数種の医薬品を投与していた場合の副作用については，直ちに給付対象外となるのではなく，請求者において，給付対象の医薬品による副作用であることが証明できれば給付の対象となる（東京地判平19・10・11ウェストロー・ジャパン，LLI／DB判例秘書）。

　不支給決定の取消しを求め棄却された例として，抗精神病薬を常用量を超えて使用し，やむを得ず通常の使用量を超えて使用したことによるものであり，かつ，当該健康被害の発生があらかじめ認識されていた場合であるとして，不受給事由に該当するとされた例（東京地判平20・10・31裁判所ウェブサイト），抗インフルエンザ薬と突然死には因果関係が認められないとした例（東京高判平27・9・30裁判所ウェブサイト，名古屋高判平28・2・5裁判所ウェブサイト，大阪地判平29・1・12ウェストロー・ジャパン，LLI／DB判例秘書）がある。一方，抗がん剤等の給付の除外となる医薬品を含む数種の医薬品を投与し，一部の医薬品は常用量を超えて使用したものの不受給決定の取消しを認めた例がある（東京地判平19・10・11ウェストロー・ジャパン，LLI／DB判例秘書）。

第6章 添付文書等

 添付文書の届出制とはどのようなものか。

 添付文書の届出制は，添付文書に対する行政の責任を明確にすべき等との指摘を受けて，薬機法への改正の際に導入された。

解　説

　医薬品の添付文書は，記載事項は決まっているものの（薬機52条），基本的には当該医薬品の製造販売業者が「最新の論文その他により得られた知見に基づき」作成するものである（薬機52条1項）。薬機法に改正される以前は，実際の内容については通知等により運用がされていた。

　しかし，添付文書に対する行政の責任を明確にすべき等との指摘があったこと等から，薬機法への改正の際に厚生労働大臣が指定する医薬品（医療用医薬品や要指導医薬品等）については，添付文書の届出制が導入され（薬機52条の2第1項），医薬品の安全対策の強化がされた。そのため，製造販売業者は，製造販売開始前と，添付文書等の記載事項の変更時には，情報提供を開始する以前に届出を行う必要がある。この届出をした場合には，製造販売業者は，直ちに，公表しなければならない（薬機52条の2第2項）。

　届出に関しては，「添付文書等記載事項の届出等に当たっての留意事項について」（平26・9・1薬食安発0901第01号厚生労働省医薬食品局安全対策課長通知）が参考になる。

　なお，平成31年4月1日から添付文書の記載要領が変更となるので注意が必要である（「医療用医薬品の添付文書等の記載要領について」平29・6・8薬生発0608第1号厚生労働省医薬・生活衛生局長通知）。

第6章 添付文書等

 35 医薬品の添付文書に従わない処方は法的にどのように判断されるか。

A 適応外使用は直ちに違法となるわけではないが、医療水準に照らして合理性を有する必要がある。

解　説

　添付文書（薬機52条1項）とは、医薬品に関する最新の論文その他により得られた知見に基づき、用法、用量その他使用及び取扱い上の必要な注意等が記載された文書である。添付文書がない医薬品は、原則販売等はできない（薬機55条1項）。

　平成26年の薬機法への改正により、法の目的に、医薬品等の使用による「保健衛生上の危害の発生及び拡大の防止」（薬機1条）が追加され、国にも、同様の義務が課され、国には薬害防止等の責務があることが明確になった（薬機1条の2）。それに伴い、製造販売業者には、国の監督のために、添付文書記載事項についての届出制が導入された（薬機52条の2第1項）。薬害・副作用防止のために、添付文書が、より重要視されてきている。

　医師が患者に処方する場合や薬剤師が調剤をする場合等には、原則添付文書に従うことになる。しかし、医薬品に関して添付文書に従わないいわゆる「適応外処方」がされることがある。承認を受けている効能効果以外の効能効果を目的とした使用、又は承認を受けている用法用量以外の用法用量を用いた使用を、一般的には「適用外使用」と呼んでいる。

　判例は、「医薬品の添付文書（能書）の記載事項は、当該医薬品の危険性（副作用等）につき最も高度な情報を有している製造業者又は輸入販売業者が、投与を受ける患者の安全を確保するために、これを使用する医師等に対して必要な情報を提供する目的で記載するものであるから、医師が医薬品を使用するに当たって右文章に記載された使用上の注意事項に従わず、それによって医療事故が発生した場合には、これに従わなかったことにつき特段の合理的理由がない限り、当該医師の過失が推定されるものというべきである。」（最三小判平8・1・23民集50巻1号1頁）と判断し、医師が、

Q35　医薬品の添付文書に従わない処方は法的にどのように判断されるか。

添付文書に従わず事故が発生した場合には特段の合理的理由がない限り過失が推定されるとしている。しかし，この判例は，使用上の注意事項に従わなかった事例であり，添付文書の内容も様々であることを考えれば，「適応外使用」を行い，万一患者に健康被害が起こった場合についてもこの判例の射程が及ぶのかは疑問もある。なお，添付文書の使用上の注意事項に従わなかった場合には，過失が推定されるが事実上の推定であるため，極めて例外的な場合にのみ推定が覆るということではなく，医療者側の主張が当時の医療水準に照らして合理性を有していれば特段の合理的理由が認められる（大島眞一「医療訴訟の現状と将来—最高裁判例の到達点—」判タ1401号17頁）。

　また，医療法における特定機能病院の管理者には，「未承認等の医薬品の使用に関し，当該未承認等の医薬品の使用の状況の把握のための体系的な仕組みの構築並びに当該仕組みにより把握した未承認等の医薬品の使用の必要性等の検討の状況の確認，必要な指導及びこれらの結果の共有」が要求されている（医療16条の３第１項，医療規９条の23第３項ロ）。この「未承認等の医薬品の使用」には，「適応外使用」も含まれており（医療規１条の11第２項２号ハ），医療の現場では，状況によって，「適用外使用」が行われることは前提とされている。

第6章　添付文書等

 治験において治験実施計画書に従わない治療は，医師の過失においてどのように判断されるか。

 治験実施計画書の逸脱は，説明と同意の観点からも，原則として違法と判断される。

解　説

　治験とは，医薬品の承認を得るための有効性や安全製の成績を集める臨床試験をいう（薬機2条17項）。治験は，「医薬品の臨床試験の実.施の基準に関する省令」（GCP省令）に基づいて行われ，「治験実施計画書」（プロトコル）に従って実施される（薬機80条の2）。

　医療においては，時に添付文書に従わない治療が医療上の必要性から実施される場合がある。このような添付文書に従わない場合の医師の過失に関しては，「医薬品の添付文書（能書）の記載事項は，当該医薬品の危険性（副作用等）につき最も高度な情報を有している製造業者又は輸入販売業者が，投与を受ける患者の安全を確保するために，これを使用する医師等に対して必要な情報を提供する目的で記載するものであるから，医師が医薬品を使用するに当たって右文章に記載された使用上の注意事項に従わず，それによって医療事故が発生した場合には，これに従わなかったことにつき特段の合理的理由がない限り，当該医師の過失が推定されるものというべきである。」（最三小判平8・1・23民集50巻1号1頁）と判断されている。

　一方，治験は，医療ではあるものの，承認前の医薬品を使用し成績を集めるという研究の一面もある。そのため，GCP省令等において基準が定められている。そうであれば，治験においては通常の臨床と比べて医師の裁量は限定されるべきであり，治験実施計画書については添付文書以上に厳格に従う必要があり，治験実施計画書に従わない治療は，原則違法と判断されるべきである。裁判例においても，「治験は，未だ人体に対する安全性が確認されておらず，医療行為として認可を受けていない段階において，人体に対する侵襲を伴う行為を実施する性格を有するものであるからこそ，プロトコルを定め，これを遵守することにより，治験実施の正当性が基礎

付けられることになることに思いをいたせば，治験実施者に危険性，安全性の存否や程度の実質的判断を委ねるなどということは想定し難いというほかない」とし，「そもそも治験においては，危険性，安全性の存否や程度を判断するための適格なデータが存在しておらず，そのデータ収集のためにも，プロトコルの遵守が期待されているわけであるから，治験実施者の判断の的確性自体，検証のしようがないものである。したがって，治験実施者の裁量で，危険性，安全性の存否や程度を判断し，治験を実施するなどということは，厳に慎むべきといわざるを得ない。」した上で，「被験者の権利保護に十分な配慮がされる必要があることは当然であるが，プロトコルの内容は，現実には，被験者において治験に参加するか否かを判断するに際して，唯一の客観的な資料になるものと考えられ，被験者は，治験に参加するに当たって，当然にプロトコルの内容が遵守されることを前提にしているものと考えられる。したがって，両当事者の合意内容という意味合いにおいても，プロトコルの内容は，合意の一部を形成するものというべきであるから，その違反は，民事法上の違法性を有するものと認められるべきである。」として，治験実施計画書から逸脱した治療を行った医師の責任を認めたものがある（東京地判平26・2・20判タ1420号316頁）。この裁判例の判断のとおり，治験においては，インフォームドコンセントの取得について基準があり（GCP省令50条ないし55条），治験実施契約書からの逸脱は，合意の点からも問題がある。

　なお，治験に関するインフォームドコンセント違反によって損害賠償を認容した事例もある（名古屋地判平12・3・24判時1733号70頁参照）。

第6章　添付文書等

Q 37 医療法において，特定機能病院における適応外使用及び未承認医薬品の使用の体制はどのように整備する必要があるか。

A 医薬品安全責任者は，適応外使用の使用状況の把握の仕組みを構築し，必要に応じて指導等を行わなければならない。また未承認新規医薬品の使用に関する体制整備も要求される。

解　説

　大学附属病院等において，医療安全に関する重大な事案が相次いで発生したことにより，特定機能病院及び地域医療支援病院のあり方に関する検討会において取りまとめられた「大学附属病院等の医療安全確保に関するタスクフォース等を踏まえた特定機能病院の承認要件の見直しについて」等を踏まえ，平成28年に医療法施行規則が改正された。この改正により，特定機能病院（医療4条の2）の承認要件について適応外使用に関する体制の整備が必要となった（医療16条の3第1項7号，医療規9条の23）。

　まず，医薬品安全責任者（医療規1条の11第2項2号）の責務として，以下の項目が規定された（医療規9条の23第1項3号）。

◎医療規9条の23第1項3号ロ

ロ　未承認等の医薬品の使用に関し，当該未承認等の医薬品の使用の状況の把握のための体系的な仕組みの構築並びに当該仕組みにより把握した未承認等の医薬品の使用の必要性等の検討の状況の確認，必要な指導及びこれらの結果の共有

　「未承認等の医薬品の使用」とは，①未承認の医薬品の使用，②承認を受けている使用と異なる用法，用量，効能又は効果での使用，③禁忌に該当する医薬品の使用である（医療規1条の11第2項2号ハ）。したがって，添付文書に従わない使用も含まれ，このような使用に関して，医薬品安全管理責任者は，使用状況の把握の仕組みを構築するだけでなく，必要な指導等を行う必要がある。適応外の使用等に関して，従前は医師の裁量に任さ

74

Q37 医療法において，特定機能病院における適応外使用及び未承認医薬品の使用の体制はどのように整備する必要があるか。

れていた部分が大きかったが，今後は組織として，関与していくことが求められおり，体制の整備が必要である。

　また，以下の事項も行うべきこととされている（医療規9条の23第1項8号）。

◎医療規9条の23第1項8号

八　未承認新規医薬品等を用いた医療を提供するに当たり，次に掲げる措置を講ずること。

　イ　未承認新規医薬品等を用いた医療を提供する場合に，当該未承認新規医薬品等の使用条件を定め，使用の適否等を決定する部門を設置すること。

　ロ　別に厚生労働大臣が定める基準に従い，未承認新規医薬品等を用いた医療を提供する場合に，従業者が遵守すべき事項及びイに規定する部門が確認すべき事項等を定めた規程を作成すること。

　ハ　イに規定する部門に，従業者のロに規定する規程に定められた事項の遵守状況を確認させること。

　「未承認新規医薬品等」とは，未承認医薬品又は高度管理医療機器のうち，当該病院でこれまで使用のしたことのない医薬品である（医療規1条の11第2項4号）。「未承認新規医薬品等」は，未承認医薬品でありかつ当該病院ではじめて使用するものであり「未承認等の医薬品」のなかでも，より安全性等が確立していないため，使用の適否等を決定する部門の設置等さらなる組織の関わりを要求している。なお，この規定については特定機能病院以外の病院であっても，可能な限り同様の対応を努めるよう要求されている（「医療法施行規則の一部を改正する省令の施行について」（平28・6・10医政発0610第18号厚生労働省医政局長通知））。

　今後未承認医薬品の使用や適応外使用においては，組織としての関わりも重要視されてくるため，体制の整備が重要となる。

在宅医療での医療廃棄物はどのように処理するか？

　近年は高齢社会との関係でも在宅医療，在宅介護が必要不可欠のものとなっている。それに伴い，これまでは病院等で発生していた使用済の注射針等の医療廃棄物が在宅においても発生するようになってきた。

　廃棄物処理法上の在宅医療廃棄物は，一般廃棄物に分類される。医療機関での注射針等は特別管理産業廃棄物として適切に処理されるが，在宅医療廃棄物については，一般廃棄物であるため，市町村の責任で処分しなければならない。しかし，一般ゴミと一緒に医療廃棄物が処分されると感染の問題等があり，増加する在宅医療の中で問題となっていた。

　そこで，(1)注射針等の鋭利な物は医療関係者あるいは患者・家族が医療機関へ持ち込み，感染性廃棄物として処理する，(2)その他の非鋭利な物は，市町村が一般廃棄物として処理する，という方法が考えられるといた通知が環境省から発出された（平17・9・8環廃対発050908003号・環廃産発050908001号環境省大臣官房廃棄物・リサイクル対策部廃棄物対策課長・産業廃棄物課長通知「在宅医療に伴い家庭から排出される廃棄物の適正処理について」）。また，在宅医療廃棄物の処理の在り方検討会「在宅医療廃棄物の処理に関する取組推進のための手引き」（環境省ホームページ，平成20年3月）が示される等して，対応がされてきたが，不十分な部分もあり，医療機関よりも数が多い薬局での回収も行われ医療廃棄物と同様の処分を行われてきた。しかし，このような対応は薬局の処分費等の負担が増加するという問題もある。そのため，近年では，患者等が薬局に持ち込んだ注射針等を地域薬剤師会がまとめて産業廃棄物と同様の処分をするという運用もされている。

Q38 薬局と医薬品の店舗販売業，卸売販売業の違いは何か．

第7章 医薬品の販売・調剤等

 Q38 薬局と医薬品の店舗販売業，卸売販売業の違いは何か．

 薬局は調剤や医薬品の販売を行うもの，店舗販売業は，要指導医薬品・一般用医薬品の販売等を行うもの，卸売販売業は，医薬品を薬局開設者，店舗販売業者，病院等に販売するものである．

―――――――― 解　説 ――――――――

　薬局とは，「薬剤師が販売又は授与の目的で調剤の業務を行う場所（その開設者が医薬品の販売業を併せ行う場合には，その販売業に必要な場所を含む．）」（薬機2条12項）と規定され，調剤を行う場所が薬局であり，医薬品の販売業を行うのであればその販売も可能である．なお，病院診療所等の施設内にある調剤がされる場所は，薬局と呼ばれることはあるが，法律上の薬局ではなく「調剤所」となる（薬機2条12項ただし書，医療21条1項7号）．

　一方，店舗販売業とは，「要指導医薬品又は一般用医薬品を，店舗において販売し，又は授与する業務」を行うものであり（薬機25条1号），調剤は行えず，医療用医薬品等の薬局医薬品は取り扱うことはできない．ドラッグストアなどは店舗売業の許可を得ているところが多いが，近年はドラッグストア内にも薬局が併設されている．この場合，店舗内を店舗販売業の区間と薬局の空間で区切って許可を得ていることが多い．これは，薬局は薬剤師がいなければ原則営業ができないためである．もっとも，薬剤師不在時であっても，一定の条件のもとであれば登録販売者が薬局の第二類・第三類医薬品を販売できるよう平成29年に改正された（Q2参照）．

　薬局・店舗販売業のいずれも，都道府県知事の許可が必要である（薬機

77

第 7 章　医薬品の販売・調剤等

4条・26条）。

　卸売販売業とは，「医薬品を，薬局開設者，医薬品の製造販売業者，製造業者若しくは販売業者又は病院，診療所若しくは飼育動物診療施設の開設者その他厚生労働省令で定める者」である「薬局開設者等」に販売するものである（薬機25条3号）。都道府県知事の許可が必要である。店舗販売業は，店舗において販売する形態であるため，（薬機25条1号），当該店舗において販売をする必要があるが（特定販売も，店舗以外の場所にいる者への販売であるが，あくまで店舗での販売である。），卸売業者の場合にはこのような定めがないため，薬局や病院に担当者が出向き薬局等で授受がされる形態となっている。

配置販売業とは何か。

 配置販売業とは，いわゆる「置き薬」を配置することにより販売する形態のことである。

――――― 解　　説 ―――――

　配置販売とは，一般用医薬品のうち経年変化が起こりにくいなど，厚生労働大臣が定める基準に適合するものを家庭等に配置することにより販売する形態の販売方法であり，配置販売業を行うためには都道府県ごとに，都道府県知事の許可が必要である（薬機30条）。配置販売業者は，都道府県の区域内を管理する区域管理者に管理させなければならない（薬機31条の2）。

　配置販売業においても，一般用医薬品の販売に従事する者は，店舗販売業と同様，第一類医薬品は薬剤師，第二類及び第三類医薬品は登録販売者でなければならない（薬機36条の9）。また，情報提供等も同様である（薬機36条の10第7項）。もっとも，情報提供がない場合の医薬品の補充等は，一般従事者が行うこともある。

第7章　医薬品の販売・調剤等

Q 40 登録販売者とは。

A 　登録販売者とは，都道府県知事の登録を受けて第二類医薬品及び第三類医薬品を販売することをできる者である。

―――― 解　　説 ――――

　登録販売者とは，試験に合格し都道府県知事の登録を受けた者である（薬機4条5項1号・36条の8第2項）。

　登録販売者は，薬局または店舗において第二類医薬品及び第三類医薬品を販売することができる（薬機36条の9第2号）。薬局開設者又は店舗販売業者は，第二類医薬品の販売をする際に薬剤師又は登録販売者に情報提供等をさせるように努めなければならない（薬機36条の10第3項・4項）。また，購入者より相談があった場合には，第二類医薬品，第三類医薬品については，薬剤師又は登録販売者に情報提供をさせなければならない（薬機36条の10第5項，薬機規159条の17第1項2号）。したがって，第二類医薬品を及び第三類医薬品は，薬剤師がいなくても，登録販売者がいれば販売できる。

　登録販売者試験については，従前は実務経験が必要であったが，現行法では，実務経験や学歴の要件はない。もっとも，店舗管理者になるためには，実務経験が要求される（薬機規140条）。

Q41 薬局や店舗販売業の開設に関して開設場所の制限はあるか。

 Q 41　薬局や店舗販売業の開設に関して開設場所の制限はあるか。

A　現行法では，薬局等の開設に距離制限はない。しかし，保険薬局の場合は，保険医療機関と一体的と判断される場所であると指定を受けることができない。

━━━━━━━━━━ 解　　説 ━━━━━━━━━━

　以前は，薬局の開設に関して距離制限があったが，このような距離制限は憲法に反するとした薬局距離制限違憲判決（最大判昭50・4・30民集29巻4号572頁）があり，距離制限は撤廃された。

　もっとも，薬局のうち保険薬局については場所的な制限がある。保険薬局は，保険医療機関と一体的な構造とし，又は保険医療機関と一体的な経営を行うことが禁じられている（薬担規則2条の3第1項1号）。そのため，平成27年までは，保険医療機関等と同じ敷地内に保険薬局を開設することは認められなかった。しかし，「規制改革実施計画」（平成27年6月30日閣議決定）等を踏まえて，平成27年10月からこの構造的一体の解釈の運用が変更になり（「『保険医療機関及び保険医療養担当規則の一部改正等に伴う実施上の留意事項について』の一部改正について」（平28・3・31保医発0331第6号厚生労働省保険局医療課長・厚生労働省保険局歯科医療管理官通知），現在では，敷地内であるからといって一律に認められないのではなく，状況によって認められるようになった。

　この構造的一体等が認められない理由は，保険薬局の指定について争われた東京高等裁判所判決平成25年6月26日において「保険医療機関と一体的な構造とし，又は保険医療機関と一体的な経営を行うときには，当該保険薬局は保険医療機関からの独立性を失うこととなるのであって，そうなれば，当該保険薬局は当該保険医療機関の調剤所であるのと実質的に異ならず，医薬分業の上記趣旨に反し，その利点は失われることとなる。本件規則2条の3第1項1号の規定は，このことに鑑みて，保険薬局の保険医療機関からの独立性をその構造面及び経営面から確保するために設けられ

81

第 7 章　医薬品の販売・調剤等

たものであると解される」と判断されている（東京高判平25・6・26判時2225号43頁，裁判所ウェブサイト）。なお，同判決では，構造上の独立性に関しては，医薬分業の目的達成からは，より間接的な要件とし，経営上の独立性が十分に確保されている場合には，構造上の独立性に関する規定は緩やかに解するのが相当であると判断している。前記通知の運用においても，構造的一体は，緩やかに判断されるべきと考えられる。

薬局を移転する場合や開設者が変更になる場合には、薬局の許可は新たに必要か。

 新たな許可が必要となる。

――― 解　　説 ―――

　薬局は，薬局の構造設備，開設者について薬局ごとに判断がされ許可がされるため（薬機5条），移転や全面改装の場合には，新規の許可が必要になる。立て替え等で一時立ち退き等のために仮店舗を設置する場合も同様に許可が必要である。また，開設者が事業譲渡等で変更になった場合はもちろん，個人から法人に変更になる場合，法人の合併により新法人を設立する場合，会社分割により，分割をする会社の営業を新しく設立する会社に承継させる場合も許可が必要である。

　なお，保険薬局とする場合には，新たに保険薬局の指定も受ける必要があり，遡及での指定等の検討をする場合もある（Q43参照）。

第7章　医薬品の販売・調剤等

Q 43　薬局のM＆Aにおいて気を付けることは何か。

A　薬局M＆Aに関して他の業種にくらべて気をつける点は，薬局の許認可の問題と，健康保険法上の問題である。

解　説

　薬局の開設者の多くは株式会社であるため，M＆Aにおいて気を付ける点は，基本的には通常の会社と同様である。もっとも，薬局は許可性であるため（薬機4条），事業譲渡等の場合には，再度許可を取る必要があり，薬局が継続して営業できるよう，事前に開設手続を行っておく必要がある。また，薬局は通常保険薬局の指定を受けているため，この保険薬局についても継続できるように指定を受けなければならない。通常，新規開店の場合には，薬局の開設許可証が発行されてから保険薬局の指定を受けることになるが，事業譲渡等の場合には，薬局の許可を受けてから保険薬局の指定を受けるのでは，指定を受けるまでは保険調剤ができなくなるため，継続営業できなくなってしまう。そこで，事業譲渡等の場合の保険指定については遡及申請が認められている。遡及申請の要件については以下のとおりである。

◎保険医療機関・保険薬局，保険医・保険薬剤師の申請・届出に関するよくあるご質問（関東信越厚生局ホームページ，https://kouseikyoku.mhlw.go.jp/kantoshinetsu/faq/hoken_a.html）。

Q 2-6　保険医療機関（保険薬局）の指定期日は遡ることはできますか。

A　次の1.から4.に該当し，かつ，第三者の権利関係に不利益を与えるおそれがないと認められる場合は，例外的に，指定期日を遡及して指定を受けることができます。
1.保険医療機関等の開設者が変更になった場合で，前の開設者の変更と同時に引き続いて開設され，患者が引き続き診療を受けているとき。（開設者変

更の場合には，開設者死亡，病気等のため血族その他の者が引き続いて開設者となる場合，経営譲渡又は合併により引き続いて開設する場合などを含みます。）

2. 保険医療機関等の開設者が「個人」から「法人組織」に，又は「法人組織」から「個人」に変更になった場合で，患者が引き続き診療を受けているとき。

3. 保険医療機関が「病院」から「診療所」に，又は「診療所」から「病院」に組織変更になった場合で，患者が引き続き診療を受けているとき。

4. 保険医療機関等が至近の距離に移転し同日付で新旧医療機関等を開設，廃止した場合で，患者が引き続き診療を受けているとき。

・至近の距離の移転として認める場合は，当該保険医療機関等の移転先がこれまで受診していた患者の徒歩による日常生活圏の範囲内にあり，患者が引き続き診療を受けることが通常想定されるような場合とし，移転先が2km以内が原則となります。

　一方，株式譲渡等，開設者の主体が変更にならない場合には，上記のような問題は生じないが，従前の保険請求等に問題がなかったのか等の確認はしておく必要があり，万一保険請求に関して返還等が発生した場合の処理についても合意しておく必要がある。

　また，薬局においては，近隣の医療機関等とのやり取りが「保険医療機関及び保険医療養担当規則」や「保険薬局及び保険薬剤師療養担当規則」に違反している運用となっていなかったか，近隣の医療機関の事実上の了承を得られるか等も注意が必要である（近隣の医療機関が突然処方箋発行を中止し，閉鎖を余儀なくされた薬局の損害賠償請求が認められなかった事例参照（福岡高判平14・11・21裁判所ウェブサイト，Q54参照））。

第7章 医薬品の販売・調剤等

 Q 44 薬剤師が不在の場合には薬局を開局することはできないか。

A 一定の要件を満たせば，開局することは可能であり，処方箋の受付や，登録販売者が第二類・第三類医薬品を販売することが可能である。

解　説

平成29年9月26日までは，薬局は，基本的には調剤の業務を行う場所であり，調剤は，原則薬剤師しかできないため，薬局に関しては，「開店時間内は，常時，当該薬局において調剤に従事する薬剤師が勤務していること」（「薬局並びに店舗販売業及び配置販売業の業務を行う体制を定める省令」（体制省令）1条1項1号改正前）との規制があり，薬剤師が不在の場合には，開局することはできなかった。しかし，規制改革実施計画に「薬局における薬剤師不在時の一般用医薬品の取扱いの見直し」が記載されたことを受け，平成29年9月26日に改正がされた。

1　薬剤師不在時間

改正後も薬剤師が不在であっても，薬局の開局が常に認められるわけではなく，条件があり，薬局における薬剤師の不在の時間は，「薬剤師不在時間」といい，以下のとおり定められている（薬機規1条2項3号）。

○当該薬局において調剤に従事する薬剤師が当該薬局以外の場所においてその業務を行うため，
○やむを得ず，かつ，一時的に当該薬局において薬剤師が不在となる時間

一つ目の要件では，薬局以外の場所で当該薬局の業務を行うためということが必要であり，外出先で行う業務例としては，薬剤師の在宅訪問が典型である。一方，薬剤師が食事等で外出するような場合には開業できない。
また，二つ目の要件には，「やむを得ず，かつ，一時的」であり，「学校

薬剤師の業務やあらかじめ予定されている定期的な業務によって恒常的に薬剤師が不在となる時間」も認められない（平29・9・26薬生発0926第10号厚生労働省医薬・生活衛生局長通知「医薬品，医療機器等の品質，有効性及び安全性の確保等に関する法律施行規則の一部を改正する省令等の施行等について」）。薬剤師不在時間として想定されているのは，「緊急時の在宅対応や急遽日程の決まった退院時カンファレンスへの参加のため，一時的に当該薬局において薬剤師が不在となる時間」（同通知）等であり，あらかじめ予定されていた通常の在宅対応等は含まれず，限定されている。

　もっとも，一人薬剤師の薬局では，薬剤師不在時間に開局しておくことで，処方箋の受付ができるだけでも有用な場合もある。また，薬剤師が不在であっても，登録販売者がいれば一般用医薬品の第二類・第三類医薬品を販売することが可能であり，その限度では患者対応が可能となる。

3　薬剤師不在時間の対応

　薬剤師不在時間は，調剤室は閉鎖しなければならない（薬機規14条の3第3項）。また，以下の事項の薬局内及び薬局の外側への掲示が求められる（薬機規15条の16）。

○調剤に従事する薬剤師が不在のため調剤に応じることができない旨
○調剤に従事する薬剤師が不在にしている理由
○調剤に従事する薬剤師が当該薬局に戻る予定時刻
さらに体制省令よって以下の事項も定められている
○1日あたりの薬剤師不在時間は，4時間又は当該薬局の1日の開店時間の2分の1のうちいずれか短い時間を超えないこと。
○薬剤師不在時間内は，管理薬剤師が，その他の従業者と連絡ができる体制を備えていること。
○薬剤師不在時間内に調剤を行う必要が生じた場合の体制として，近隣の薬局を紹介すること若しくは調剤に従事する薬剤師が速やかに当該薬局に戻ること又はその他必要な措置を講じる体制を備えていること。
○薬剤師不在時間における薬局の適正な管理のための業務に関する手順書を作成するとともに当該手順書に基づき業務を実施すること。

第7章 医薬品の販売・調剤等

 45 薬局の管理薬剤師は他の薬局で薬事に関する実務を行うことはできるか。

薬局の管理者は，原則，管理する薬局以外で薬事に関する実務に従事できず，兼務する場合には都道府県知事の許可が必要である。

――― **解　説** ―――

　薬局の管理者は，原則，当該薬局以外の場所で業として薬局の管理その他薬事に関する実務に従事することはできない（薬機7条3項）。昨今，企業において，副業が認められることが多くなってきているが，薬局の管理薬剤師の場合には薬事に関する実務はできないので注意が必要である。なお，店舗販売業者や卸売販売業の管理者においても同様の規定がある（薬機25条3項・35条3項）。

　管理薬剤師が兼務をするためには，都道府県知事の許可が必要であるが，管理薬剤師がその薬局を実地に管理する必要性から禁止しているものであるため，許可が出される場合は学校薬剤師業務（義務を遂行するにあたって支障を生ずることがない場合），休日夜間診療所等における業務等に限定されている。

Q46 同じ開設者の薬局において，A薬局で調剤した医薬品を患者宅等に送付し，B薬局に勤務する薬剤師が患者宅において服薬指導を行う事は可能か。

 同じ開設者の薬局において，A薬局で調剤した医薬品を患者宅等に送付し，B薬局に勤務する薬剤師が患者宅において服薬指導を行う事は可能か。

A 現行法では許されない。

解　説

　現行の薬機法では，調剤する薬局と，薬剤師が患者に対し情報や指導する薬局を別々にすることは許されない。したがって，A薬局で調剤し薬剤を送付し，患者宅においてB薬局に勤務する薬剤師が指導等を行うことはできない。薬局は，薬局ごとに許可がされるため（薬機4条），同じ開設者であっても，業務を他の薬局と分担することは想定されていない。

　薬剤師は，原則は薬局以外の場所では調剤できない（薬剤22条）。薬局開設者は，処方箋により調剤された薬剤につき，薬剤師に販売等させなければならないが，その際に，「その薬局において薬剤の販売又は授与に従事する薬剤師に，対面により」指導等を行わせなければならない（薬機9条の3第1項）。そのため，当該薬局以外に従事する薬剤師に指導等を行わせただけでは違法となる。また，この指導をする場所は，原則は，調剤した薬局の指導等行うスペースで行う必要があり（薬機規15条の13第1項1号），当該薬局に勤務する薬剤師が指導等を対面で行わなければならない。また，患者宅で一定の条件下で一部調剤を行うことが認められているが（薬機規15条の13第1項1号，薬剤22条），この場合も当該薬局において薬剤の販売又は授与に従事する薬剤師に行わせなければならない。

　以上のとおり，薬剤を調剤し交付する薬局と指導等を行う薬局を分けることはできない。

第7章 医薬品の販売・調剤等

Q 47 薬局において調剤した薬剤を，患者宅に郵送等で届けることは可能か。

A 患者が来局せずに郵送することはできないが，当該薬局において薬剤師による対面での指導等を行った後に郵送することは可能である。

解　説

　インターネット販売等の特定販売が現在認められているのは，一般用医薬品及び薬局製造販売医薬品のみである（薬機規1条4項2号）。一方，調剤された薬剤や要指導医薬品等には，当該薬局等での薬剤師による対面での指導等が求められているため（薬機9条の3第1項・36条の6第1項），インターネット販売等は許されない。したがって，患者が薬局等において，薬剤師からの対面での指導を受けずに調剤した薬剤の販売は許されない。

　もっとも，この規定は，あくまで対面での指導等を義務づけているのであり，薬剤師が薬局等で対面での指導を行った後に，調剤された薬剤を郵送することは可能である。

　また，通常の薬局での調剤業務の流れは，処方箋を受け取り，薬剤の調整を行い，その後に薬剤師が対面で薬剤の確認等をしながら指導等を行うことが一般的であるが，処方箋を受け取り，必要事項を確認し，その場で指導等を行い，薬剤はその後に郵送又は後で取りに来ることすれば待ち時間等の短縮になる。薬機法第9条の3第1項においては，薬剤を販売等する場合には，その薬局において薬剤の販売又は授与に従事する薬剤師に，対面により，情報提供及び指導を行うことが義務付けられているが，薬剤の「調整後」に指導等をすることは求められていない。したがって，薬剤師が薬剤の調整前に情報提供及び指導を対面で行った上で薬剤を郵送することも可能である。もっとも，薬剤師の判断で調整前に指導が適切でないという場合には，通常の手順で行う等の対応は必要であり，適切な指導等が行えなければ薬剤師法第25条の2にも反することとなる。また，薬剤を調整する前であるため，見本等を利用した指導等も必要になる場合もあり，

Q47　薬局において調剤した薬剤を，患者宅に郵送等で届けることは可能か。

指導にかかる方法等（薬機規15条の12及び13）は法令に従って行う必要がある（「薬局における待ち時間を短縮する薬剤の販売方法の導入に係る医薬品，医療機器等の品質，有効性及び安全性の確保等に関する法律の取り扱いが明確になりました〜産業競争力強化法の「グレーゾーン解消制度」の活用〜」，経済産業省ホームページ，http://www.meti.go.jp/press/2017/09/20170915001/20170915001.html参照）。

　なお，対面販売の規制に関しては，要指導医薬品についてではあるが，憲法違反等で争い棄却等された事案がある（東京地判平29・7・18判例秘書）。

　一方，診療所等で院外に処方箋を発行するのではなく，院内で調剤を行う場合には薬機法の適用がないため，診療所に来所しなくても薬剤の郵送は可能である。実際，近年，行政からの通知（「情報通信機器を用いた診療（いわゆる「遠隔診療」）について」（平27・8・10厚生労働省医政局長事務連絡））が出されたことで話題になっている遠隔診療においては，院内で調剤をして薬剤を患者宅に送付する形をとっているところもある。しかし，薬局においては，上記のとおり，薬剤師による対面での指導等を行わなければ，薬剤の郵送はできないため，遠隔診療においても，院内で調剤ができない場合には，処方箋を患者宅に郵送する等し，患者が近くの薬局に出向き薬剤の交付を受けている等の形態が取られている。

　現在は，平成31年に予定されている薬機法の改正にむけて，遠隔服薬指導の議論がされている。

第7章　医薬品の販売・調剤等

Q 48　調剤した薬剤を薬剤師が患者宅に届けることは可能か。

A　法律上の要件を充足すれば許されるが、一患者の状況にかかわらず一律に配達することはできない。

解　説

　薬剤師は、原則は薬局以外の場所では調剤できない（薬剤22条）。薬局開設者は、調剤した薬剤を販売等する場合には、薬剤師に「当該薬局内の情報の提供及び指導を行う場所」で指導等を行わせる必要がある（薬機規15条の13第1項1号）。

　これが原則であるが、患者宅等で一定の条件下で一部調剤を行う場合には、当該患者宅での指導等が認められている（薬機規15条の13第1項1号、薬剤22条）。この患者宅等で指導等が行える場合とは、医療を受ける者の居宅等において医師又は歯科医師が交付した処方箋により一部調剤を行う場合、災害等の場合（薬機規13条の3第1号）、患者が負傷等により寝たきりの状態、歩行が困難である場合、患者又は現にその看護に当たっている者が運搬することが困難な物が処方された場合、これに準ずる場合である（薬剤規13条の3第2号）。

　この要件が充足すれば患者宅に薬剤師が配達し対面での指導等を行うことは可能であるが、一律に患者宅に薬剤師が配達し指導等をすることはできない。

　なお、この指導等を行える場所は、どこでも可能なわけではなく、居宅、養護老人ホーム等の制限もある（薬機規15条の13第1項1号、薬剤規13条）。

Q49 偽造医薬品への対策として薬局等ではどのような対応が求められるか。

 49 偽造医薬品への対策として薬局等ではどのような対応が求められるか。

A 　薬局等が医薬品を購入した際や薬局開設者等に販売した場合には，常時取引関係にあるもの以外については購入者の確認をすること，複数の事業所で薬局等の許可を受けている事業者についての医薬品の移転の場合にも記録すること等が必要である。

――――――――――― 解　　説 ―――――――――――

　平成29年，薬局等においてＣ型肝炎治療薬「ハーボニー配合錠」の偽造品が発見され，偽造医薬品の問題がこれまであまり問題になっていなかった我が国では，大きな話題となり，医療用医薬品の偽造品流通防止のための施策のあり方に関する検討会が設置された。同検討会の検討を踏まえて，薬局等での医薬品の流通等に関して以下のとおりの改正がされた。

◎平29・10・5薬生発1005第1号厚生労働省医薬・生活衛生局長通知「医薬品，医療機器等の品質，有効性及び安全性の確保等に関する法律施行規則の一部を改正する省令等の施行について」(抄)

「医薬品，医療機器等の品質，有効性及び安全性の確保等に関する法律施行規則の一部を改正する省令」について
改正の内容
⑴　薬局開設者等に課される医薬品の譲受・譲渡時の記録事項として相手方の身元確認の方法，ロット番号，使用期限等を追加する。
⑵　同一の薬局開設者等が開設する複数の薬局間における医薬品の譲受・譲渡に係る取引について，業許可を受けた場所ごとに取引に係る記録（品名，数量，ロット番号，使用期限等）及びその保存を行うことを明確化する。
⑶　製造販売業者により医薬品に施された封を開封して販売・授与する場合（調剤の場合を除く。）について，開封した者（薬局等）を明確にするため，その名称・住所等の表示を新たに求める。
⑷　その他所要の改正を行う。

第7章　医薬品の販売・調剤等

> **「薬局等構造設備規則の一部を改正する省令」について**
> 改正の内容
> ○薬局，店舗販売業者の店舗及び卸売販売業者の営業所の構造設備の基準として，貯蔵設備を設ける区域が他の区域から明確に区別されていることを追加する。
> ○その他所要の改正を行う。
>
> **「薬局並びに店舗販売業及び配置販売業の業務を行う体制を定める省令の一部を改正する省令」について**
> 改正の内容
> ○薬局及び店舗販売業の店舗において医薬品等の販売又は授与を行う体制の基準について，医薬品の貯蔵設備を設ける区域へ立ち入ることができる者を特定することを追加する。
> ○その他所要の改正を行う。

　この改定により，薬局等が医薬品を購入した際や薬局開設者等に販売した場合には，常時取引関係にあるもの以外については，購入者の確認等を行わなければならない（薬機規14条）。なお，この確認については，許可証や届出書等の写し等で行うとされ，購入者等と雇用関係にあること等の資料の確認としては，客観的に確認でき，複製が容易でない資料である必要があるとされている。社員証や運送会社等の配達伝票等が考えられ，名刺は該当しないとされている（平30・1・10厚生労働省医薬・生活衛生局総務課，厚生労働省医薬・生活衛生局監視指導・麻薬対策課，厚生労働省医政局総務課，医療安全推進室事務連絡「偽造医薬品の流通防止に係る省令改正に関するQ＆Aについて」）。

　また，複数の事業所で薬局等の許可を受けている事業者についての医薬品の移転の場合の記録等も明確化された（薬機規289条）。医薬品に施された封を開封して分割販売する薬局等の記録義務に係る規定の新設がされた（薬機規210条7号・216条関係）。

　また，薬局等の構造設備に関して，医薬品の貯蔵設備を設ける区域が，他の区域から明確に区別されていることが要求されることとなる（薬局等構造設備規則1条9項・2条9項・3条7項）。なお，この区別は，壁等で完全に区画されている必要はなく，何らかの判別できる形で他の区域と区別さ

Q49　偽造医薬品への対策として薬局等ではどのような対応が求められるか。

れていればよく，ビニールテープ等で区別することでも足りる（「偽造医薬品の流通防止に係る省令改正に関するＱ＆Ａについて」）。

　医薬品の貯蔵設備を設ける区域に立ち入ることができる者を特定しなければならない（薬局並びに店舗販売業及び配置販売業の業務を行う体制を定める省令１条２項・２条２項）。この立ち入ることができる者は，原則，当該薬局等の従業員のみであり，納品時に業者が立ち入る場合には，薬局等の従業員が立ち会うこと等の措置をとる必要がある（「偽造医薬品の流通防止に係る省令改正に関するＱ＆Ａについて」）。

　薬局開設者が講じなければならない措置として，調剤及び医薬品の販売又は授与の業務に係る適正な管理のための業務に関する手順書の作成及び当該手順書に基づく業務の実施が追加され，医薬品販売業者に関しても偽造医薬品の流通防止の向けた対策の観点から業務手順書の作成等が求められる（平29・10・5薬生発1005第1号厚生労働省医薬・生活衛生局長通知「医薬品，医療機器等の品質，有効性及び安全性の確保等に関する法律施行規則の一部を改正する省令等の施行について」）。

　なお，ハーボニー事件において偽造医薬品を医薬品卸売販売業者に販売した者は，薬機法違反（無許可での医薬品販売，未承認医薬品の販売。薬機88条1号）で，罰金30万円に処されている。

第7章　医薬品の販売・調剤等

 50　特定販売とはどのような販売方法か。

「特定販売」とは，インターネット等での薬局や店舗以外の場所にいる方への医薬品の販売であり，第一類医薬品，指定第二類医薬品，第二類医薬品，第三類医薬品，薬局製造販売医薬品について販売が可能である。

解　　　説

1　特定販売

「特定販売」とは，インターネット等での薬局や店舗以外の場所にいる方への販売である（薬機規1条2項）。

「特定販売」のようなインターネットによる販売等は，平成26年の薬機法の改正までは，第三類医薬品しか原則許されていなかった。しかし，医薬品のインターネット販売等を行う事業者が，インターネット販売等を規制していた従前の薬事法施行規則は，薬事法の委任の範囲を逸脱している，憲法に違反している等と主張し裁判を起こし，その結果，従前の薬事法施行規則は，薬事法の委任の範囲を逸脱しているとして違法と判断された（最二小判平25・1・11裁時1571号35頁）。この判例を受けて，平成26年に薬機法の改正があり，一般用医薬品は全てインターネット等での「特定販売」が認められることとなった。

なお，特定販売が認められるとしても，薬局や一般販売業の許可は，当該店舗ごとにされるため，店舗等のための集約された倉庫からの配送等は許されず，その店舗に貯蔵している医薬品しか販売はできない（薬機規15条の6第1項1号・147条の7第1項1号）。

2　特定販売が可能な医薬品

特定販売が可能な医薬品は，第一類医薬品，指定第二類医薬品，第二類医薬品，第三類医薬品，薬局製造販売医薬品であり，薬局等の許可を受ける際に，特定販売を行う医薬品の区分を届け出る必要がある。これに対し

Q50 特定販売とはどのような販売方法か。

て要指導医薬品，薬局医薬品（薬局製造販売医薬品を除く。）は，対面での情報提供及び指導が義務づけられているため，特定販売はできない。

　また，特定販売であっても，販売する者は薬剤師又は登録販売者でなければならないため，販売時には，当該店舗にいる薬剤師等が規制に応じた情報提供等を行わなければ販売できない。特定販売をするに当たっては，ホームページの記載事項が定められる等の店舗での販売以外にも規制がされている。

第7章　医薬品の販売・調剤等

Q 51 一般用医薬品の特定販売（インターネット販売等）を行うに当たり，店舗販売業の許可を受けている店舗からではなく，倉庫から直接配送することは可能か。

A 　一般用医薬品は，店舗販売業者が許可を受けた店舗で販売する必要があるため許されない。倉庫から配送する場合には，倉庫において，店舗販売業の許可を受け，かつ，当該店舗においても販売する運用とする必要がある。

解　説

　一般用医薬品は，許可を受けた店舗販売業者が当該店舗において販売しなければならない（薬機25条1号）。倉庫から直接配送することは当該店舗からの販売とはいえないため許されない。仮に，倉庫において店舗販売業の許可を得たとしても，店舗販売業者は，当該店舗に従事する薬剤師又は登録販売者に医薬品を販売させる必要があり（薬機規159条の14），販売時の情報提供等については，薬剤師等に当該店舗内で行わせなければならない（薬機規159条の15第1項1号）。したがって，情報提供を行う店舗と販売（配送）する店舗を分けることは許されず，仮に倉庫において店舗販売業の許可を得たとしも，配送店舗を別にすることはできない。倉庫から配送する場合には，倉庫で店舗販売業の許可を受け，かつ，当該店舗において販売し，情報提供等も行う運用とする必要がある。

　「医薬品の販売業等に関するQ＆Aについて」（平26・3・31厚生労働省医薬食品局監視指導・麻薬対策課事務連絡）においても，以下のとおり，参考となる例が示されている。

Q51　一般用医薬品の特定販売（インターネット販売等）を行うに当たり，店舗販売業の許可を受けている店舗からではなく，倉庫から直接配送することは可能か。

◎医薬品の販売業等に関するＱ＆Ａについて（平26・3・31厚生労働省医薬食品局監視指導・麻薬対策課事務連絡）

（問22）特定販売を行うに当たり，販売を行う薬局（店舗）に販売品の在庫がない場合など，系列の特定販売を行う他店から配送を行うことは可能か。

（答）不可である。

◎医薬品の販売業者に関するＱ＆Ａについて（その２）（抄，平26・5・7厚生労働省医薬食品局総務課　厚生労働省医薬食品局監視指導・麻薬対策課）

（問10）ある店舗（Ａ店）で在庫がない一般用医薬品について，購入の希望に応じて，他の店舗（Ｂ店）の在庫を融通してもらって販売・授与することとなった場合，Ａ店が必要な情報提供等を行った後であれば，Ｂ店から購入者に直接配送しても差し支えないか。

（答）販売やその責任の主体を明確にするため，Ｂ店からＡ店に納入した後に，Ａ店から購入者に配送しなければならない。

第7章 医薬品の販売・調剤等

Q 52 一般用医薬品を特定販売において,直接消費者宅に送付するのではなく,コンビニ等に送付し,その場所で患者が受けることは可能か。

A 薬剤師等による情報提供等を販売店舗において行い,単なる商品の取次ぎと言える場合であれば可能である。

解　説

　一般用医薬品を販売する際には,当該店舗に従事する薬剤師又は登録販売者に販売をさせる必要があり(薬機規159条の14),販売時の情報提供については,当該店舗内で薬剤師等に行わせなければならない(薬機規159条の15第1項1号)。したがって,仮に店舗販売業等の許可のないコンビニ等で消費者が医薬品を受け取るとしても,情報提供は電話やメール等で当該店舗においてその店舗に勤務する薬剤師等が行わなければならない。また,一般用医薬品は,許可を受けた店舗販売業者が当該店舗で販売しなければならないため,コンビニ等で受け取ったとしても,販売先が店舗販売業者であると消費者が確認できる運用,いわゆる単なる商品の取次ぎと言える場合でなければならない。注文のない医薬品等を事前に保管しておくことは,店舗販売業の許可のないコンビニ等では許されない(薬機24条)。

　「医薬品の販売業等に関するＱ＆Ａについて」(平26・3・31厚生労働省医薬食品局監視指導・麻薬対策課事務連絡)には,下記のとおり一例が示されている。

◎医薬品の販売業等に関するＱ＆Ａについて(平26・3・31厚生労働省医薬食品局監視指導・麻薬対策課事務連絡)

(問21) コンビニエンスストア(コンビニ)において,例えば,①そのコンビニに設置された端末等により,特定販売を行う薬局等から,必要な情報提供を受けた後に,一般用医薬品の売買契約を結ぶ,②その際,そのコンビニでその商品の代金を支払う,③後日,売買契約を結んだ,医薬品の販

Q52 一般用医薬品を特定販売において，直接消費者宅に送付するのではなく，コンビニ等に送付し，その場所で患者が受けることは可能か。

売業の許可を有する薬局等からそのコンビニに配送された商品を購入者が受け取る，といった手続きを経て，購入者に一般用医薬品が販売・授与される場合には，そのコンビニについて，薬事法上の取扱いはどのようになるのか。

（答）以下の①から③までに掲げる条件を満たし，そのコンビニでは単に商品の取り次ぐ業務だけを行っているのであれば，そのコンビニは，医薬品の販売業の許可を取得する必要はないが，そのコンビニで販売の可否を判断しないこと及び購入者と実際に医薬品を販売する薬局等との間で，必要な情報提供・相談応需体制が直接できることが前提となる。

　ただし，そのコンビニで，注文されていない商品も含めて貯蔵したり，医薬品を陳列したりするのであれば，そのコンビニエンスストアは，医薬品の販売業の許可が必要である。

　また，そのコンビニを運営する事業者は，薬事法の規定に違反するおそれのある事業者による医薬品の販売・授与や，薬事法等の規定に違反した，又は違反するおそれのある医薬品が販売・授与されないよう，国及び都道府県等とも連携して，必要な取組を行うことが望ましい。

① 購入者がどこの店舗から医薬品を購入しているのかが明らかである
② 必要な表示等も含めて，特定販売に関する全てのルールが遵守されている
③ 実際に医薬品を販売する薬局等に現に勤務している薬剤師等が，購入者の情報を収集した上で販売の可否を判断し，必要な情報提供している

第7章　医薬品の販売・調剤等

Q 53 一般用医薬品の特定販売（インターネット販売等）においては，販売する店舗から医薬品を発送しなければならないが，注文を受ける場所をコールセンター等として当該店舗と別の場所で行うことは可能か。

A コールセンターで情報提供を行う等はなく，単に注文をとるという運用にすれば可能である。

解　説

一般用医薬品は，許可を受けた店舗販売業者が当該店舗で販売しなければならない。また，当該店舗に従事する薬剤師又は登録販売者に販売をさせる必要があり（薬機規159条の14），販売時の情報提供等については，薬剤師等に当該店舗内で行わせなければならない（薬機規159条の15第1項1号）。もっとも，注文の受注においては当該店舗で受けることが必ずしも規定はされていないため，上記について反しない単に注文のみを受けつけるコールセンターを設ける運用であれば可能である。「医薬品の販売業等に関するQ＆Aについて」（平26・3・31厚生労働省医薬食品局監視指導・麻薬対策課事務連絡）においても，以下のように解説がされている。

◎医薬品の販売業等に関するQ＆Aについて（平26・3・31厚生労働省医薬食品局監視指導・麻薬対策課事務連絡）

(問20)　単に注文のみを受け付けるだけの業務を行っている営業所について，薬事法上の取扱いはどのようになるのか。

(答)　以下の①から③までに掲げる条件を満たし，単に注文のみを受け付けるだけの営業所であれば，医薬品の販売業の許可は不要であるが，その営業所で販売の可否を判断しないこと及び購入者と実際に医薬品を販売する店舗との間で，必要な情報提供・相談応需が直接できることが前提となる。また，その営業所を運営する事業者は，薬事法の規定に違反するおそれのある事業者による医薬品の販売・授与や，薬事法等の規定に違反した，又

102

Q53 一般用医薬品の特定販売（インターネット販売等）においては，販売する店舗から医薬品を発送しなければならないが，注文を受ける場所をコールセンター等として当該店舗と別の場所で行うことは可能か。

は違反するおそれのある医薬品が販売・授与されないよう，国及び都道府県等とも連携して，必要な取組を行うことが望ましい。

① 購入者がどこの店舗から医薬品を購入しているのかが明らかである

② 必要な表示等も含めて，特定販売に関する全てのルールが遵守されている

③ 実際に医薬品を販売する店舗に現に勤務している薬剤師等が，購入者の情報を収集した上で販売の可否を判断し，必要な情報提供している

したがって，医薬品に関してコールセンターで相談があったような場合には，販売する店舗に勤務する薬剤師又は登録販売者が相談に応じられるような体制の整備は必要になる。

103

第7章 医薬品の販売・調剤等

Q 54
近隣の医療機関が処方箋を発行する予定であったため保険薬局を開局したが，突然医療機関が処方箋発行を取りやめてしまった。この場合，保険薬局は，医療機関に損害賠償請求を行うことは可能か。

A
処方箋発行に関して損害賠償請求を行うことはできない。

解 説

保険薬局は，処方箋による調剤をメインで行うことが多いため，医療機関の近隣に開局し当該医療機関の発行する処方箋を主に応需することがある（門前薬局やマンツーマン薬局といわれることもある。）。近隣であっても，当該医療機関が，薬局から金銭等を得て，患者に対して，近隣の保険薬局で調剤を受ける旨を指示することはできない（薬担規則2条の3第1項2号）。また，誘導するような一体的な構造や，一体的な経営を行うことはできない（薬担規則2条の3第1項1号）。

そのような規制があるため，実際には，金銭等の利益供与や誘導等はなく，近隣の医療機関が院外に処方箋を発行することの事実上の合意を得て，保険薬局は営業を行っていることが多い。しかし，このような保険薬局は，このような事実上の合意に反し，近隣の医療機関が突然処方箋の発行を中止し院内調剤に変更してしまえば，患者が減少する。

このような場合に，保険薬局が医療機関に対して，債務不履行責任又は不法行為責任に基づき損害賠償請求を求めた事案で否定した裁判例がある（福岡高判平14・11・21裁判所ウェブサイト）。この事例では，院外処方せんを出すというような合意はあったとした上で，合意の双方の効果意思は，「単なる事実上の約束，協力・協同関係の確認」にとどまり，違反の際に「損害賠償請求権の発生根拠となり得る法律的効果を欲する意思」，「必要とあれば法律的手段に訴える意思」までは含むとは認められないとし，「院外処方箋の発行を受け得る地位は単なる事実上の地位にすぎず，法的保護に値する地位，期待権があるとは認められない」と判断をし，保険薬局の請

Q54 近隣の医療機関が処方箋を発行する予定であったため保険薬局を開局したが、突然医療機関が処方箋発行を取りやめてしまった。この場合、保険薬局は、医療機関に損害賠償請求を行うことは可能か。

求を棄却した。本裁判例は、医薬分業の趣旨（コラム参照）からすれば、薬局と医療機関は、独立して業務にあたることが不可欠であり、これを確保するために省令や、通知（ガイドライン）が定められ、医療機関から保険薬局は、経済的、機能的、構造的に独立していなければいけないこと、薬局と医療機関とは処方箋の斡旋について約束を取り交わしてはならないことなどが定められていることから、このような契約を書面で結ぶことを禁止するだけではなく、契約をすること自体を禁止しようとしていると判断した。また、①このような行政指導がある以上、契約までするのには抑制的になるはずである、②医療機関においては、処方箋を発行することに法的拘束力があるとすると、必ず処方箋を発行しなければならない義務を負うことになり、それは一方的に門前薬局の安定を保証させられるような効果を受任せざるをえないことになり不公平な状況になるから、医療機関はこのような契約を回避するはずである、という二つの理由を挙げ、法的拘束力はないとして、保険薬局からの損害賠償請求を否定した。

　上記のような判断は、医薬分業の趣旨や薬担規則やその他ガイドライン等の規定からすれば、結論としてはやむを得ないと考えられる。また、裁判例の指摘の通り医療機関のみが義務を負うことも不合理である。保険薬局においては、医療機関の処方箋発行が確約されないというリスクを負うため、医療機関との信頼を得ておくことが重要となる。

第7章 医薬品の販売・調剤等

 Q 55 一般用医薬品の特定販売（インターネット販売等）を専門とする店舗の開設は可能か。

A 特定販売専門であり一般の消費者が訪れることを全く想定しない，すなわち，店舗として開店しない店舗は開設することはできない。

━━━ 解　　説 ━━━

　店舗販売業の許可は，「要指導医薬品又は一般用医薬品を，店舗において販売し，又は授与する業務」を行うものに与えられる（薬機25条1号）。また，許可を受けるに当たっては，構造設備や体制が要求されている（薬機26条4項，薬局等構造設備規則2条，薬局並びに店舗販売業及び配置販売業の業務を行う体制を定める省令2条）。薬局等構造設備規則等によれば，店舗に一般の消費者が訪れることが前提になっており，特定販売のみを行う時間がある場合についての規定がある等，実際の店舗として開店しない運用は想定されていない。したがって，特定販売のみを行い，消費者が実際に訪れることのできない店舗での許可は認められていない。「医薬品の販売業等に関するＱ＆Ａについて」（平26・3・31厚生労働省医薬食品局監視指導・麻薬対策課事務連絡）においても，以下のように回答されている。

◎医薬品の販売業等に関するＱ＆Ａについて（平26・3・31厚生労働省医薬食品局監視指導・麻薬対策課事務連絡）

（問3）全く開店しない店舗について，店舗販売業の許可を取得することは可能であるか。

（答）全く開店しないのであれば，店舗とは言いがたいため，不可である。

Q56 店舗販売業者等がOTC医薬品を組み合わせて販売することは許されるか。

 店舗販売業者等がOTC医薬品を組み合わせて販売することは許されるか。

 2種類以上の医薬品が，1品目と誤解されるおそれがある組合せ販売は許されない。

仮に，1品目と誤解されることがない方法で販売する場合であっても，数種の医薬品を同じ容器に入れた場合には，個々の医薬品について，薬機法に定められた法定表示が確認できるようにする必要がある。

■ 解　説 ■

医薬品は，製造販売するにあたり，一つの製品として承認を受けている。そのため，店舗販売業者において，解熱鎮痛薬と胃腸薬などを組み合わせ，一緒に服用することを前提に販売すると1品目と誤解され，承認されている医薬品とは別の医薬品を販売したとして，無承認医薬品の販売とされる可能性があり（「組合せ医薬品の取扱いについて」（昭37・5・24薬鑑144号厚生省薬務局監視課長通知）参照），無承認医薬品の製造販売（薬機14条1項。3年以下の懲役若しくは300万円以下の罰金（薬機84条3号）），承認前の医薬品の広告（薬機68条。2年以下の懲役若しくは200万円以下の罰金（薬機85条1項5号））等の違反となり得る。したがって，個々の患者の状況に応じて2種類を販売するというのではなく，2種類以上のOTC医薬品を，一緒に服用することを前提とした組み合わせ販売は許されない。

1品目と誤解されることがない方法での組合せであれば可能であるが，OTC医薬品は薬剤師等からの情報提供が必要であるため，薬剤師等から消費者への情報提供が十分にできる程度の組合せ数にする必要がある。また，医薬品について，一般消費者の使用を誤らせるおそれや，過量消費及び乱用を促すおそれのある組合せによる販売方法は不適切と考えられており，そのため，厚生労働省は，「組合せ販売可能な医薬品の範囲については，医薬品等の販売を行う者が，組み合わせた医薬品の情報提供を十分に行える程度の種類の範囲内であり，かつ，品質の保持等の保健衛生上の問

107

題が生じないように留意して組合せが行える一般用医薬品とする。」,「また,重複した効能効果を持つ医薬品の組合わせは認められないこととすること。なお,医療用具及び衛生雑貨については,体温計,救急絆創膏,ガーゼ,包帯,脱脂綿等の補助的な目的をはたす範囲においてのみ組み合わせを可能とすること。」とし,組合せは5品目程度を目安としている(「組合せ医薬品等の取扱いについて」(平9・12・25医薬監104号厚生省医薬安全局監視指導課長通知),「組合せ医薬品等の取扱いについて」(平9・12・25厚生省医薬安全局監視指導課事務連絡)参照)。問題のない例としては,利用者の利便にかなう合理的な理由のある家庭用の常備薬セットや旅行用医薬品セットなどが想定される。仮に組合せ販売する場合に数種の医薬品を同じ容器に入れた場合には,個々の医薬品について,薬機法に定められた法定表示が,その容器の外から見えるようにしておく必要がある。さらに,前記の厚生労働省の通知では,以下の4項目も外部より容易に確認できるように記載することとしている。

(1) 組み合わせたものの名称(ただし,1品目として誤認を与えない名称とすること。)
(2) 組合せを行った者の住所及び名称
(3) 組み合わせた医薬品等の品目名
(4) 使用期限の定められている品目を組み合わせる場合には,組み合わせた製品中,使用期限が一番短い製品の使用期限表示

なお,どのような販売方法が適法になるかは判断が悩ましいため,厚生労働省は,組合せ販売を行う場合には,都道府県に照会することを要求している。

Q 57　保険医療機関や保険薬局が患者紹介ビジネスを利用することは可能か。

保険医療機関や保険薬局は，患者紹介ビジネスを利用することはできない。

――――――――――― 解　　説 ―――――――――――

　患者紹介ビジネスが問題視されたことから，保険医療機関及び保険薬局が，事業者又はその従業員に対して，患者を紹介する対価として金品や経済上の利益を提供することにより，当該医療機関等で診療又は調剤を受けるように誘引することを禁止された（療担規則2条の4の2第2項，薬担規則2条の3の2第2項）。したがって，保険医療機関や保険薬局は，患者紹介ビジネスを利用することはできない。

　違反となる例としては，以下が示されている（平26・3・5保医発0305第10号厚生労働省保険局医療課長・厚生労働省保険局歯科医療管理官通知「保険医療機関及び保険医療養担当規則等の一部改正に伴う実施上の留意事項について」）。

◎平成26年3月5日保医発0305第10号厚生労働省保険局医療課長・厚生労働省保険局歯科医療管理官通知「保険医療機関及び保険医療養担当規則等の一部改正に伴う実施上の留意事項について」（抄）

第1　①
（例）事業者に対して診療報酬の額に応じた所定の金額を支払うこと等により，特定の同一建物居住者（建築基準法第2条第1項に掲げる建築物に居住する複数の者のことをいう。）の紹介を独占的に受けて，それらの者に対して，一律に訪問診療を行っている場合

　また，具体的な判断については，疑義解釈が示されている（平26・7・10厚生労働省保険局医療課事務連絡「疑義解釈資料の送付について（その8）」療担規則（別添5）問2）。

第7章　医薬品の販売・調剤等

◎平26・7・10厚生労働省保険局医療課事務連絡「疑義解釈資料の送付について（その8）」療担規則（別添5）問2（抄）

①　保険医療機関又は保険薬局が，事業者又はその従業員に対して，患者紹介の対価として，経済上の利益の提供を行うこと
②　①により，患者が自己の保険医療機関又は保険薬局において診療又は調剤を受けるように誘引すること
　のいずれにも該当する場合は，禁止行為に該当すると判断される。
　①については，患者紹介の対価として，経済上の利益が提供されているか否かで判断されるものである。
　患者紹介とは，保険医療機関等と患者を引き合わせることであり，保険医療機関等に患者の情報を伝え，患者への接触の機会を与えること，患者に保険医療機関等の情報を伝え，患者の申出に応じて，保険医療機関等と患者を引き合わせること等も含まれる。患者紹介の対象には，集合住宅・施設の入居者だけでなく，戸建住宅の居住者もなり得るものである。
　経済上の利益とは，金銭，物品，便益，労務，饗応等を指すものであり，商品又は労務を通常の価格よりも安く購入できる利益も含まれる。経済上の利益の提供を受ける者としては，患者紹介を行う仲介業者又はその従業者，患者が入居する集合住宅・施設の事業者又はその従業者等が考えられる。
　禁止行為に該当すると判断されることを避ける意図をもって，外形的には，経済上の利益の提供を患者紹介の対価として明示しないことも予想される。例えば，訪問診療の広報業務，施設との連絡・調整業務，訪問診療の際の車の運転業務等の委託料に上乗せされている場合，診察室等の貸借料に上乗せされている場合も考えられ，契約書上の名目に関わらず，実質的に，患者紹介の対価として，経済上の利益が提供されていると判断される場合は，①に該当するものとして取り扱うものである。
　このため，保険医療機関等が支払っている委託料・貸借料について，患者紹介の対価が上乗せされていると疑われる場合は，当該地域における通常の委託料・貸借料よりも高くはないこと，社会通念上合理的な計算根拠があること等が示される必要がある。
　また，患者紹介を受けており，保険医療機関等が支払っている委託料・貸借料について，診療報酬の一定割合と設定されている場合は，実質的に，患者紹介の対価として支払われているものと考えられる。同様に委託料・貸借

Q57　保険医療機関や保険薬局が患者紹介ビジネスを利用することは可能か。

料について，患者数に応じて設定されている場合は，業務委託・貸借の費用と患者数が関係しており，社会通念上合理的な計算根拠があること等が示される必要がある。

集合住宅・施設に入る保険医療機関等を決定・制限することができる者が，保険医療機関等に対して診療又は調剤に必ずしも必要ではない業務委託・貸借を条件として求めている場合は，患者紹介の対価として委託料・貸借料が支払われている蓋然性が高いと考えられる。

②については，①により，患者が自己の保険医療機関又は保険薬局において診療又は調剤を受けるように誘引しているか否かで判断されるが，保険医療機関又は保険薬局が，患者紹介を受けて，当該患者の診療又は調剤を行っている場合は，基本的には，②に該当するものと考えられる。なお，これについては，訪問診療の同意書，診療時間，診療場所，診療人数等も参考にするものである。

■コラム■　なぜ医薬分業？

「医薬分業とは，医師が患者に処方箋を交付し，薬局の薬剤師がその処方箋に基づき調剤を行い，医師と薬剤師がそれぞれの専門分野で業務を分担し国民医療の質的向上を図るものである。」（厚生労働省「医薬分業の考え方と薬局の独立性確保」（平成27年3月12日））。

医薬分業は，一説には，13世紀の神聖ローマ帝国において，毒殺を恐れたフリードリヒⅡ世が医師の処方を別の者にチェックさせたことが起源ともいわれている。

我が国では，明治7年の「医制」の公布からはじまり，昭和30年のいわゆる医薬分業法（医師法・薬事法の改正）の公布，昭和49年の診療報酬改定による処方箋料の大幅引き上げ等によって医薬分業が推進されてきた。平成26年には68.7％の分業率に達している（「患者のための薬局ビジョン」，平成27年10月23日，厚生労働省ホームページ参照）。

医薬分業については，以下のような利点があるといわれている。

111

第7章　医薬品の販売・調剤等

・患者が複数の診療科を受診していた場合,「かかりつけ薬局」において重複投薬や相互作用の確認ができる。
・医師と薬剤師が連携して服薬指導等を行うことで,患者が薬剤を適切に服用できる。
・医師が医療機関で在庫している医薬品に限らず,自由に処方が可能となる。
・薬局における残薬解消や後発医薬品の使用促進,また,ポリファーマシー防止への寄与。

　医薬分業については,裁判においても,「病院又は診療所の医師が患者を診察し,治療上投薬をする必要があると認めた場合には処方せんを交付し,薬局の薬剤師がその処方せんに基づいて調剤し,医師と薬剤師とがそれぞれの専門分野で業務を分担することにより,国民医療の質的向上を図ろうとするものであり,その利点としては,医師にとっては手持ちの薬剤に縛られずに最善の薬剤を処方することができること,薬剤師にとっては医師から独立した立場においてその処方を確認することが可能となること,患者にとっては,処方せんが交付されることにより処方内容の開示を受けることができるほか,複数の医療機関を受診した場合であっても,同一の薬剤を重複して投与されることを防止することができ,異なる薬剤の相互作用の確認を受けることもできる」と判断したものがある（東京高判平25・6・26判時2225号43頁）。この裁判例は,保険薬局の指定のついて争われた事案であり,薬担規則2条の3第1項1号に定める「保険医療機関と一体的な構造とし,又は保険医療機関と一体的な経営を行うこと。」の解釈が争点となったが,同規定は,医薬分業の趣旨を実現するため,医療機関と薬局の独立性を担保するための規定であると判断している。

Q58 医薬品等を個人輸入して利用することは問題がないか。

第8章 医薬品等の個人輸入

Q 58　医薬品等を個人輸入して利用することは問題がないか。

A　外国医薬品を自己使用のために個人輸入をすることは可能であるが，原則として薬監証明が必要である。

―――― 解　　説 ――――

　海外で販売されている医薬品を輸入して販売等することは，「製造販売」（薬機2条13項）であり許可が必要である（薬機12条）。また，医薬品は品目ごとに承認を受けなければならない（薬機14条）。

　もっとも，一般の個人が自己で使用する場合及び医師が患者の治療のために輸入する場合（輸入した医師のみが使用する場合に限る。）には外国医薬品の個人輸入は認められる。この場合，原則として薬監証明（自身のためだけに使用することが目的であること等の証明）を受けることが必要になるが，以下の範囲内については，特例的に薬監証明を受けなくとも税関の確認を受けることで輸入することが可能である。なお，数量以内であっても，医師の診察と適切な指導のもとに服用すべきであるため，個人の判断で服用すると重大な健康被害が起きるおそれがあるものとして指定されている医薬品については薬監証明が必要となる。この指定されている医薬品には，平成30年12月にいわゆるスマートドラッグと言われる27品目も追加される予定である。

113

第8章　医薬品等の個人輸入

◎医薬品等の輸入について（関東信越厚生局ホームページ，https://kouseikyo
ku.mhlw.go.jp/kantoshinetsu/iji/yakkanhp-kaishu-2016-3.html）

ア）個人使用のために輸入
●医薬品又は医薬部外品の場合
○毒薬，劇薬又は処方せん薬：用法用量からみて1ヶ月分以内
○上記以外の医薬品・医薬部外品：用法用量からみて2ヶ月分以内
○外用剤：標準サイズで1品目24個以内
　（毒薬，劇薬及び処方せん薬，バッカル錠，トローチ剤，坐剤を除く。）
※外用剤とは，軟膏などの外皮用薬，点眼薬などのことです。
※処方せん薬とは，医師から処方せんの交付を受けなければ入手できない医
　薬品のことです。
※バッカル錠とは，頬と歯茎の間にはさみ，唾液でゆっくりと溶かして口腔
　粘膜から吸収させる薬のことです。
注）ただし，上記のような規定の数量以内であっても，医師の診察と適切な
　　指導のもとに服用すべきであって，個人の判断で服用すると重大な健康被
　　害が起きるおそれがあると指定されている医薬品（数量に関わらず厚生労
　　働省の確認を必要とする医薬品の製品の一覧について）（平成22年3月19日
　　改正）については，この特例的な取扱いが適用されないために薬監証明を
　　取得し，これを税関に提示しなければ輸入することはできません。
　　（例：威哥王，蟻力神，三便宝，ビタ・マンなど）
●化粧品の場合
○標準サイズで1品目24個以内
※品目については，8ページを参照してください。
※口紅の場合を例にすると，ブランド・色等が数種類あったとしても総量と
　して24個以内になります。
○少量の製品（内容量が60ｇ又は60ml以下の製品）で1品目120個以内
※ただし，以下に該当する類別を除きます。
　ファンデーション類，白粉打粉類，口紅類，眉目頬化粧品類，爪化粧品類，
　香水類（品目については，8ページ（編注：本ホームページ資料8頁）を
　参照）
●医療機器の場合
○家庭用医療機器（例えば，電気マッサージ器など）：1セット

Q58 医薬品等を個人輸入して利用することは問題がないか。

○コンタクトレンズ：2ペア
○使い捨てコンタクトレンズ：2ヶ月分以内
　（カラーコンタクトレンズを含む。）
※医療用の医療機器は，個人使用としての輸入はできません。
●注射剤
○医薬品（インシュリン等自己注射が認められているもの）と当該医薬品の
　ために用いる注射器
　用法・用量からみて1か月分以内の医薬品及び当該医薬品のために用いる
　注射器
イ）医師等又は歯科医師が治療に用いるために輸入
○医療機器が3セット以内
　　（内臓機能代用器（心臓ペースメーカー，人工心臓，人工肺，人工腎臓，
　　人工血管等）に該当するもの以外）
ウ）医師又は歯科医師が主体となって実施する臨床に使用するために自ら輸
　　入する場合であって，臨床試験データベースに臨床試験情報が登録されて
　　いる場合
　　以下の書類を税関に提示することにより，税関限りの確認のみで通関でき
　　ます。
　　　①臨床試験データベースに公開されている臨床試験情報を印刷したもの
　　　②臨床試験計画書（写）（「輸入監視要領」別紙第2号様式。）
　　　③分割して輸入する場合には，輸入経過表（「輸入監視要領」別紙参考
　　　　様式2。）
エ）ア）に関する注意
●医師からの処方せん又は服用（使用）指示書について
　　ア）に示された内容・数量を超えたもの（数量に関わらず厚生労働省の
　　確認を必要とする医薬品の製品の一覧に指定されたものを含む。）は，薬
　　監証明を取得しなければ輸入することができないことは，先に説明したと
　　おりです。
　　　この時に薬監証明を取得するためには，医師からの処方せん又は服用
　　（使用）指示書を提出することが必要になります。医薬品であれば，医師
　　の指示により長期間服用しなければならないなど，規定する数量を超えた
　　量が必要になることもあります。この場合では，医師の指示にもとづいて
　　服用するため，医師からの処方せん又は服用指示書が発行され，規定の数
　　量を超えた輸入が可能になります。

115

第8章　医薬品等の個人輸入

しかし，化粧品は，通常は治療目的に使用されるものではないため医師が使用指示書を発行することはありません。従って，この場合では，使用指示書が入手できないために規定する数量を超えた輸入は認められないことになります。

●自宅以外に送付した場合について

個人で使用する目的で輸入する限りにおいては，医薬品等は輸入するあなた自身の自宅に送付されることが原則となっており，それを送付先が勤務先であるとか，郵便局留めになっていると，あなた自身が使用するという目的ではなく，販売などを目的としているのではないかと思われるため，税関では，輸入を認めません。

この場合，あなた自身が使用するための輸入であることを証明するために，自宅以外に送付することになった理由を明らかにして薬監証明を取得し，これを税関に提示しなければ輸入することはできません。

もっとも，厚生労働省は，個人輸入については偽造品等の可能性から，通常，メリットよりも危険性（リスク）のほうが大きいとして，注意を促している（「医薬品等を個人輸入する際の注意事項について」，関東信越厚生局ホームページ，https://kouseikyoku.mhlw.go.jp/kantoshinetsu/iji/documents/3chuijiko.pdf）。

Q59 医薬品の個人輸入を個人の代わりに事業者が行うことはできるか。

個人の輸入代行は，許可等を得ることなく行うことはできるが，実質的な医薬品の販売にならないように注意が必要である．

解　説

　海外で販売されている医薬品を輸入して販売等することは，「製造販売」(薬機2条13項)であり許可が必要である(薬機12条)。また，医薬品は品目ごとに承認を受けなければならない(薬機14条)。したがって，海外医薬品等を事業者が輸入をして，それを個人に販売する形態であれば，許可や承認がない限り行うことはできない。

　もっとも，個人の依頼に応じ，海外医薬品等の輸入手続を代行する輸入代行業務については，許可等は不要である。ただし，商品等の受取り等の輸入の効果が輸入代行者に帰属する場合には，薬機法違反になるため，態様については注意を要する。輸入代行業と称しながら，実質的には，海外医薬品等を輸入し，個人に販売している場合もあるため，類型化がされ取締りがされている(「個人輸入代行業の指導・取締り等について」(平14・8・28医薬発0828014号厚生労働省医薬局長通知)，【資料5】)。

　また，輸入代行業自体の広告をすることはできるが，日本での未承認医薬品等の広告をすることは禁止されているため(薬機68条)，輸入代行業を行うとしても，不特定多数の者に未承認医薬品等を表示し希望を募るような広告は行えない。

第8章 医薬品等の個人輸入

Q 60 医薬品等の個人輸入の輸入代行業務を行うに当たり，海外医薬品等を広告することは可能か。

未承認の医薬品広告は許されないため，顧客を誘引するような海外医薬品等の広告はできない。

解　説

　未承認の医薬品等の広告を行うことはできない（薬機68条）。したがって，個人輸入の輸入代行業を行うことは可能であるが，輸入代行業を行うに当たり，未承認医薬品の広告を輸入代行業者が行うことはできない。

　広告に当たるか否かは，以下の要件から判断されるが（「薬事法における医薬品等の広告の該当性について」（平10・9・29医薬監148号厚生省医薬安全局監視指導課長通知）），例えば，輸入代行業者が，不特定多数の者に未承認医薬品等を表示し希望を募るようなホームページ等であれば，未承認医薬品等の広告となり許されない。

◎薬事法における医薬品等の広告の該当性について（抄，平10・9・29医薬監148号厚生省医薬安全局監視指導課長通知）

1．顧客を誘引する（顧客の購入意欲を昂進させる）意図が明確であること
2．特定医薬品等の商品名が明らかにされていること
3．一般人が認知できる状態であること

　一方，購入希望者が具体的な商品の名称を入力し検索して表示されるのであれば顧客を誘引するとは判断されず可能であるが，検索内容と一致しない場合に他の医薬品を表示することは許されない。また，トップページに具体的な医薬品名等が表示されていなくても，製品分類をクリックすると具体的な医薬品名等が表示される形態も，顧客を誘引していると判断できる場合には広告となる（「インターネットによる医薬品等の広告の該当性に関する質疑応答集（Q&A）について」（平26・5・22薬食監麻発0522第9号厚生労働省医薬食品局監視指導・麻薬対策課長通知），【資料6】）。

第9章 医療機器

 薬機法で定める医療機器とはどのようなものか。

 　医療機器とは，人・動物の診断・治療・予防に使用される又は，構造や機能に影響を及ぼすことが目的とされている機械器具のうち政令で定めたものである。

──── 解　　説 ────

医療機器は，以下のように定められている。

> ◎薬機2条4項
> 4　この法律で「医療機器」とは，人若しくは動物の疾病の診断，治療若しくは予防に使用されること，又は人若しくは動物の身体の構造若しくは機能に影響を及ぼすことが目的とされている機械器具等（再生医療等製品を除く。）であつて，政令で定めるものをいう。

　診断・治療・予防に使用される，または構造や機能に影響を及ぼすことが目的とされている機械器具等であり，前者は，注射器や聴診器，MRI等であり，後者は，コンタクトレンズや補聴器が当たる。詳細は薬機法施行令別表1で定められている。また，ここでいう「機械器具等」は，「機械器具，歯科材料，医療用品，衛生用品並びにプログラム及びこれを記録した記録媒体」（薬機2条1項2号）である。医療機器は，平成26年の改正によって電子的なプログラムも追加された。このプログラムは，疾病診断用プログラムをいい，各種医療機器に組み込まれるプログラムをいうのはなく，プログラム単体で販売等がされるものである。また，この改正までは，製造や製造販売についても医薬品の規定が準用されていたが，同改正に

第9章　医療機器

よって，医療機器に即した独自の規制がされることとなり，医療機器の承
認などが簡便になったとされている。

医療機器の該当性はどのように判断されるか。

 成分，形状，名称，その物に表示された使用目的・性能等・用法用量，販売方法，その際の演述宣伝などを総合して判断される。

解　説

　医療機器とは，「人若しくは動物の疾病の診断，治療若しくは予防に使用されること，又は人若しくは動物の身体の構造若しくは機能に影響を及ぼすことが目的とされている機械器具等（再生医療等製品を除く。）であつて，政令で定めるもの」（薬機2条4項）である。したがって，政令（薬機令別表1）に定められているもの，かつ「人若しくは動物の疾病の診断，治療若しくは予防に使用されること，又は人若しくは動物の身体の構造若しくは機能に影響を及ぼすことが目的とされている」で，判断されることとなる。この判断には，「「医薬品」とは，その物の成分，形状，名称，その物に表示された使用目的・性能等・用法用量，販売方法，その際の演述宣伝などを総合して，その物が，通常人の理解において「人又は動物の疾病の診断，治療又は予防に使用されることが目的とされている」と認められる物をいう」（最三小判昭57・9・28刑集36巻8号787頁）が参考となり，医療機器においても同様に判断されると考えられる。機具機械等であって政令で定められた使用目的又は効果，性能等を標榜すれば，原則医療機器と判断されることとなろう。

　医療用具の裁判例では，「医療用具で同法2条4項，同法施行令1条別表第1の32に定めている「医療用吸引器」は，陰圧を発生持続させ，その吸引力により人（若しくは動物）の疾病の診断，治療若しくは予防に使用されること又は人（若しくは動物）の身体の構造若しくは機能に影響を及ぼすことを目的とする器具器械であれば足り，必ずしも電動力等の強力な動力装置を備えているもの又は専ら手術に用いられるものに限定されず，また，人の健康に害を及ぼす虞が具体的に認められるものであることを要しないもの（最大判昭40・7・14刑集19巻5号554頁参照）と解すべきで

第9章　医療機器

ある。」として，身体に直接的に害を及ぼすおそれまでは具体的に要しないとしたものがある。

　なお，プログラムに関しては，「一般医療機器（機能の障害等が生じた場合でも人の生命及び健康に影響を与えるおそれがほとんどないもの）に相当するプログラム」は，医療機器には該当しない（平26・11・14薬食監麻発1114第5号厚生労働省医薬食品局監視指導・麻薬対策課長通知「プログラムの医療機器への該当性に関する基本的な考え方について」）。この場合の性能等の標榜については以下のとおり見解が示されている（平26・11・25厚生労働省医薬食品局医療機器・再生医療等製品担当参事官室，厚生労働省医薬食品局安全対策課，厚生労働省医薬食品局監視指導・麻薬対策課事務連絡「医療機器プログラムの取扱いに関するQ＆Aについて」）。

◎医療機器プログラムの取扱いに関するQ＆Aについて（平26・11・25厚生労働省医薬食品局医療機器・再生医療等製品担当参事官室，厚生労働省医薬食品局安全対策課，厚生労働省医薬食品局監視指導・麻薬対策課事務連絡）

Q14　一般医療機器に相当するプログラムは，どこまで使用目的又は効果，性能等を標榜することができるのか。

A14　医療機器ではないものについて，医療機器であると誤認させるような製品が流通することは，保健衛生上の観点から好ましくない。
　①　有体物として一般医療機器が存在する医療機器と同等のプログラムは，当該有体物と同等の性能等を，②　有体物の一般医療機器が存在しないものについては，個別の判断により，一般医療機器相当の性能等を，医療機器であるという誤解の生じない範囲でのみ標榜することができるが，併せて医療機器でないことを明記すること。なお，当然のことではあるが，どちらの場合も管理医療機器又は高度管理医療機器に相当する使用目的又は効果，性能等は標榜できない。

　医療機器の該当性については，事前に都道府県の薬務課等に相談にいくことも検討でき，仮に医療機器に該当するとなれば，クラス分類等についてはPMDAでの全般相談も活用できる場合があるだろう。

医療機器はどのように分類されるか。

 　医療機器は，副作用や機能の障害が生じた場合のリスクの程度等によって，「高度管理医療機器」，「管理医療機器」，「一般医療機器」の三つに分類される。その他，国際分類もある。

―――― 解　　説 ――――

　医療機器は，リスクに応じた分類があり，リスクが高いものから，高度管理医療機器（薬機2条5項），管理医療機器（薬機2条6項），一般医療機器（薬機2条7項）に分類される。高度管理医療機器には人工呼吸器，ペースメーカ等が，管理医用機器にはMRI装置や超音波診断装置等が，一般医療機器にはメスやピンセット等が分類されている。製造販売する場合には，高度管理医療機器は原則厚生労働大臣の品目ごとの承認（薬機23条の2の5第1項），厚生労働大臣が基準を定めて指定した高度管理医療機器及び管理医療機器は登録認証機関の認証を受けなければならない（薬機23条の2の23第1項）。一般用医療機器は承認等は不要である（薬機23条の2の5第1項）。

　また，製造販売業の許可については，以下のとおり許可が必要である（薬機23条の2）。

〈図4　製造販売業許可の種類〉

医療機器又は体外診断用医薬品の種類	許可の種類
高度管理医療機器	第1種医療機器製造販売業許可
管理医療機器	第2種医療機器製造販売業許可
一般医療機器	第3種医療機器製造販売業許可
体外診断用医薬品	体外診断用医薬品製造販売業許可

　また，販売又は貸与においては，高度管理医療機器については許可が必要である（薬機39条）。管理医療機器については都道府県知事への届出が必

第9章　医療機器

要だが（薬機39条の3），一般医療器機器については不要である。

　また，リスク管理の分類だけでなく，保守点検や修理等の適正な管理が必要な医療機器として「特定保守管理医療機器」等特性に応じた分類もある（薬機2条8項，Q64参照）。その他，危険度の低い順から「クラスⅠ」，「クラスⅡ」，「クラスⅢ」，「クラスⅣ」とする国際分類もある。

124

Q64 特定保守管理医療機器，設置管理医療機器とはどのような分類か。

　特定保守管理医療機器，設置管理医療機器とはどのような分類か。

　医療機器は，リスクに応じて高度管理医療機器，管理医療機器，一般医療機器に分類されるが，それとは別に，医療機器の特性に応じて，特定保守管理医療機器，設置管理医療機器等にそれぞれ分類されるものがある。

解　説

　特定保守管理医療機器とは，医療機器のうち，保守点検，修理その他の管理に専門的な知識及び技能を必要とすることから，その適正な管理が行われなければ疾病の診断，治療又は予防に重大な影響を与えるおそれがあるものとして，厚生労働大臣が薬事・食品衛生審議会の意見を聴いて指定するものをいう（薬機2条8項）。高度管理医療機器又は特定保守管理医療機器については，販売や貸与等を行う場合には販売業又は貸与業の許可が必要である（薬機39条1項）。特定保守管理医療機器は必ずしも高度管理医療機器ではなく，管理医療機器や一般医療機器でも指定がされる。具体的には，「医薬品，医療機器等の品質，有効性及び安全性の確保等に関する法律第2条第8項の規定により厚生労働大臣が指定する特定保守管理医療機器」（平16・7・20厚生労働省第297号告示）で示されており，自己検査用グルコース測定器，成人用人工呼吸器，全身用X線CT診断装置等が指定されている。

　設置管理医療機器とは，「設置に当たつて組立てが必要な特定保守管理医療機器であつて，保健衛生上の危害の発生を防止するために当該組立てに係る管理が必要なものとして厚生労働大臣が指定する医療機器」（薬機規114条の55第1項）である。「医薬品，医療機器等の品質，有効性及び安全性の確保等に関する法律施行規則第114の55第1項の規定により厚生労働大臣が指定する設置管理医療機器」（平16・9・14厚生労働省第335号告示）において指定がされており，製造販売業者は，設置管理医療機器ごとに，組立

第9章　医療機器

方法や品質の確認方法についての設置管理基準書を作成し（薬機114条の55第1項），販売時等に販売業者等に交付しなければならない（同2項）。

医療機器の販売業・貸与業に許可は必要か。

 高度管理医療機器又は特定保守管理医療機器については，許可が必要であり，管理医療機器については届出が必要である。

───── 解　　説 ─────

　医療機器のうち，高度管理医療機器又は特定保守管理医療機器については，販売業又は貸与業の許可を受けた者でなければ，業として，販売や貸与ができない（薬機39条1項）。販売や貸与等の目的で陳列もできない。また，高度管理医療機器プログラムをインターネットで販売する場合にも販売業の許可が必要である。この許可を受けるためには薬局等設備構造基準に適合している必要がある（薬機39条3項1号）。販売業者又は貸与業者には，管理者の設置，製造販売業者への不具合等の報告，販売の記録等の義務が定められている。

　管理医療機器（特定保守管理医療機器を除く。特定保守管理医療機器に指定されているものは許可が必要）について販売等を行う場合には都道府県知事への届出が必要である（薬機39条の3第1項）。管理医療機器の販売業者等も薬局構造設備基準に適合している必要がある（薬機39条の3第2項）。

　一般用医療機器（特定保守管理医療機器を除く。特定保守管理医療機器に指定されているものは許可が必要。）の販売等については，特段の許可等は不要である。

　ただし，厚生労働省で定める品質確保の実施方法を遵守しておく必要がある（薬機40条3項。）

第9章 医療機器

 薬局において,患者に対し,インスリン自己注射用ディスポーザブル注射器と注射針を交付する場合には,高度管理医療機器等販売業の許可が必要か。

 一定の要件を満たせば,高度管理医療機器販売業の許可がなくても交付できる。

解　説

　インスリン皮下注射用注射筒は,針なし,針付きとも高度管理医療機器に分類されており,販売等するためには,原則,高度管理医療機器販売業の許可の取得が必要である（薬機39条）。しかし,医師の処方箋に基づき,社会保険にしたがって交付する場合には以下の要件を満たせば高度管理医療機器販売業の許可なく提供が可能である（平29・5・10薬生機審発0510第1号厚生労働省医薬・生活衛生局医療機器審査管理課長通知「『インスリン注射器等を交付する薬局に係る取扱いについて』の一部改正について」（特定保険医療材料等を交付する薬局の取扱いについて））。

> ◎平29・5・10薬生機審発0510第1号厚生労働省医薬・生活衛生局医療機器審査管理課長通知「『インスリン注射器等を交付する薬局に係る取扱いについて』の一部改正について」（抄,特定保険医療材料等を交付する薬局の取扱いについて）
>
> ①　インスリン自己注射用ディスポーザブル注射器,注射針を患者に支給する際,薬剤師が患者の当該医療機器の使用状況や使用履歴を確認した上で,当該医療機器の使用方法及び管理方法の指導を添付文書等に基づいて適切に行っていること。併せて,調剤録に必要事項を記載するとともに当該医療機器を支給した時点で,薬剤服用歴に患者の氏名,住所,支給日,処方内容等,使用状況,使用履歴及び指導内容等の必要事項を記載していること。
> ②　インスリン自己注射用ディスポーザブル注射器,注射針の保管や取扱いを添付文書等に基づき適切に行っていること

Q66　薬局において，患者に対し，インスリン自己注射用ディスポーザブル注射器と注射針を交付する場合には，高度管理医療機器等販売業の許可が必要か。

③　在宅業務従事者等の資質の向上を図るため，研修実施計画を作成し，当該計画に基づく研修を実施するとともに，定期的に在宅業務等に関する学術研修（地域薬剤師会等が行うものを含む。）を受けさせていること。なお，薬剤師に対して，医療機器に関する講習等への定期的な参加を行わせていることが望ましい。

　なお，インスリンペン型注入器については，一体型インスリン注入器は，医師の処方箋に基づき薬局において交付する場合には高度管理医療機器等販売業の許可を取得する必要はない（同通知）。しかし，分離型インスリン注入器はカートリッジを交換し再利用できるものであり，医師の処方箋に基づき交付することはないことから，取り扱う薬局は，高度管理医療機器等販売業の許可を取得する必要がある（同通知）。

　なお，薬局において高度管理医療機器である自己検査用グルコース測定器を交付する場合には，高度管理医療機器販売業の許可を取得する必要がある。

129

第9章　医療機器

 医療機器の修理業に許可は必要か。

　医療機器の修理を業として行うためには医療機器の修理業の許可が必要である（薬機40条の2第1項）。

解　説

　以前は修理については製造業の一部として扱われていたが、医療機器については、故障等が起こるため、現在は修理業として定められている。修理業においても資格のある責任技術者の設置等が求められる（薬機42条の3）。

　医療機器の修理とは、「医療機器の修理とは、故障、破損、劣化等の箇所を本来の状態・機能に復帰させること（当該箇所の交換を含む。）をいうものであり、故障等の有無に関わらず、解体の上点検し、必要に応じて劣化部品の交換等を行うオーバーホールを含むものである。」、「清掃、校正（キャリブレーション）、消耗部品の交換等の保守点検は修理に含まれない」とされている（「薬事法及び採血及び供血あつせん業取締法の一部を改正する法律等の施行に伴う医療機器修理業に係る運用等について」（平17・3・31薬食機発0331004号厚生労働省医薬食品局審査管理課医療機器審査管理室長通知））。修理区分は、薬機法施行規則第181条別表第2に定められている。

◎　医薬品医療機器等法施行規則別表第2で示す修理区分の概要（平17・3・31薬食機発0331004号厚生労働省医薬食品局審査管理課医療機器審査管理室長通知）

特定保守管理医療機器（特管）	特定保守管理医療機器以外の医療機器（非特管）
特管第1区分：画像診断システム関連	非特管第1区分：画像診断システム関連
特管第2区分：生体現象計測・監視システム関連	非特管第2区分：生体現象計測・監視システム関連

特管第3区分：治療用・施設用機器関連	非特管第3区分：治療用・施設用機器関連
特管第4区分：人工臓器関連	非特管第4区分：人工臓器関連
特管第5区分：光学機器関連	非特管第5区分：光学機器関連
特管第6区分：理学療法用機器関連	非特管第6区分：理学療法用機器関連
特管第7区分：歯科用機器関連	非特管第7区分：歯科用機器関連
特管第8区分：検体検査用機器関連	非特管第8区分：検体検査用機器関連
特管第9区分：鋼製器具・家庭用医療機器関連	非特管第9区分：鋼製器具・家庭用医療機器関連

　また，修理業の許可を得るためには薬局等構造設備規則（昭和36年厚生省令第2号）に適合する必要がある（薬機40条の2第4項1号）。

　なお，医療機器の製造業者が，自ら製造（厚生労働省令で定める製造を除く。）をする医療機器を修理する場合においては，修理業の許可は不要である（薬機令56条）。

第9章　医療機器

Q 68　QMS省令とは何か。

A　QMS省令とは，「医療機器及び体外診断用医薬品の製造管理及び品質管理の基準に関する省令」（平成16年厚生労働省令第169号）であり，医療機器等の製造管理及び品質管理の基準を定めたものである。なお，「Quality Management System」の頭文字をとって「QMS」と呼ばれる。

―――― 解　説 ――――

　薬機法への改正以前は，医療機器の製造業も製造業者ごとにQMS適合性が求められ許可又は認定制であったが，薬機法になり登録制となった（薬機23条の2の3）。医療機器は，製品の製造工程全体を一つの単位として製造管理及び品質管理を統括すべきとの考えから，医療機器等の承認等のQMS省令適合性は製造工程全体での製造販売業に対する要件となっている（薬機23条の2の5）。また，製造販売業の許可要件にも「医療機器又は体外診断用医薬品の製造管理又は品質管理に係る業務を行う体制の基準に関する省令」（QMS体制省令）に適合していることを要し（薬機23条の2の2），QMS省令を遵守するための製造管理又は品質管理に係る業務に必要な体制の整備を求められる。

　医療機器の承認に当たっては，承認の審査に際してQMS適合性調査を受けなければならず，5年ごとに承認後の定期調査を受けなければならない（薬機23条の2の5第6項，薬機令37条の21）。なお，医療機器について全て品目ごとに調査を受けなければならないわけではなく，適合性調査の合理化の一環として，製品群が同一の区分に属する医療機器等については，一定の条件下で適合性調査を受けることを要しない（薬機23条の2の5第7項，QMS区分省令）。

Q69 医療機器プログラムとは何か。

疾病診断用，治療用，予防用プログラム等が該当する。ただし副作用又は機能の障害が生じた場合においても，人の生命及び健康に影響を与えるおそれがほとんどないものは除かれる。

解　説

平成26年の薬機法の改正で，医療機器にプログラム及びこれを記録した記録媒体も含まれることとなった。プログラムとは，「電子計算機に対する指令であつて，一の結果を得ることができるように組み合わされたものをいう。」と定義されている（薬機2条1項2号）。医療機器とは，「人若しくは動物の疾病の診断，治療若しくは予防に使用されること，又は人若しくは動物の身体の構造若しくは機能に影響を及ぼすことが目的とされている機械器具等（再生医療等製品を除く。）であつて，政令で定めるものをいう。」（薬機2条4項）が，プログラム及び記録媒体に関しては，政令では以下のとおり規定されている。

◎薬機規別表第1

プログラム
一　疾病診断用プログラム（副作用又は機能の障害が生じた場合においても，人の生命及び健康に影響を与えるおそれがほとんどないものを除く。次項第1号において同じ。）
二　疾病治療用プログラム（副作用又は機能の障害が生じた場合においても，人の生命及び健康に影響を与えるおそれがほとんどないものを除く。次項第2号において同じ。）
三　疾病予防用プログラム（副作用又は機能の障害が生じた場合においても，人の生命及び健康に影響を与えるおそれがほとんどないものを除く。次項第3号において同じ。）

第9章　医療機器

> プログラムを記録した記録媒体
> 一　疾病診断用プログラムを記録した記録媒体
> 二　疾病治療用プログラムを記録した記録媒体
> 三　疾病予防用プログラムを記録した記録媒体

　この改正は，単体プログラムだけで医療機器として規制の対象とするものである。例えば，これまではMRI等で撮影された画像の処理，保存等を行う場合，MRIのハード部分に組み込んだ形でプログラムも医療機器として規制されていたが，プログラム単体で販売又はオンラインで提供されることもあるため，このソフト部分だけをプログラム単体として規制するものである。政令に定めるとおり，プログラム等については，「人の生命及び健康に影響を与えるおそれがほとんどないもの」は規制の対象となっていない。

Q 70 医療機器プログラムの該当性はどのように判断されるか。

A 医療機器プログラムの該当性は、プログラム医療機器から得られた結果が診断等にどの程度寄与するか、不具合のあった場合のリスク等の蓋然性の程度から判断される。

―――― 解　説 ――――

　医療機器は、コンピュータ等にインストールされることによって、人の疾病の診断、治療若しくは予防に使用されること又は人の身体の構造若しくは機能に影響を及ぼすことが目的とされているものである（薬機2条4項）。この該当性については、次の2点から考慮される（「プログラムの医療機器への該当性に関する基本的な考え方について」(平26・11・14薬食監麻発1114第5号厚生労働省医薬食品局監視指導・麻薬対策課長通知)、【資料4】）。

> (1) プログラム医療機器により得られた結果の重要性に鑑みて疾病の治療、診断等にどの程度寄与するのか。
> (2) プログラム医療機器の機能の障害等が生じた場合において人の生命及び健康に影響を与えるおそれ（不具合があった場合のリスク）を含めた総合的なリスクの蓋然性がどの程度あるか。

　同通知によって、例示が示されているが、診断等に影響のあるプログラム等は医療機器に該当すると考えられている。一方、診断の過程に影響を与えない「医療機器で取得したデータを、診療記録として用いるために転送、保管、表示を行うプログラム」、「患者説明用プログラム」は医療機器に該当しないとされている。

　また、プログラムのうち、「副作用又は機能の障害が生じた場合においても、人の生命及び健康に影響を与えるおそれがほとんどないもの」は医療機器からは除かれるが（薬機令別表第1）、これへの該当性は、一般医療機器に該当するものとされている。したがって、「視力表」、「体動セン

第9章　医療機器

サ」等は一般用医療機器であるが，プログラムで提供する場合には医療機
器に該当しないこととなる。

Q71 医療機器の使用成績評価制度とは，どのような制度か。

Q 71 医療機器の使用成績評価制度とは，どのような制度か。

A 厚生労働大臣が指定する医療機器について，製品の特性に応じて調査期間を設定し，当該期間中に使用成績に関する調査を行い，有効性や安全性を確認する制度である。

―――――――― 解　説 ――――――――

薬事法においては，医療機器が承認された後の性能等を市販後に判断するために医薬品と同様に再審査，再評価の制度を設けていた。しかし，医療機器は短期間で改良等がされ，再審査期間経過後には既に市場には存在しない場合があり，また，心臓ペースメーカー等の患者に植え込んで使用される医療機器では，再審査のように期間経過後に審査するよりも，データを継続的に一定の期間情報収集する方が適切である。そのため，薬機法においては，医療機器については，再審査，再評価制度ではなく，使用成績評価制度（薬機23条の2の9）が採用された。

使用成績調査は，薬事・食品衛生審議会の意見を聴いて厚生労働大臣が指定する医療機器について，製品の特性に応じて調査期間を設定し，当該期間中に使用成績に関する調査を行い，有効性や安全性を確認することとされている。なお，使用成績調査は，体外診断用医薬品にも適用される。

使用成績評価の対象になる医療機器は，「製造販売後も使用成績に係る調査を行い，一定期間後にその安全性等を再確認する必要があると判断される医療機器」（平26・11・21薬食機参発1121第44号厚生労働省大臣官房参事官通知「医療機器及び体外診断用医薬品の製造販売承認に係る使用成績評価の取扱いについて」）とされ，具体的には以下の基準が示されている（平26・12・26薬食機参発1226第3号厚生労働省大臣官房参事官通知「医療機器及び体外診断用医薬品の製造販売承認時における使用成績評価の対象に係る基本的な考え方について」）。

137

第9章　医療機器

◎医療機器及び体外診断用医薬品の製造販売承認時における使用成績評価の
　対象に係る基本的な考え方について（抄，平26・12・26薬食機参発1226第3
　号厚生労働省大臣官房参事官通知）

2．使用成績評価の対象となる品目の考え方について
○新医療機器（既に製造販売の承認を与えられている医療機器と構造，使用
　方法，効果，又は性能が明らかに異なる医療機器）であって，国内外にお
　ける類似の医療機器がない，又は使用経験が乏しい場合
○ただし，新医療機器のうち次に掲げる場合等には使用成績評価の対象とす
　る必要はないと考えられる。
　①　海外における使用実績が十分にあり，医療環境の違い等を考慮する必
　　要がない場合
　②　国内での使用実績が十分にあり，適応外公知申請に相当すると考えら
　　れる場合
○承認時に使用成績評価を受けなければならないこととされた新医療機器と
　構造，使用方法等が同一性を有すると認められる品目について，使用成績
　評価が必要とされている期間を超えない期間に承認する場合には，品目ご
　とに調査の必要性を個別に検討する必要がある。
○また，新医療機器以外の医療機器及び体外診断用医薬品に該当する場合で
　あって，品質，有効性及び安全性の確認がされているものの，臨床試験
　データ等により重大な不具合が生じる可能性が懸念されているなど，特に
　使用成績の確認が必要と判断される場合

3．使用成績評価の調査期間の考え方について
○一定期間後に承認時の品質，有効性及び安全性の確認を行うため，使用成
　績評価の目的（市販直後に係る安全性の確認，手技に関する影響等）を明
　確にし，調査計画を策定する。次に掲げる場合等にあっては，対象となる
　症例数が限られていることから，症例数の設定をどのように考えるべきか
　について慎重に検討することが必要である。
　・希少疾病用医療機器等であって，使用実態を踏まえた症例を評価する必
　　要がある場合
　・一定の疾患を有する患者群ごとに症例を収集し，評価する必要がある場
　　合

Q71 医療機器の使用成績評価制度とは，どのような制度か。

> ・一定の医療機関において連続使用症例を収集し，評価する必要がある場合
>
> ○使用成績評価に必要な症例数を踏まえ，販売準備期間，症例登録期間，症例追跡期間を考慮して調査期間を設定することとする。
>
> ○承認審査の過程で懸念された有害事象等の発生率，因果関係，発生要因等を分析するための調査を行う場合や，新規性やリスクが高く市販後早期の手技等の影響が危惧され，その有効性及び安全性を把握するための調査を行う場合には，症例の観察期間が比較的短期であることから，原則として調査期間を3年程度とする。ただし，推定される使用実態等に鑑みて個別に検討するものとする。
>
> ○使用実態下での有効性，安全性の確認に一定期間を要することが想定される，次に掲げる場合等であっても，調査の結果収集された症例等を早期にとりまとめ，評価を行うことが重要であり，医療機器の改善・改良が早期に進むことなどを踏まえ，原則として上限を7年とし5年を目安に個別に検討することとする。なお，治験症例の追跡調査を十分に考慮すること。
>
> > ・植え込んで使用される医療機器等，一定期間にわたって患者に使用される医療機器であって，生存率の推移や長期使用時の治療効果等，治験で評価された期間を超えたそれら指標の変化が重要なもの
> >
> > ・希少疾病用医療機器等であって症例の収集自体に期間を要するもの
>
> ○なお，年次報告（調査期間中の1年ごとの報告）の結果や不具合報告等を踏まえ，想定されない課題が明らかになった場合には，調査期間を延長することがある。

その他，「使用成績評価に係る質疑応答集（Q＆A）について」（平27・12・28厚生労働省生活衛生局医療機器・再生医療等製品担当参事官室事務連絡）や，「医療機器の使用成績評価の指定の要否と調査期間に係る手続き及び具体的な運用について」（平27・12・28薬生機発1228第1号厚生労働省大臣官房参事官通知）も示されている。

医療機器の申請者は，申請にあたり，使用成績評価の対象となるかどうかについて考察し，対象となると考える場合には，製造販売後調査等の計画に関する資料を添付することが求められている（平26・11・21薬食機参発1121第44号厚生労働省大臣官房参事官通知「医療機器及び体外診断用医薬品の製造販売承認に係る使用成績評価の取扱いについて」）。

139

第9章　医療機器

　使用成績評価の申請の資料は，GPSP省令（医療機器の製造販売後の調査及び試験の実施の基準に関する省令），GCP省令（医療機器の臨床試験の実施の基準に関する省令），GLP省令（医療機器の安全性に関する非臨床試験の実施の基準に関する省令）等によって，収集，作成しなければならない（薬機23条の2の9第4項）。

　また，使用成績評価の対象となった医療機器においては，医療機器の使用の成績に関する調査等の結果を定期報告として厚生労働大臣に報告しなければならない（定期報告。薬機23条の2の9第6項）。具体的には，「医療機器等の不具合によるものと疑われる疾病，障害若しくは死亡，又はその使用によると疑われる感染症について行う」（平26・11・21薬食機参発1121第44号厚生労働省大臣官房参事官通知「医療機器及び体外診断用医薬品の製造販売承認に係る使用成績評価の取扱いについて」）こととなる。

承認前の医療機器の広告は許されるか。

 未承認の医療機器の広告は禁止されるが、学術的研究報告を医師等の求めに応じて情報提供することは許される。

━━━━━━━━━━ 解　　説 ━━━━━━━━━━

　医療機器は、「人若しくは動物の疾病の診断、治療若しくは予防に使用されること、又は人若しくは動物の身体の構造若しくは機能に影響を及ぼすことが目的とされている機械器具等（再生医療等製品を除く。）であつて、政令で定めるもの」（薬機2条4項）であり、製造販売等をする場合には承認等が必要である。しかし、海外で医療機器として使用されている医療機器が、日本では未承認の場合があり、この様な医療機器は、承認前の医療機器であるため広告は禁止される（薬機68条）。

　しかし、医療の現場では、医師等から海外の医療機器の情報を求められる場合もあり、医療の発展のためにはそのような情報を一切提供できないとすることは問題がある。そのため、①学術的研究報告を、②医師等の求めに応じて未承認の医療機器の情報提供することは認められている（「未承認の医療機器に関する適正な情報提供の指針について」（平24・3・30薬食監麻発0330第13号厚生労働省医薬食品局監視指導・麻薬対策課長通知））。もっとも、広告との区別が困難なため、「未承認医療機器の展示会等への出展について」（平29・6・9薬生発0609第1号厚生労働省医薬・生活衛生局長通知）、「『未承認医療機器に関する適正な情報提供について』に係わる質疑応答集について」（平24・2・13医機連発169号日本医療機器産業連合会）等が示されているため、情報の提供等においては、参照する必要がある。

第9章 医療機器

Q 73 中古の医療機器をネットオークション等で販売する場合に制限はあるか。

A 中古の医療機器をネットオークションで販売等するにあたっても，業として行う場合には，医療機器の区分に応じ許可等が必要であり，製造販売業者等にあらかじめ通知等を行わなければならない。

―――――― 解　説 ――――――

　中古の医療機器をネットオークションで販売等するにあたっても，業として行う場合には，医療機器の区分に応じた許可等が必要である。具体的には，高度管理医療機器又は特定保守管理医療機器の販売等は，営業所ごとに都道府県知事の販売業の許可，管理医療機器（特定保守管理医療機器を除く。）の販売等は，営業所ごとに都道府県知事に届出が必要である。しかし，販売業の許可等を得ない事業者が中古医療機器を医療機関から買い取り，ネットオークションで転売する事例が問題となっている。ネットオークション等では，販売業者の許可を持たないだけでなく修理業の許可も持たずにメンテナンス等を行っている場合があり，製造販売業者への事前通知もなく製造販売業者が市販後の安全管理等ができない問題がある。

　そのため，このような問題を受けて厚生労働省から通知が出され（平30・3・30厚生労働省医薬・生活衛生局事務連絡「医療機器の販売業及び修理業の取扱いに関する質疑応答集（Q&A）について」），区分に応じた販売業の許可等が必要なことだけではなく，修理を行う場合には修理業の許可が必要であること等が示された。また，医療機器の販売業者は，中古の医療機器の販売等を行うときは，あらかじめ当該医療機器の製造販売業者に通知をする必要があるところ（薬機規170条1項），この義務は，ネットオークションにおいても適用があること，医療機器の販売業者は，医療機器の販売等に係る注意事項について製造販売業者から指示を受けた場合には，遵守しなければならないこと（薬機規170条2項）等も示されている。

Q74 医薬部外品とはどのようなものか。

第10章 医薬部外品・化粧品

 医薬部外品とはどのようなものか。

 人体に対する作用が緩和な口臭スプレーや殺虫剤などである。医薬品のように治療・予防を目的とするものも含まれている。

――――― 解　　説 ―――――

医薬部外品については，下記のとおり規定されている（薬機2条2項）。

◎薬機2条2項
2　この法律で「医薬部外品」とは，次に掲げる物であつて人体に対する作用が緩和なものをいう。
一　次のイからハまでに掲げる目的のために使用される物（これらの使用目的のほかに，併せて前項第2号又は第3号に規定する目的のために使用される物を除く。）であつて機械器具等でないもの
　イ　吐きけその他の不快感又は口臭若しくは体臭の防止
　ロ　あせも，ただれ等の防止
　ハ　脱毛の防止，育毛又は除毛
二　人又は動物の保健のためにするねずみ，はえ，蚊，のみその他これらに類する生物の防除の目的のために使用される物（この使用目的のほかに，併せて前項第2号又は第3号に規定する目的のために使用される物を除く。）であつて機械器具等でないもの
三　前項第2号又は第3号に規定する目的のために使用される物（前二号に掲げる物を除く。）のうち，厚生労働大臣が指定するもの

「人体に対する作用が緩和」であるとは，正常な使用方法において，人体に強い作用を及ぼさないというだけでなく，通常予想される誤用の場合

143

第10章　医薬部外品・化粧品

でも作用が緩和であることを意味している（『逐条薬事』229頁）。

　第1号は，口臭スプレーや発毛剤等，2号は，殺虫剤や殺そ剤等が当たる。

　第3号は，薬機法第2条第1項の治療・予防等を「目的」としている「医薬品」の定義に当たるもののうち厚生労働大臣が指定するものである。本来であれば，「医薬品」とされるものの中でも，作用が緩和であり，かつ厚生労働大臣が指定するものも「医薬部外品」に分類される。この指定がされる「医薬部外品」については，下記のとおり，健胃薬や整腸薬も含まれている（平21・2・6厚生労働省告示25号）。また，この指定がされる「医薬部外品」のうち，薬機59条7号の規定に基づき厚生労働大臣が指定する医薬部外品は「指定医薬部外品」と表示することが規定されている（薬機59条3号，薬機規219条の2，平21・2・6厚生労働省告示28号）。

　「医薬部外品」の規制は「医薬品」に比べて緩やかになっており，小売に関しては，薬局や店舗販売業等の許可を受けなくても販売できる。

◎薬事法第2条第2項第3号の規定に基づき厚生労働省が指定する医薬部外品（平21・2・6厚生労働省告示第25号）

（略）
一　胃の不快感を改善することが目的とされている物
二　いびき防止薬
三　衛生上の用に供されることが目的とされている綿類（紙綿類を含む。）
四　カルシウムを主たる有効成分とする保健薬（第19号に掲げるものを除く。）
五　含嗽薬
六　健胃薬（第1号及び第27号に掲げるものを除く。）
七　口腔咽喉薬（第20号に掲げるものを除く。）
八　コンタクトレンズ装着薬
九　殺菌消毒薬（第15号に掲げるものを除く。）
十　しもやけ・あかぎれ用薬（第24号に掲げるものを除く。）
十一　瀉下薬
十二　消化薬（第27号に掲げるものを除く。）
十三　滋養強壮，虚弱体質の改善及び栄養補給が目的とされている物
十四　生薬を主たる有効成分とする保健薬
十五　すり傷，切り傷，さし傷，かき傷，靴ずれ，創傷面等の消毒又は保護に使用されることが目的とされている物
十六　整腸薬（第27号に掲げるものを除く。）
十七　染毛剤
十八　ソフトコンタクトレンズ用消毒剤
十九　肉体疲労時，中高年期等のビタミン又はカルシウムの補給が目的とされてい

Q74　医薬部外品とはどのようなものか。

　　　　る物
二十　　のどの不快感を改善することが目的とされている物
二十一　パーマネント・ウェーブ用剤
二十二　鼻づまり改善薬（外用剤に限る。）
二十三　ビタミンを含有する保健薬（第13号及び第19号に掲げるものを除く。）
二十四　ひび，あかぎれ，あせも，ただれ，うおのめ，たこ，手足のあれ，かさつ
　　　　き等を改善することが目的とされている物
二十五　薬事法第2条第3項に規定する使用目的のほかに，にきび，肌荒れ，かぶ
　　　　れ，しもやけ等の防止又は皮膚若しくは口腔の殺菌消毒に使用されることも
　　　　併せて目的とされている物
二十六　浴用剤
二十七　第6号，第12号又は第16号に掲げる物のうち，いずれか2以上に該当する
　　　　もの

◎**薬事法第59条第7号の規定に基づき厚生労働大臣の指定する医薬部外品**
（平21・2・6厚生労働省告示第28号）

（略）
1）専らねずみ，はえ，蚊，のみその他これらに類する生物の防除のために使用さ
　れることが目的とされている物
2）次に掲げる物
　⑴　胃の不快感を改善することが目的とされている物
　⑵　いびき防止薬
　⑶　カルシウムを主たる有効成分とする保健薬（⒃に掲げるものを除く。）
　⑷　含嗽薬
　⑸　健胃薬（⑴及び⑵に掲げるものを除く。）
　⑹　口腔咽喉薬（⒄に掲げるものを除く。）
　⑺　コンタクトレンズ装着薬
　⑻　殺菌消毒薬（⒁に掲げるものを除く。）
　⑼　しもやけ・あかぎれ用薬（⒇に掲げるものを除く。）
　⑽　瀉下薬
　⑾　消化薬（⑵に掲げるものを除く。）
　⑿　滋養強壮，虚弱体質の改善及び栄養補給が目的とされている物
　⒀　生薬を主たる有効成分とする保健薬
　⒁　すり傷，切り傷，さし傷，かき傷，靴ずれ，創傷面等の消毒又は保護に使用
　　　されることが目的とされている物
　⒂　整腸薬（⑵に掲げるものを除く。）
　⒃　肉体疲労時，中高年期等のビタミン又はカルシウムの補給が目的とされてい
　　　る物
　⒄　のどの不快感を改善することが目的とされている物
　⒅　鼻づまり改善薬（外用剤に限る。）
　⒆　ビタミンを含有する保健薬（⑿及び⒃に掲げるものを除く。）
　⒇　ひび，あかぎれ，あせも，ただれ，うおのめ，たこ，手足のあれ，かさつき
　　　等を改善することが目的とされている物
　㉑　⑸，⑾又は⒂に掲げる物のうち，いずれか二以上に該当するもの

第10章 医薬部外品・化粧品

 75 化粧品とはどのようなものか。

A 「化粧品」は，人の身体を清潔にし，美化し，魅力を増し，容貌を変え，又は皮膚若しくは毛髪を健やかに保つことを目的としているものであるが，薬効の標ぼうは許されない。

―――― 解　説 ――――

化粧品は薬機法では以下のとおり規定されている。

> ◎薬機2条3項
> 3　この法律で「化粧品」とは，人の身体を清潔にし，美化し，魅力を増し，容貌を変え，又は皮膚若しくは毛髪を健やかに保つために，身体に塗擦，散布その他これらに類似する方法で使用されることが目的とされている物で，人体に対する作用が緩和なものをいう。ただし，これらの使用目的のほかに，第1項第2号又は第3号に規定する用途に使用されることも併せて目的とされている物及び医薬部外品を除く。

「化粧品」は，人の身体を清潔にし，美化し，魅力を増し，容貌を変え，又は皮膚若しくは毛髪を健やかに保つことを目的としている。しかし，医薬品や医薬部外品は除くとなっているとおり，身体を美化等するものであっても，薬効を標ぼうすれば，それは医薬品等と判断される。

また，使用方法は，身体に塗擦，散布等となっているため，仮に美容目的であっても，内服するものは，医薬品，医薬部外品又は食品に分類されることになり，化粧品には分類されない。

化粧品についても，製造や製造販売を行う為には許可が必要であるが，小売販売については許可は不要であるため，一般の店舗でも販売が可能である。

Q76 化粧品の広告はどのように規制されるか。

A 基本的には医薬品と同様であるが，医薬品等適正広告基準等において一部異なる基準を示している。

解　説

　化粧品においても，医薬品と同様，名称，製造方法，効能，効果，性能に関し，明示的，暗示的問わず，虚偽誇大な広告は禁止される（薬機66条1項）。

　広告に当たるか否かは，医薬品と同様であり，以下の広告3要件から判断される（平10・9・29医薬監148号厚生省医薬安全局監視指導課長通知「薬事法における医薬品等の広告の該当性について」）。

① 顧客を誘引する（顧客の購入意欲を昂進させる）意図が明確にあること（誘引性）。
② 特定食品の商品名等が明らかにされていること（特定性）。
③ 一般人が認知できる状態であること（認知性）。

　広告の規制の内容は，化粧品においても「医薬品等適正広告基準」（【資料1】）及び「医薬品等適正広告基準の解説及び留意事項等について」（【資料2】）が参考となる。

　化粧品の広告に関しての特徴の概要は以下のとおりである
① 名称に関して，愛称については，広告の前後の関係等から総合的にみて，同一性を誤認させるおそれがない場合は使用できる（販売名に使用できないものは除く）。
② 承認を要しない化粧品の効能効果についての表現は，「化粧品の効能の範囲の改正について」（平23・7・21薬食発0721第1号厚生労働省医薬食品局通知）に定める以下の範囲を超えることはできない。

第10章　医薬部外品・化粧品

◎平23・7・21薬食発0721第1号厚生労働省医薬食品局通知「化粧品の効能
　の範囲の改正について」

別表第1

(1) 頭皮，毛髪を清浄にする。

(2) 香りにより毛髪，頭皮の不快臭を抑える。

(3) 頭皮，毛髪をすこやかに保つ。

(4) 毛髪にはり，こしを与える。

(5) 頭皮，毛髪にうるおいを与える。

(6) 頭皮，毛髪のうるおいを保つ。

(7) 毛髪をしなやかにする。

(8) クシどおりをよくする。

(9) 毛髪のつやを保つ。

(10) 毛髪につやを与える。

(11) フケ，カユミがとれる。

(12) フケ，カユミを抑える。

(13) 毛髪の水分，油分を補い保つ。

(14) 裂毛，切毛，枝毛を防ぐ。

(15) 髪型を整え，保持する。

(16) 毛髪の帯電を防止する。

(17) （汚れをおとすことにより）皮膚を清浄にする。

(18) （洗浄により）ニキビ，アセモを防ぐ（洗顔料）。

(19) 肌を整える。

(20) 肌のキメを整える。

(21) 皮膚をすこやかに保つ。

(22) 肌荒れを防ぐ。

(23) 肌をひきしめる。

(24) 皮膚にうるおいを与える。

(25) 皮膚の水分，油分を補い保つ。

(26) 皮膚の柔軟性を保つ。

(27) 皮膚を保護する。

(28) 皮膚の乾燥を防ぐ。

(29) 肌を柔らげる。

Q76 化粧品の広告はどのように規制されるか。

(30) 肌にはりを与える。

(31) 肌にツヤを与える。

(32) 肌を滑らかにする。

(33) ひげを剃りやすくする。

(34) ひがそり後の肌を整える。

(35) あせもを防ぐ（打粉）。

(36) 日やけを防ぐ。

(37) 日やけによるシミ，ソバカスを防ぐ。

(38) 芳香を与える。

(39) 爪を保護する。

(40) 爪をすこやかに保つ。

(41) 爪にうるおいを与える。

(42) 口唇の荒れを防ぐ。

(43) 口唇のキメを整える。

(44) 口唇にうるおいを与える。

(45) 口唇をすこやかにする。

(46) 口唇を保護する。口唇の乾燥を防ぐ。

(47) 口唇の乾燥によるカサツキを防ぐ。

(48) 口唇を滑らかにする。

(49) ムシ歯を防ぐ（使用時にブラッシングを行う歯みがき類）。

(50) 歯を白くする（使用時にブラッシングを行う歯みがき類）。

(51) 歯垢を除去する（使用時にブラッシングを行う歯みがき類）。

(52) 口中を浄化する（歯みがき類）。

(53) 口臭を防ぐ（歯みがき類）。

(54) 歯のやにを取る（使用時にブラッシングを行う歯みがき類）。

(55) 歯石の沈着を防ぐ（使用時にブラッシングを行う歯みがき類）。

(56) 乾燥による小ジワを目立たなくする。

注1）例えば，「補い保つ」は「補う」あるいは「保つ」との効能でも可とする。

注2）「皮膚」と「肌」の使い分けは可とする。

注3）（　）内は，効能には含めないが，使用形態から考慮して，限定するものである。

注4）(56)については，日本香粧品学会の「化粧品機能評価ガイドライン」に基づく試験等を行い，その効果を確認した場合に限る。

149

第10章　医薬部外品・化粧品

　また，この他，「化粧くずれを防ぐ」，「小じわを目立たなく見せる」，「みずみずしい肌に見せる」等のメーキャップ効果，「清涼感を与える」，「爽快にする」等の使用感については，事実であれば広告でき，基礎化粧品等においても，メーキャップ効果及び使用感は事実であれば広告できる。

　上記の表以外については，薬理作用による効能効果の表現はできない。

③　指定成分・香料の未含有表現については，「100％無添加」，「100％ピュア」等の必要以上に強調は不可。「指定成分，香料を含有していない」等は可。

④　特定成分の表示は原則不可（昭47・2・2薬監27号厚生省薬務局監視課長通知「化粧品における特定成分の特記表示について」参照）。配合成分の表現は有効成分であるかの誤解を与えないようにする必要がある。

⑤　効能効果・安全性に関しては最大級の表現は不可だが，消費者に誤解を与えないように客観的な「売り上げNo.1」等のような表現は可。

Q77 薬用化粧品の広告はどのように規制されるか。

A 薬用化粧品は,「医薬部外品」であるため,承認の範囲内の効能効果で広告することが原則であるが,要件を充足すれば種別に対応する化粧品の効能効果も表現することができる。

―――― 解　説 ――――

　いわゆる薬用化粧品は,化粧品との名称はあるが,法的には「医薬部外品」に分類される。薬用化粧品は,医薬部外品として人体に対する緩和な薬理作用を期待できるものであり,一部の効能効果を表現することができる。そのため「薬用化粧品」は,医薬品と化粧品の中間の位置付けといえる。

　薬用化粧品は,品目ごとに承認されたものであるから,承認の範囲内で広告することが原則であり,効能効果は概ね以下のとおりである（平29・9・29薬生監麻発0929第5号厚生労働省医薬・生活衛生局監視指導・麻薬対策課長通知「医薬品等適正広告基準の解説及び留意事項等について」)。

◎平29・9・29薬生監麻発0929第5号厚生労働省医薬・生活衛生局監視指導・麻薬対策課長通知「医薬品等適正広告基準の解説及び留意事項等について」別掲「薬用化粧品の効能・効果の範囲」

種　類	効　能　・　効　果
1．シャンプー	ふけ,かゆみを防ぐ。 毛髪・頭皮の汗臭を防ぐ。 毛髪・頭皮を清浄にする。 毛髪・頭皮をすこやかに保つ。 ｝二者択一 毛髪をしなやかにする。
2．リンス	ふけ,かゆみを防ぐ。 毛髪・頭皮の汗臭を防ぐ。 毛髪の水分・脂肪を補い保つ。

	裂毛・切毛・枝毛を防ぐ。 毛髪・頭皮をすこやかに保つ。 ⎫ 毛髪をしなやかにする。 ⎭ 二者択一
3．化粧水	肌あれ。あれ性。 あせも・しもやけ・ひび・あかぎれ・にきびを防ぐ。 油性肌。 かみそりまけを防ぐ。 日やけによるしみ・そばかすを防ぐ。（注1） 日やけ・雪やけ後のほてりを防ぐ。 肌をひきしめる。肌を清浄にする。肌を整える。 皮膚をすこやかに保つ。皮膚にうるおいを与える。
4．クリーム，乳液， ハンドクリーム， 化粧用油	肌あれ。あれ性。 あせも・しもやけ・ひび・あかぎれ・にきびを防ぐ。 油性肌。 かみそりまけを防ぐ。 日やけによるしみ・そばかすを防ぐ。（注1） 日やけ・雪やけ後のほてりを防ぐ。 肌をひきしめる。肌を清浄にする。肌を整える。 皮膚をすこやかに保つ。皮膚にうるおいを与える。 皮膚を保護する。皮膚の乾燥を防ぐ。
5．ひげそり用剤	かみそりまけを防ぐ。 皮膚を保護し，ひげをそりやすくする。
6．日やけ止め剤	日やけ・雪やけによる肌あれを防ぐ。 日やけ・雪やけを防ぐ。 日やけによるしみ・そばかすを防ぐ。（注1） 皮膚を保護する。
7．パック	肌あれ。あれ性。 にきびを防ぐ。 油性肌。 日やけによるしみ・そばかすを防ぐ。（注1） 日やけ・雪やけ後のほてりを防ぐ。 肌をなめらかにする。 皮膚を清浄にする。

Q77　薬用化粧品の広告はどのように規制されるか。

8．薬用石けん（洗顔料を含む）	〈殺菌剤主剤〉（消炎剤主剤をあわせて配合するものを含む） 皮膚の清浄・殺菌・消毒。 体臭・汗臭及びにきびを防ぐ。 〈消炎剤主剤のもの〉 皮膚の清浄，にきび・かみそりまけ及び肌あれを防ぐ。

（注1）作用機序によっては，「メラニンの生成を抑え，しみ，そばかすを防ぐ。」も認められる。

（注2）上記にかかわらず，化粧品の効能の範囲のみを標ぼうするものは，医薬部外品としては認められない。

また，薬用化粧品は，「医薬部外品」ではあるが，「化粧品」の要素があるため，以下の事項に配慮すれば，化粧品の効能表現のうち種別に対応するものを表現することが可能である（医薬品等適正広告基準の解説及び留意事項等について」）。

① 医薬部外品本来の目的について
　医薬部外品本来の目的が隠ぺいされて化粧品であるかのような誤解を与えないこと。
② 化粧品的な使用方法等について
　化粧品的な使用目的，用法で使用された場合に保健衛生上問題となるおそれのあるもの（殺菌剤配合のシャンプー又は薬用石けんなど）ではないこと。
③ 効能効果について
　当該効能効果が医薬部外品の効能効果として承認を受けたものであるかのような誤認を与えないこと。

Q78 薬機法に定められる再生医療等製品とはどのようなものか。

第11章 再生医療等製品

 薬機法に定められる再生医療等製品とはどのようなものか。

 再生医療等製品とは，人の機能の再建や修復等を行う目的とされている物のうち，人等の細胞に培養等の加工を施したものや，治療等に使用されることが目的とされている物で人の細胞に導入され，体内で発言する遺伝子を含有させたものをいう。

解　　説

再生医療等製品は，薬機法では以下のとおり規定されている。

◎薬機2条9項
9　この法律で「再生医療等製品」とは，次に掲げる物（医薬部外品及び化粧品を除く。）であつて，政令で定めるものをいう。
一　次に掲げる医療又は獣医療に使用されることが目的とされている物のうち，人又は動物の細胞に培養その他の加工を施したもの
　イ　人又は動物の身体の構造又は機能の再建，修復又は形成
　ロ　人又は動物の疾病の治療又は予防
二　人又は動物の疾病の治療に使用されることが目的とされている物のうち，人又は動物の細胞に導入され，これらの体内で発現する遺伝子を含有させたもの

また，政令では以下のとおり定めている。

155

第11章　再生医療等製品

◎薬機法施行令別表第2（第1条の2関係）

ヒト細胞加工製品
一　ヒト体細胞加工製品（次号及び第4号に掲げる物を除く。）
二　ヒト体性幹細胞加工製品（第4号に掲げる物を除く。）
三　ヒト胚性幹細胞加工製品
四　ヒト人工多能性幹細胞加工製品
動物細胞加工製品
一　動物体細胞加工製品（次号及び第4号に掲げる物を除く。）
二　動物体性幹細胞加工製品（第4号に掲げる物を除く。）
三　動物胚性幹細胞加工製品
四　動物人工多能性幹細胞加工製品
遺伝子治療用製品
一　プラスミドベクター製品
二　ウイルスベクター製品
三　遺伝子発現治療製品（前二号に掲げる物を除く。）

　人の細胞に培養等の加工を施したもののうち「身体の構造・機能の再建・修復・形成」を行うもののとしては皮膚再生製品，「疾病の治療・予防を目的として使用するもの」としては，癌免疫製品等がある。また，「遺伝子治療を目的として，人の細胞に導入して使用するもの」とは遺伝性疾患治療製品等がある。これまで，このような再生医療等製品は，医療機器や医薬品での規制がされていたが，平成26年6月13日に「再生医療等の安全性の確保等に関する法律」が施行されたこともあり，薬機法でも，新たに再生医療等製品を定義し，その特性を踏まえた規制がされることとなった。

Q79　健康食品において，効能効果をうたうことはできるか．

第12章　健康食品

Q 79 健康食品において，効能効果をうたうことはできるか．

A 健康食品は，医薬品的な効能効果は標ぼうできない．

―――――― 解　　説 ――――――

　健康食品については，法律上の定義はない．飲食物は，食品か，医薬品等になる（食品衛生4条）．この医薬品等以外の食品のうち，健康の保持増進に役立つとされている食品を一般的に健康食品という．健康食品は，医薬品ではないため，医薬品的な効能効果を標ぼうできず，標ぼうすれば無承認の医薬品の販売等になり，原則として薬機法違反となる．もっとも，一部の食品については国が認めた範囲で機能等を表示することが可能であり，この制度は「保健機能食品制度」と言われている．この制度の管轄は厚生労働省ではなく消費者庁となっている．

　「保健機能食品制度」には，特定保健用食品（健増26条・29条）や栄養機能食品（食品表示4条，食品表示基準2条1項11号），機能性表示食品（食品表示4条，食品表示基準2条1項10号）等がある．

第12章　健康食品

 栄養機能食品とはどのような食品か。

 含まれる栄養成分の機能の表示をすることができる食品である。

―――――――――― 解　　説 ――――――――――

　栄養機能食品とは，食生活において一定の栄養成分の補給を目的として摂取をする者に対し，当該栄養成分の機能の表示をする食品をいう（食品表示4条，食品表示基準2条1項11号）。例えば，栄養成分の名称がビタミンCである場合ビタミンCを表示した上で，食品表示基準で定められた機能「ビタミンCは，皮膚や粘膜の健康維持を助けるとともに，抗酸化作用を持つ栄養素です。」が表示可能となる。

　栄養機能食品として販売するためには栄養成分量が定められた上・下限値の範囲内にある必要があるほか，注意喚起表示等も表示する必要がある（食品表示基準7条・21条・別表11）。

Q81　特定保健用食品とはどのような食品か。

　特定保健用食品とはどのような食品か。

　特定保健用食品とは、「トクホ」と呼ばれ、特定の保健の効果を表示できる食品である。

解　　説

特定保健用食品とは、健康増進法第26条第1項に基づいて特定の保健の用途（健康増進法に規定する特別用途表示の許可等に関する内閣府令1条）を表示するために許可又は健康増進法第29条の承認を受けた食品であり、「トクホ」と呼ばれており、右記のマークが用いられている。

特定保健用食品マーク

特定の保健の用途に該当するかどうかは、以下の基準で判断される（「特定保健用食品に関する質疑応答集」平28・1・8消食表5号消費者庁食品表示企画課長通知－問1）。

◎特定保健用食品に関する質疑応答集（抄、平28・1・8消食表5号消費者庁食品表示企画課長通知－問1、一部改正平29・3・17消食表第148号）

※ 「特定の保健の用途の表示」に該当するかどうかは、以下の条件に合致するかどうかにより判断される。（明らかに医薬品と誤認されるおそれのあるものは除く。）
・容易に測定可能な体調の指標の維持に適する又は改善に役立つ
・身体の生理機能、組織機能の良好な維持に適する又は改善に役立つ
・身体の状態を本人が自覚でき、一時的であって継続的、慢性的でない体調の変化の改善に役立つ
・疾病リスクの低減に資する（医学的、栄養学的に広く確立されているものに限る。）

特定保健用食品は、個々の製品ごとに許可を受けて、保健の効果を制限

第12章　健康食品

内で表示できる。具体的には，許可を得たものとして，お腹の調子を整える（大豆オリゴ糖，ビフィズス菌等），血圧が高めの方に適する食品（ラクトトリペプチド，杜仲葉配糖体等），血糖値が気になる方に適する食品（L-アラビノース等）などがある。

　特定保健用食品は，許可された表示を行うことができるが，強調する表示が誇大表示となれば（健増31条1項），勧告等がされる可能性がある（健増32条1項）。「血圧が高めの方へ」という許可表示の食品について，「血圧を下げる」と表示することは，誇大表示に該当するおそれがある（前記通知問48）。また，消費者に分かり易くする目的で，一部省略追加説明は可能であるが，誤認を与えるものは許されない（前記通知問49）。

　特定保健用食品のうち，その許可等に際し要求している科学的根拠のレベルには届かないものの，一定の有効性が確認される食品について，その摂取により特定の保健の目的が期待できる旨について限定的な科学的根拠である旨の表示をすることを条件として許可等がされる条件付き特定保健用食品もある（前記通知問22）。具体的には，「根拠は必ずしも確立されていませんが」等の条件文の表示がされる。

機能性表示食品とはどのような食品か。

消費者庁長官に届け出て，事業者の責任において機能性を表示できる食品である。

―――― 解　　説 ――――

　機能性表示食品とは，事業者の責任において，機能性を表示できる食品であり，科学的根拠に基づくために，安全性及び機能性に関する情報などを消費者庁長官へ届け出る食品である（食品表示基準 2 条 1 項10号）。国から許可を得ている物ではないため，届けられた内容については，消費者庁のホームページで公開される。必要な事項の届出は，販売日の60日前までに行わなければならない。機能性表示食品は，届け出た機能性等に関する表示を行うことができるが，省略簡略化することによって誇大表示等（健増31条 1 項）になるおそれがある（「機能性表示食品の広告等に関する主な留意点」，平成27年 6 月19日，消費者庁）。

　なお，食品関連事業者が，食品表示基準に違反し，著しく事実に相違する表示をする行為を現に行い又は行うおそれがある場合，適格消費者団体（消費契約 2 条 4 項）は，行為の停止等を請求することができる（食品表示11条）。

第12章　健康食品

 83　特別用途食品とは何か。

　妊産婦用，乳児用等，特別の用途に適する旨の表示を，許可を受けて行う食品である。

―――――― **解　　説** ――――――

　特別用途食品とは，乳児用，幼児用，妊産婦用，病者用等の特別の用途に適する旨を内閣総理大臣の許可を受けて表示できる食品である（健増26条1項）。表示の許可に当たっては，許可基準があるものについてはその基準に従い許可の有無が判断されるが，許可基準のないものについては個別に判断される。許可の対象となっている表示は以下のとおりである。許可基準は，「特別用途食品の表示許可等について」（平29・3・31消食表188号消費者庁次長通知）で示されている。

```
○病者用食品
　・許可基準型
　　　低たんぱく質食品
　　　アレルゲン除去食品
　　　無乳糖食品
　　　総合栄養食品
○妊産婦，授乳婦用粉乳
○乳児用調製粉乳
○えん下困難者用食品（とろみ調整用食品を含む。）
○特定保健用食品（Q81参照）
```

　近年では，清涼飲料水を「経口補水液」との名称で販売する際に，「脱水時」，「熱中症対策」等と記載することにより，病者用食品であるかのように表示している事例が問題となった。脱水時の電解質の補給を目的とする表示をする清涼飲料水であれば，特別用途食品の許可が必要である。また，特別用途食品の許可を受けた製品とそうではない製品を区別せずに陳

Q83 特別用途食品とは何か。

列等することによって，消費者が誤認をするような表示をした場合には，誇大表示にあたるおそれがある（平29・8・31消費者庁食品表示企画課長事務連絡「特別用途食品と誤認されるおそれのある表示について（周知）」）。

Q84 医薬品等の広告について薬機法上注意する点は何か。

第13章 医薬品等の広告

 84 医薬品等の広告について薬機法上注意する点は何か。

 医薬品等の広告については，対象は製造販売業者等に限られず，広告を行うものは，医薬品等適正広告基準を参照しておく必要がある。

――――――――― 解　　説 ―――――――――

薬機法で定める医薬品等の広告の規制は以下のとおり定められている（薬機66条）。

◎薬機法
（誇大広告等）
第66条　何人も，医薬品，医薬部外品，化粧品，医療機器又は再生医療等製品の名称，製造方法，効能，効果又は性能に関して，明示的であると暗示的であるとを問わず，虚偽又は誇大な記事を広告し，記述し，又は流布してはならない。
2　医薬品，医薬部外品，化粧品，医療機器又は再生医療等製品の効能，効果又は性能について，医師その他の者がこれを保証したものと誤解されるおそれがある記事を広告し，記述し，又は流布することは，前項に該当するものとする。
3　何人も，医薬品，医薬部外品，化粧品，医療機器又は再生医療等製品に関して堕胎を暗示し，又はわいせつにわたる文書又は図画を用いてはならない。

165

第13章　医薬品等の広告

　医薬品等の広告規制は，製造販売業者等のみに課せられるのではなく，「何人」にも課せられる。したがって，新聞やテレビ等で違法な広告がされた場合には，当該製造販売業者だけではなく，新聞社やテレビ局も違反となる。

　また，広告に当たるか否かは，以下の要件に該当するか否かで判断されている（「薬事法における医薬品等の広告の該当性について」（平10・9・29医薬監148号厚生省医薬安全局監視指導課長通知））。

> ◎薬事法における医薬品等の広告の該当性について（平10・9・29医薬監148
> 　号厚生省医薬安全局監視指導課長通知）
>
> 1．顧客を誘引する（顧客の購入意欲を昂進させる）意図が明確であること
> 2．特定医薬品等の商品名が明らかにされていること
> 3．一般人が認知できる状態であること

　医薬品等の広告規制に反しないか否かは，厚生労働省が定める医薬品等適正広告基準（「医薬品等適正広告基準の改正について」【資料1】，平29・9・29薬生発0929第4号平29・9・29厚生労働省医薬・生活衛生局長通知），「医薬品等適正広告基準の解説及び留意事項等について」【資料2】，平29・9・29薬生監麻発0929第5号厚生労働省医薬・生活衛生局監視指導・麻薬対策課長事務連絡））が参考になるが，この基準が絶対ではなく，広告表現全体から，国民に誤った認識をさせるおそれがあり，保健衛生上に悪影響を及ぼす可能性があるのかという観点で判断されることになる。

　また，承認等の受けていない医薬品等の広告は以下のとおり禁止されており，承認を受けていない医薬品の効能効果を標ぼうして販売すれば，仮に効能効果があったとしても，無承認医薬品の販売だけではなく，承認前の医薬品の広告違反にもなる。

Q84　医薬品等の広告について薬機法上注意する点は何か。

◎薬機法
（承認前の医薬品，医療機器及び再生医療等製品の広告の禁止）
第68条　何人も，第14条第1項，第23条の2の5第1項若しくは第23条の2の23第1項に規定する医薬品若しくは医療機器又は再生医療等製品であつて，まだ第14条第1項，第19条の2第1項，第23条の2の5第1項，第23条の2の17第1項，第23条の25第1項若しくは第23条の37第1項の承認又は第23条の2の23第1項の認証を受けていないものについて，その名称，製造方法，効能，効果又は性能に関する広告をしてはならない。

第13章　医薬品等の広告

 医薬品等適正広告基準とはどのようなものか。

　医薬品等の広告について，実際の指導監視に用いられる基準である。

解　説

　医薬品等の広告については，薬機法第66条から68条で規制がされているが，実際の監視等には厚生労働省が示す「医薬品等適正広告基準」（【資料1】，平29・9・29薬生発0929第4号厚生労働省医薬・生活衛生局長通知「医薬品等適正広告基準の改正について」）に基づいて行われている。また，解説として「医薬品等適正広告基準の解説及び留意事項について」（【資料2】，平29・9・29薬生監麻発0929第5号厚生労働省医薬・生活衛生局監視指導・麻薬対策課長通知）も示されている。

　「医薬品等適正広告基準」は，医薬品等の広告が虚偽，誇大にならないという薬機法の観点に加えて，適正を図ることも目的とされている。そのため，「医薬品等適正広告基準の解説及び留意事項について」において，「医薬品等適正広告基準」の「1」から「3」までは，薬機法第66条第1項の解釈について示したものとし，「4」以降については，適正を図るために遵守すべきとしたものとして区別がされている。

　対象となる広告は，新聞，雑誌，テレビ，ラジオ，ウェブサイト及びソーシャル・ネットワーキング・サービス等のすべての媒体である。

　「医薬品等適正広告基準」で示される基準の項目は以下のとおりである。

Q85　医薬品等適正広告基準とはどのようなものか。

◎「医薬品等適正広告基準」で示される基準の項目

1　名称関係
2　製造方法関係
3　効能効果，性能及び安全性関係
4　過量消費又は乱用助長を促すおそれのある広告の制限
5　医療用医薬品等の広告の制限
6　一般向広告における効能効果についての表現の制限
7　習慣性医薬品の広告に付記し，又は付言すべき事項
8　使用及び取扱い上の注意について医薬品等の広告に付記し，又は付言すべき事項
9　他社の製品の誹謗広告の制限
10　医薬関係者等の推せん
11　懸賞，賞品等による広告の制限
12　不快，迷惑，不安又は恐怖を与えるおそれのある広告の制限
13　テレビ，ラジオの提供番組等における広告の取扱い
14　医薬品の化粧品的若しくは食品的用法又は医療機器の美容器具的若しくは健康器具的用法についての表現の制限

　法的な観点からは，前記のとおり「1」～「3」が重要であるが，他の基準についても表現内容によって薬機法や他の法律に違反することがあるので同様に注意が必要である。

　具体的には，名称は原則承認等された名称しか使用できない，製造方法については，最大級の表現に類する表現は表現できない，効能効果や安全性の最大級の表現や保証表現が許されない等の解釈が示されている。なお，平成29年9月29日に15年ぶりに改定された（Q86）。

169

第13章　医薬品等の広告

 平成29年9月に医薬品等適正広告基準が改正となったが，改正の内容はどのようなものか。

 名称についてアルファベットの併記や，「小児用」「婦人用」の記載が認められる等の改正が行われた。

解　説

　医薬品等の広告については，医機法66条から68条に定められているが，実際の監視等には厚生労働省が示す「医薬品等適正広告基準」（昭55・10・9薬発1339号厚生省薬務局長通知，改正平14・3・28医薬発0328009号厚生労働省医薬局長通知）が基準とされていた。

　セルフメディケーションの推進や広告媒体の多様化が進む中，医薬品についても理解されやすい広告によって正確・適切な提供されるべき等の議論があり，平成29年9月29日，医薬品等適正広告基準は15年ぶりに改定された（平29・9・29薬生発0929第4号厚生労働省医薬・生活衛生局長通知「医薬品等適正広告基準の改正について」，【資料1】参照）。同時に解説として「医薬品等適正広告基準の解説及び留意事項について」（平29・9・29薬生監麻発0929第5号厚生労働省医薬・生活衛生局監視指導・麻薬対策課長通知，【資料2】参照）が発出された。

　主な改正点は以下である。
○医薬品の名称については，原則承認等を受けた名称以外の使用はできないが，「ふりがな」以外にもアルファベットの併記を認めた。
○医薬品・再生医療等製品については，愛称は認められないが，医薬部外品，化粧品，医療機器については，販売名等を付記することで認められる（化粧品に関しては，販売名の付記は不要）。
○効能効果の一部のみを強調する表現は認められず，「頭痛・生理痛に○○」とする必要があったが，一つのみの表示，例えば「頭痛に○○」とすることが可能となった。
○効能効果等のしばり表現について，省略が可能な場合をテレビ・ラジオの漢方製剤に限り省略できることを明確にした。

Q86 平成29年9月に医薬品等適正広告基準が改正となったが，改正の内容はどのようなものか。

○ 併用に関する表現の例外が，承認等により併用を認められた医薬品又は化粧品であることを明確にし，化粧品等を順次使用することの表現は可能であることを明確にした。

○ 「小児用」，「婦人用」の表現は，原則認められていなかったが，効能効果や用法用量から判断して特定の年齢層，性別等が推定できる場合には可能となった。なお，「小児専門薬」，「婦人専門薬」は，承認を受けた名称以外は使用できない。

○ 目薬，外皮用剤の使用感をことさらに強調する広告は不可とされた。

○ 「眠くなりにくい」と表現することは，その製剤として科学的根拠があり安全性の保証につながらない場合に限り認められた。

○ 医薬品については，多数購入あるいは多額購入することによる過度な値引き広告については行わないこととされた。

○ 推薦している等の広告が禁止される医薬関係者等に，薬局と学会が明記された。

第13章　医薬品等の広告

Q 87
学会等における製薬企業のブースにおいて，医療用医薬品のパンフレットを参加している一般参加者に配布することは許されないか。

A　可能である。ただし，医薬関係者向けのパンフレットであることが分かる工夫が必要である。

----------------------------- **解　　説** -----------------------------

　医療用医薬品の広告に関しては，医薬品等適正広告基準（平29・9・29薬生発0929第4号厚生労働省医薬・生活衛生局長通知「医薬品等適正広告基準の改正について」）において，一般人を対象とする広告は行ってはならないとされている。

> ◎医薬品等適正広告基準（平29・9・29薬生発0929第4号厚生労働省医薬・生活衛生局長通知）「医薬品等適正広告基準の改正について」（抄）
>
> 5　医療用医薬品等の広告の制限
> (1)　医師若しくは歯科医師が自ら使用し，又はこれらの者の処方せん若しくは指示によって使用することを目的として供給される医薬品及び再生医療等製品については，医薬関係者以外の一般人を対象とする広告を行ってはならない。

　「医薬関係者以外の一般人を対象とする広告」とは，①医事又は薬事に関する記事を掲載する医薬関係者向けの新聞又は雑誌による場合，②MRによる説明，ダイレクトメール，若しくは文献及び説明書等の印刷物（カレンダー，ポスター等医薬関係者以外の者の目につくおそれの多いものを除く。）による場合，③主として医薬関係者が参集する学会，後援会，説明会等による場合，④その他主として医薬関係者を対象として行う場合，以外の広告とされている。

　このため，医薬品等適正広告基準に基づけば一般参加者に医療用医薬品等のパンフレットを交付したり，展示ブースへの立入を認めることは制限

172

Q87 学会等における製薬企業のブースにおいて，医療用医薬品のパンフレットを参加している一般参加者に配布することは許されないか。

されていた。しかし，自ら情報収集をしたいがん患者の団体等からの要望もあり，平成30年3月に学会等の展示ブースに関しては，原則として，一般人を対象とする広告活動に含まれないこととされた（平30・3・26厚生労働省医薬・生活衛生局監視指導・麻薬対策課事務連絡「学会展示ブース等における医薬関係者向け広告資材の一般参加者への配布について（Q＆A）」）。ただし，パンフレット等が医療関係者向けであることが明示される等の配慮が求められている。また，一般人向けのパンフレット等を作成配布等をすると一般人向けの広告に該当する。

第13章　医薬品等の広告

 88 誇大広告等を禁止する薬機法第66条第１項で定める「広告」と「記述」，「流布」はどのような関係か。

 　　「広告」，「記述」，「流布」は，いずれも広義の広告の一態様を示したものである。

―――――――― 解　　説 ――――――――

　薬機法第66条第１項は，「虚偽又は誇大な記事を広告し，記述し，又は流布してはならない。」と定めている。

　この「広告」と「記述」，「流布」は並列に記載されているが，「医薬品等の名称，製造方法，効能，効果又は性能に関する虚偽又は誇大な広告（広義の広告）であって，同項にいう「記事」の「広告」，「記述」及び「流布」は，いずれも広義の広告に含まれる行為の一つの態様を表現したものであると解することが相当である。」（東京地判平29・３・16裁判所ウェブサイト）。本条が，医薬品等に関する虚偽又は誇大な広告を禁止した規定であること（『逐条薬事』874頁）を踏まえれば，記述及び流布は広義の広告の一形態と考えられる。この広義の広告の要件が以下の３要件と解される（平10・９・29医薬監148号厚生省医薬安全局監視指導課長通知「薬事法における医薬品等の広告の該当性について」）。

---

① 顧客を誘引する（顧客の購入意欲を昂進させる）意図が明確にあること。
② 特定食品の商品名等が明らかにされていること。
③ 一般人が認知できる状態であること。

　医薬品等適正広告基準（平29・９・29薬生発0929第４号厚生労働省医薬・生活衛生局長通知「医薬品等適正広告基準の改正について」）において，対象となる広告を「この基準は，新聞，雑誌，テレビ，ラジオ，ウェブサイト及びソーシャル・ネットワーキング・サービス等のすべての媒体における広告を対象とする。」としており，同様に解されていると考えられる。

　なお，記事の「広告」，「記述」及び「流布」のそれぞれの意義は，記事

174

Q88 誇大広告等を禁止する薬機法第66条第1項で定める
「広告」と「記述」,「流布」はどのような関係か。

の「広告」については,広義の広告に該当する行為の中でも,典型的な広告,すなわち,情報受領者の購入意欲を喚起・昂進させる手段としてなされるものであることが外形的にも明らかな体裁,形式で,新聞,雑誌,テレビ等のマスメディアや屋外広告物のような不特定かつ多数人による認知が可能な媒体を通じて,広く医薬品等についての情報を提供する行為を指し,記事の「記述」及び「流布」については,体裁や形式,情報伝達方法,情報の被提供者の特定性等の点から典型的な広告に当たるとはいい難い面があるものの,商品である医薬品等について情報受領者の購入意欲を喚起・昂進させる手段としての性質を有する情報提供行為が,これらに当たると解される（前記裁判例）。

第13章　医薬品等の広告

Q 89 医薬品について論文に投稿することは医薬品の広告に該当するか。

A 誘引性が認められず，広告に該当しない。しかし，態様によっては誘引性が認められ広告に該当する場合もあると考える。

―――― 解　　説 ――――

　薬機法66条１項は，「虚偽又は誇大な記事を広告し，記述し，又は流布してはならない。」と定めているが，「広告」，「記述」及び「流布」は，いずれも広義の広に含まれる行為の一つの態様を表現したものである（東京地判平29・３・16裁判所ウェブサイト，Q88参照）。したがって，論文への投稿は，「記述」に当たるが，薬機法第66条第１項の規制の対象になりえるかは，以下の広告3要件から判断される

① 顧客を誘引する（顧客の購入意欲を昂進させる）意図が明確にあること（誘引性）。
② 特定食品の商品名等が明らかにされていること（特定性）。
③ 一般人が認知できる状態であること（認知性）。

① 誘引性

　前記裁判例においては，誘引性の判断については，行為の体裁内容等を客観的にみて顧客誘引のための手段としての性質を有するかという客観的側面を問題にするのが相当であるとした上で，学術論文は，研究成果の発表行為として理解されていること，学術論文の学術雑誌への掲載は，少なくとも査読を必要とする学術雑誌においては，当該学問領域の専門家による論文の評価を経て，掲載に値すると判断されて初めて掲載されるのであって，一般的な広告等と異なり，金銭的な費用を負担することによって情報提供の内容を決め得るという関係にはないこと等から，論文を学術雑誌に掲載してもらう行為自体は，需用者の購入意欲ないし処方意欲を喚起・昂進させる手段としての性質を有するとはいい難いとして誘引性を否

Q89　医薬品について論文に投稿することは医薬品の広告に該当するか。

定した。

　確かに，論文の性質を考えれば誘引性は認められないという結論も考えられる。しかし，前記裁判例も指摘しているとおり，論文が製薬会社の販売する医薬品について有用な効能・効果を認める内容のものである場合には各種プロモーションに利用されることとなり，医薬品の効能，効果に関する広告を行うための準備行為として，重要な役割を果たすこととなる。論文は研究成果の発表行為として理解されるが，その研究結果をみて，処方意欲が喚起等されることはあり得るし，それを商品の販売戦略に利用されているのであれば，具体的な態様によっては誘引性が認められるという判断もあり得ると考えられる。

　いずれにしても，虚偽の論文が医薬品の広告に用いられることは適切ではない。前記裁判例においても，その問題点を指摘し，薬機法第66条第1項について判決にように判断される以上，当該行為の性質に見合った別途の法規制を検討することを指摘している。

② 　特定性

　論文の投稿は，製品の商品名ではなく，医薬品の一般名で公表されることが多いが，一般名だからといって特定性がないわけではなく，一般名であっても実質的に商品をさす場合には特定性が認められる。後発医薬品が販売されていない先発医薬品については，一般名であっても論文は医療関係者が読むものであることを考慮すれば，特定性は認められる（前記裁判例も認めている）。

③ 　認知性

　認知性に関しては，不特定又は多数の者が認知できる状態におくことで足り，医療従事者のみが認知できる場合であっても，不特定又は多数の者が認知できる状態であれば認知性の要件を満たす（前記裁判例も認めている）。

177

第13章　医薬品等の広告

Q 90
店舗販売業者が，一般用医薬品をインターネット販売するにあたって，医薬品について，口コミやリコメンドによる広告を行うことは可能か。

A
医薬品についての口コミやリコメンドによる広告は許されない。ただし，同意がある等一定の要件があれば可能である。

━━━━━━━━━━ **解　　説** ━━━━━━━━━━

　薬局及び店舗販売行者が医薬品の広告をするに当たっては，利用者の使用した感想等のいわゆる口コミによる広告は禁止されている（薬機規15条の5第1項・147条の6第1項）。医薬品は個人の症状に合わせて使用されるべきであり，体質等異なる他人からの「口コミ」に基づいて使用すると，不適正な使用を招くおそれがあることから禁止されている。もっとも医薬品の効能・効果以外の接客態度等の口コミをホームページ等に載せることは可能である（「医薬品の販売業等に関するＱ＆Ａについて」（平26・3・31厚生労働省医薬食品局監視指導・麻薬対策課事務連絡））。

　また，購入履歴等に基づいて自動的に特定の商品を勧めるリコメンド広告は許されない（薬機規15条の5第2項・147条の6第2項）。購入履歴等によって自動的に勧めることは認められないものであるため，薬剤師等の専門家の判断で購入履歴やその他の情報を参照した上で，商品を勧めることは違反とはならない。このレコメンド広告の禁止は購入履歴に基づきインターネット上に広告を表示させること等だけでなく，履歴に基づいたダイレクトメール等の広告も禁止の対象となる。なお，この規定は，「医薬品の購入履歴等に基づき，購入者の同意なく，特定の医薬品の購入を勧めるような広告をしてはならないという趣旨で設けられたものである」ため（「医薬品の販売業等に関するＱ＆Ａについて」（平26・3・31厚生労働省医薬食品局監視指導・麻薬対策課事務連絡）），同意があるような一定の場合には以下のとおり認められる。

Q90　店舗販売業者が，一般用医薬品をインターネット販売するにあたって，医薬品について，口コミやリコメンドによる広告を行うことは可能か。

◎**医薬品の販売業等に関するQ＆Aについて（平26・3・31厚生労働省医薬食品局監視指導・麻薬対策課事務連絡）**

（問16）購入希望者が，自身の購入履歴を踏まえた情報提供（いわゆる「ダイレクトメール」の送付等）を希望する旨意思表示があった場合でも，医薬品の購入履歴等に基づき，特定の医薬品の購入を勧めるような「ダイレクトメール」を送付することは認められないのか。

（答）医薬品の購入履歴等に基づき，特定の医薬品の広告を行うことは認められないが，購入希望者の求めに応じて客観的な事実を情報提供することは差し支えない。

　ただし，購入希望者の求めに応じた情報提供であるか否かを明確にするため，購入希望者による同意については，単に「ダイレクトメール」を送付すること」への同意ではなく，「医薬品の購入履歴等に基づいて特定の医薬品を勧めること」に対して，同意を別に得る形で行うことが必要である。また，ホームページでこのような情報提供を行う場合は，例えば，

① 医薬品の購入履歴等に基づいて勧める医薬品を表示するページを別に設け

② 購入希望者に，そのページには過去の購入履歴等に基づき勧められる医薬品が表示されることを伝えた上で

③ 購入希望者がそのページを閲覧することを希望した場合にそのページを見られるようする

といった手続きで同意を得る方法が考えられる。

　なお，購入希望者側から，いつでも同意が撤回できるようにしておくことが必要である（例えば，「ダイレクトメール」に毎回，同意の撤回する手続きを併せて記載すること等）。

　また，同意を得る手続きの際，例えば，初期設定（デフォルト）を「同意あり」として同意を得ることは，購入希望者が同意の内容を確認した上で同意しているか否かが明確でないため，認められない。

第13章　医薬品等の広告

Q 91　インターネット上の無承認医薬品等の広告はどのように監督されているか。

A　違反広告に関しては，原則は中止等の指導があり，従わない場合には，中止命令が出される。

―――――――――― 解　　説 ――――――――――

　無承認医薬品の広告（薬機68条違反）がされている場合には，厚生労働大臣等は，広告中止命令を行うことができる（薬機72条の5第1項）。また，プロバイダに対して当該送信を防止の要請ができる（薬機72条の5第2項）。

　実際には，無承認医薬品に係る違法情報を発見した場合には，広告の中止等の指導が行われ，指導に従わない場合に中止命令がされる。悪質な場合には警察との連携も想定される（「インターネット上の無承認医薬品及び指定薬物等に係る広告監視指導について」（平26・12・17薬食監麻発1217第1号厚生労働省医薬食品局監視指導・麻薬対策課長通知参照））。

健康食品の広告について注意する点は何か。

 医学的な効能効果がうたえないことに加え、景品表示法の有利誤認や健康増進法にも注意が必要である。

解　説

健康食品の広告において、医薬品的な効能効果をうたうことは、未承認医薬品の広告（薬機68条）となるため許されない（Q96参照）。

広告と判断されるか否かは、以下の観点から実質的に判断されることとなる。

> ◎薬事法における医薬品等の広告の該当性について（抄、平10・9・29医薬監148号厚生省医薬安全局監視指導課長通知）
>
> 1．顧客を誘引する（顧客の購入意欲を昂進させる）意図が明確であること
> 2．特定医薬品等の商品名が明らかにされていること
> 3．一般人が認知できる状態であること

また、薬機法上の未承認医薬品の広告とはみなされなくとも、優良誤認（景表5条1号）等に当たる表示はできない。商品名を特定せず、効能効果をうたったチラシをクロレラ研究会という組織が配布し、健康食品の販売会社がクロレラを成分とする健康食品を販売していた事案において、当該販売会社がクロレラ研究会のチラシの作成配布費用を負担した事実等を踏まえて販売会社の表示と認めた裁判例がある（京都地判平27・1・21判時2267号83頁。Q96参照）。

景品表示法に違反をした場合、誤認の排除、再発防止の措置、違反行為の差止め等の措置命令（景表7条1項）がされることがあり、措置命令が行われた場合には公表される。措置命令に違反した者には、2年以下の懲役又は300万円以下の罰金となり情状により併科される（景表36条）。措置命

第13章　医薬品等の広告

令に違反した法人等にも，3億円以下の罰金刑（景表38条1項1号・2項1号），代表者に対しても，300万円以下の罰金刑が科される（景表39条）。また，優良誤認等の不当な表示をした場合，課徴金の納付を命じられることがある（景表8条1項）。優良誤認があったとして，葛の花由来イソフラボンを成分とする機能性表示食品の販売事業者16社が措置命令を受け，そのうち9社に課徴金納付命令が出された事例等がある（「葛の花由来イソフラボンを機能性関与成分とする機能性表示食品の販売事業者9社に対する景品表示法に基づく課徴金納付命令について」（消費者庁，平成30年1月19日，http://www.caa.go.jp/policies/policy/representation/fair_labeling/pdf/fair_labeling_180119_0001.pdf））。

　また，健康増進法においても，食品の健康保持増進等について虚偽誇大な表示を禁止している（健増31条）。この規定に違反し，「国民の健康の保持増進及び国民に対する正確な情報の伝達に重大な影響を与えるおそれがあると認めるとき」は，消費者庁から勧告が出されることがあり（健増32条1項），その場合公表される。「国民の健康の保持増進及び国民に対する正確な情報の伝達に重大な影響を与えるおそれがあると認めるとき」とは，「表示されている健康保持増進効果等に関する苦情等が関係機関に数多く寄せられている場合や，当該食品を摂取した者が健康を害したとする苦情等が関係機関に相当数寄せられている場合，「血糖値を緩やかに下げる」，「血圧を下げる」等の健康保持増進効果等に係る虚偽誇大表示がなされることにより，診療を要する疾患等を抱える者が適切な診療機会を逸してしまうおそれがある場合」等とされている（「健康食品に関する景品表示法及び健康増進法上の留意事項について」（消費者庁，平成28年6月30日））。「トマト酢生活トマト酢飲料」と称する特定保健用食品において，「血圧が高めの方に適した食品です。」との表示が認められていたにもかかわらず，医薬品等を服用することなく，高血圧を改善するような表示をしたとして勧告を受けた例がある。

　勧告を受けた者が，正当な理由なく措置をとらない場合は，措置が命じられる（健増32条第2項）。命令に違反した者には，6月以下の懲役又は100万円以下の罰金が科される（健増36条の2・39条）。

Q92　健康食品の広告について注意する点は何か。

健康増進法

（誇大表示の禁止）

第31条　何人も，食品として販売に供する物に関して広告その他の表示をするときは，健康の保持増進の効果その他内閣府令で定める事項（次条第三項において「健康保持増進効果等」という。）について，著しく事実に相違する表示をし，又は著しく人を誤認させるような表示をしてはならない。

また，食品表示法による食品表示基準に従った表示をする必要がある。

第13章　医薬品等の広告

 93 特定の成分の効果等を紹介した一般論の記載と，当該成分を含有した健康食品の広告を一つにまとめた表示は，健康食品の広告と判断されるか。

A 　一つの広告と判断される場合があり，そのように判断される広告は薬機法違反となる。

解　　説

　広告と判断されるか否かは，以下の観点から実質的に判断されることとなる。

> ◎薬事法における医薬品等の広告の該当性について（抄，平10・9・29医薬監148号厚生省医薬安全局監視指導課長通知）
> 1．顧客を誘引する（顧客の購入意欲を昂進させる）意図が明確であること
> 2．特定医薬品等の商品名が明らかにされていること
> 3．一般人が認知できる状態であること

　当該商品としての効能効果を載せていないとしても，一般論の情報と広告の区別が紛らわしい場合や，新聞の一面に一緒に載っている等の場合，広告にその一般論の情報も含んでいるとして一つの広告と判断される場合がある。また，キュレーションサイトで一般論のサイトと当該成分を含んだ製品の広告を一つにまとめた場合に，一つの広告と判断されることとなる。効能効果の記載と健康食品の広告が一体と判断されるものは，未承認医薬品の広告（薬機68条）となるため許されない。

　厚生労働省が示す通知でも，「特定の食品又は成分の健康保持増進効果等に関する書籍や冊子，ホームページ等の形態をとっているが，その説明の付近に当該食品の販売業者の連絡先やホームページへのリンクを一般消費者が容易に認知できる形で記載している」（「食品として販売に供する物に関して行う健康保持増進効果等に関する虚偽誇大広告等の禁止及び広告等適正化のための監視指導等に関する指針（ガイドライン）に係る留意事項について」（平15・8・29食安基発0829001号・食安監発0829005号厚生労働省医薬食品局食品安全部基準審査課長，監視安全課長通知））ものは広告と判断するとされている。

Q94 健康食品の広告においてホームページ上に効能効果を記載することは許されないが，リンクを貼ってリンク先のページで効能効果をうたうことは許されるか。

 健康食品の広告においてホームページ上に効能効果を記載することは許されないが，リンクを貼ってリンク先のページで効能効果をうたうことは許されるか。

 そのようなホームページも一体の広告と判断される場合が多い。

薬機法上において，広告に当たるか否かは，以下の要件に全て該当するかどうかで判断されている（「薬事法における医薬品等の広告の該当性について」平10・9・29医薬監148号厚生省医薬安全局監視指導課長通知）。

◎薬事法における医薬品等の広告の該当性について（抄，平10・9・29医薬監148号厚生省医薬安全局監視指導課長通知）

1．顧客を誘引する（顧客の購入意欲を昂進させる）意図が明確であること
2．特定医薬品等の商品名が明らかにされていること
3．一般人が認知できる状態であること

医薬品ではない健康食品等の販売ページにおいて，効能効果を標ぼうすることは，上記の3要件を満たすことになり薬機法に反することになる。また，販売ページにリンクを帖ることで直接そのページに効能効果の明示はなくても，リンク先に移動すれば，効能効果を標ぼうしているのであれば，それは一体的ものとして広告と判断される場合がほとんどだろう。

なお，リンクを貼ったわけではないが，販売ページにおいて，効能効果の記載があるサイトに誘導するために，検索項目を表示し，その項目で検索すると体験談が表示される検索誘導する方法において薬機法違反で逮捕がされた事例がある（「強命水 活」薬事法違反事件，2014年8月21日，共同通信）。

第13章　医薬品等の広告

このような場合，体験談等のサイトの運営者が同一のような場合には広告
と判断される場合が多いと考えられる。

Q95　新聞や雑誌等で，健康食品の特集がされ，商品名を紹介した上で，一部効能効果をうたっているような記事をみることがあるが，このような記事の掲載は許されるか。

Q 95　新聞や雑誌等で，健康食品の特集がされ，商品名を紹介した上で，一部効能効果をうたっているような記事をみることがあるが，このような記事の掲載は許されるか。

A　客観的に顧客を誘引する意図のない消費動向を知らせる等の記事であれば可能な場合がある。

解　説

　承認等のない健康食品について効能効果を広告することは，未承認医薬品の広告（薬機68条）等，薬機法違反となる。

　薬機法上，広告と判断されるか否かは，以下の観点から実質的に判断されることとなる（「薬事法における医薬品等の広告の該当性について」（平10・9・29医薬監148号厚生省医薬安全局監視指導課長通知））。

◎薬事法における医薬品等の広告の該当性について（抄，平10・9・29医薬監148号厚生省医薬安全局監視指導課長通知）

1．顧客を誘引する（顧客の購入意欲を昂進させる）意図が明確であること
2．特定医薬品等の商品名が明らかにされていること
3．一般人が認知できる状態であること

　新聞等で，特定の商品名を記載した記事を掲載することは，②の特定性と③の認知性の要件は満たす。

　①の誘引性の判断については，行為の体裁内容等を客観的にみて顧客誘引のための手段としての性質を有するかという客観的側面を問題にするのが相当である（東京地判平29・3・16裁判所ウェブサイト）。記事が，新聞等のメディアが広告依頼者から依頼を受け，依頼者が費用を負担して，掲載をするような場合は，通常いわゆる記事風広告となり誘引性が認められる可能性が高い。また，特定の1種類の商品を紹介するような場合も同様であ

第13章　医薬品等の広告

る。一方，現在の消費動向・消費傾向を読者に知らせるために，複数多種の商品を紹介しているような場合には，誘引性が認められない場合もあるだろう。なお，ウェブサイト上に効能効果をうたった上で特定の商品を紹介し，商品が購入可能なホームページのリンクが貼ってあるような記事は，誘引性が認められる場合が多いと考える。

Q96 健康食品において，研究所等が当該食品の成分に関する一般的な効果をうたうチラシを配ることは問題があるか。また，そのチラシ等とは別に，その成分を含んだ健康食品の広告を行う際に注意する点は何か。

Q 96
健康食品において，研究所等が当該食品の成分に関する一般的な効果をうたうチラシを配ることは問題があるか。また，そのチラシ等とは別に，その成分を含んだ健康食品の広告を行う際に注意する点は何か。

A
健康食品等に含まれる成分について，研究効果を発表することは，法的に問題はない。しかし，広告の3要件から，その効能効果等を標榜したチラシ等が特定の商品の広告とみなせる場合には，未承認医薬品の広告になるため，健康食品の広告を別個に行う必要がある。

解　説

健康食品等に含まれる成分について，研究所等の機関が当該成分の効能効果等について研究を行い，研究効果を発表することは，法的に問題はない。しかし，その効能効果等を標榜したチラシ等が特定の商品の広告とみなせる場合には，未承認医薬品の広告（薬機68条）等，薬機法違反となる。したがって，研究会等のチラシの配布は，健康食品の広告を別個に行う必要がある。

薬機法上，広告と判断されるか否かは，以下の観点から実質的に判断されることとなる（平10・9・29医薬監148号厚生省医薬安全局監視指導課長通知）。

◎薬事法における医薬品等の広告の該当性について（抄，平10・9・29医薬監
　148号厚生省医薬安全局監視指導課長通知）

1．顧客を誘引する（顧客の購入意欲を昂進させる）意図が明確であること
2．特定医薬品等の商品名が明らかにされていること
3．一般人が認知できる状態であること

当該商品としての効能効果を載せていないとしても，一般論の情報と広

189

第13章　医薬品等の広告

告の区別が紛らわしい場合や一緒の誌面等になっている場合には，実質的な判断となるため，広告とみなされることになる。裁判例においては，製造段階の広告の判断ではあるが，「例えばパッケージに印刷されている表示のように，その物と物理的に一体である場合はもとより，物理的に一体とはいえないものであっても，当該情報が製造時に存在し，将来その物が販売される際，客観的にその物の説明，宣伝として用いられる蓋然性の高いと認められるものを含むと解するのが相当である。」（東京地判平24・10・25判タ1395号372頁）と判示し，医薬品該当性の判断において，物理的に一体でないものも含むとしたものがある。

　また，薬機法上の未承認医薬品の広告とはみなされなくとも，景品表示法の優良誤認等の問題もある。クロレラ研究会という組織が，作成したチラシを不特定多数の消費者に向けクロレラ等の薬効（「病気と闘う免疫力を整える」，「細胞の働きを活発にする」，「排毒・解毒作用」，「高血圧・動脈硬化の予防」，「肝臓・腎臓の働きを活発にする」等）を記載した新聞折込みのチラシを配布し，健康食品の販売会社（被告）が成分がクロレラの健康食品を販売していた事案において，当該販売会社がクロレラ研究会チラシの作成配布費用だけでなく，研究会によるクロレラ等の広報活動に要する費用を全て負担し，クロレラ研究会のウェブサイトから資料請求をするとクロレラ研究会の資料と共に，販売会社の商品カタログ，注文書が送付されてくる等の事情を踏まえて，以下のとおり判断し，クロレラ研究会のチラシを販売会社の商品の「表示」（景表2条4項）とした上で，「優良誤認」（景表5条1号）があるとして表示の差止めを認めた事例がある。「景表法による不当表示に対する規制は，商品を購入させるための不当な誘導を社会から排除し，一般消費者の適正な商品又は役務の選択を確保することを目的とするから，ある広告に，字面上，商品名が記載されていないとしても，その一事から当該広告は商品表示ではないとして規制対象から外すのは相当ではない。なぜなら，商品名を表示しない広告であっても，多数の消費者が当該広告で行われた不当な説明に誘導されて特定の商品購入に至るという仕組みがある場合には，当該広告をも景表法の規制対象としなければ，景表法の規制目的を達成することが非常に困難となるからである。これを研究会チラシ

Q96　健康食品において，研究所等が当該食品の成分に関する一般的な効果をうたうチラシを配ることは問題があるか。また，そのチラシ等とは別に，その成分を含んだ健康食品の広告を行う際に注意する点は何か。

についてみるならば，そこに記載された様々な効用に関心を抱いた顧客は必然的に被告商品の購入を勧誘されるという仕組みが取られているのであるから，研究会チラシの記載を被告商品の品質に関する表示とみなければならないのである。」（京都地判平27・1・21判時2267号83頁。なお控訴審（大阪高判平28・2・25金判1490号34頁）では，チラシの配布を中止していたため請求は棄却されている。）。

第13章　医薬品等の広告

 97 健康食品等の「広告」は,「勧誘」(消費契約4条1項1号)に該当するか。

 勧誘に当たる場合がある。

――――――― 解　説 ―――――――

　消費者の契約の締結について勧誘をするに際し,不実告知等（消費契約4条1項乃至4項）を行い又は行うおそれがあるときは,適格消費者団体は,事業者等に対し,当該行為の停止若しくは予防等の請求ができる（消費契約12条1項・2項）。

　一般消費者に向けたチラシの配布等の広告が「勧誘」に該当するか否かが争われた事案で,控訴審（大阪高判平28・2・25金判1490号34頁）においては,「勧誘」には不特定多数の消費者に向けて行う働きかけは含まれないところ,本件チラシの配布は新聞を購読する不特定多数の消費者に向けて行う働きかけであるから「勧誘」に当たるとは認められないと判断して,請求を棄却した。

　しかし,最高裁は以下のとおり判示し,「勧誘」には広告も含まれる場合があるとした。「「勧誘」について法に定義規定は置かれていないところ,例えば,事業者が,その記載内容全体から判断して消費者が当該事業者の商品等の内容や取引条件その他これらの取引に関する事項を具体的に認識し得るような新聞広告により不特定多数の消費者に向けて働きかけを行うときは,当該働きかけが個別の消費者の意思形成に直接影響を与えることもあり得るから,事業者等が不特定多数の消費者に向けて働きかけを行う場合を上記各規定にいう「勧誘」に当たらないとしてその適用対象から一律に除外することは,上記の法の趣旨目的に照らし相当とはいい難い。したがって,事業者等による働きかけが不特定多数の消費者に向けられたものであったとしても,そのことから直ちにその働きかけが法12条1項及び2項にいう「勧誘」に当たらないということはできないというべきである。」（最三小判平29・1・24民集71巻1号1頁「クロレラチラシ配布差止等請求事

Q97 健康食品等の「広告」は,「勧誘」(消費契約4条1項1号)に該当するか。

件」)。

　本判決は,広告等の不特定多数の消費者に向けての働きかけが,どのような場合に「勧誘」に当たるかは具体的には判断していないため,「勧誘」に当たる広告がどのようなものがあるのかは,今後の事例の集積を待つこととなる。

第13章　医薬品等の広告

 98 医療法で規制される病院等の広告の規制はどのようなものか。

　病院等の広告は，診療科名や病床の種別ごとの数等，広告できる項目が限定されるが，広告可能事項の限定解除がされる広告（病院等のウェブサイト等）であればその他の事項も広告可能である。ただし，いずれの場合であっても，虚偽や誇大広告等の禁止事項については広告することは許されない。

――――――――― 解　　説 ―――――――――

　平成30年の医療法等の改正までは，病院等のウェブサイトについては，原則として広告としての規制はなく，ガイドラインにおいて自主的な対応を求められていた。しかし，美容医療機関のウェブサイト等が原因となる消費者トラブルも増加していることを受け，病院等のウェブサイトも広告と同様に規制されることとなり，医療法や同規則等が改正され，「医療広告ガイドライン」（平30・5・8医政発0508第1号厚生労働省医政局長通知）が示され，平成30年6月1日から改正医療法が施行された。

1　広告の要件

　病院等にかかる広告で規制の対象となるのは，以下のいずれの要件も満たす場合である。

> ①　患者の受診等を誘引する意図があること（誘引性）
> ②　医業若しくは歯科医業を提供する者の氏名若しくは名称又は病院若しくは診療所の名称が特定可能であること（特定性）

　なお，「誘引性」は，広告に該当するか否かを判断する情報物の客体の利益を期待して引しているか否かにより判断することとされている。また，「特定性」については，複数の提供者又は医療機関を対象としている場合も該当する。「これは広告でありません」の標記があっても特定の病院名

Q98 医療法で規制される病院等の広告の規制はどのようなものか。

が記載されていれば広告に当たる。新聞記事は，特定の医療機関を推薦している内容であったとしても，原則「誘引性」の要件を満たさないものとされている。対象は，チラシ，パンフレットだけでなく，メールやインターネット上の広告も対象となるが，学術論文や新聞での記事（記事風広告は除く。），患者の体験談（病院からの依頼等がある場合には規制の対象）は対象とならない。

2　対象者

対象者は，「何人も」であり，医療機関だけではなく，マスコミ，広告代理店，アフィリエイター，患者等も規制の対象となる。

3　禁止事項等

虚偽の広告は禁止される（医療6条の5第1項）。この規定に違反したものは6月以下の懲役又は30万円の罰金に処される（医療87条1項）。また，適切な受診機会を喪失したり，不適切な医療を受けることを防ぐため，以下の広告も禁止される（医療6条の5第2項，医療規1条の9）。この禁止項目は，広告に該当する場合には，医療機関のウェブサイトも含めて禁止される。

◎医療法等により禁止されている広告
① 　比較優良広告
② 　誇大広告
③ 　公序良俗に反する内容の広告
④ 　患者その他の者の主観又は伝聞に基づく，治療等の内容又は効果に関する体験談の広告
⑤ 　治療等の内容又は効果について，患者等を誤認させるおそれがある治療等の前又は後の写真等の広告

4　広告することができる事項

医療広告に関しては，広告できる事項は，原則，診療科名や病床の種別

195

第13章　医薬品等の広告

ごとの数等に限られる（医療6条の5第3項。「医業，歯科医業若しくは助産師の業務又は病院，診療所若しくは助産所に関して広告することができる事項」（平成19年厚生労働省告示第108号））。

5　広告可能事項の限定解除

　ただし，医療法第6条の5第3項の規定により，患者が自ら求めて入手する情報については，適切な情報提供が円滑に行われる必要があるとの考え方から，医療法施行規則第1条の9の2に規定する要件を満たした場合，広告可能事項の限定を解除し，他の事項を広告することができる（広告可能事項の限定解除）。この場合でも，上記の誇大広告等の禁止事項や虚偽の内容は広告できない。

　広告可能事項の限定解除の要件は以下のとおりである（医療規1条の9の2）。患者等が自ら求めて入手する情報としては，医療機関のウェブサイト，メルマガ，患者の求めに応じて送付するパンフレット等がある。

◎広告可能事項の限定解除の要件

　以下の①〜④のいずれも満たした場合。ただし，③及び④については自由診療について情報を提供する場合のみ。

① 医療に関する適切な選択に資する情報であって患者等が自ら求めて入手する情報を表示するウェブサイトその他これに準じる広告であること

② 表示される情報の内容について，患者等が容易に照会ができるよう，問い合わせ先を記載することその他の方法により明示すること

③ 自由診療に係る通常必要とされる治療等の内容，費用等に関する事項について情報を提供すること

④ 自由診療に係る治療等に係る主なリスク，副作用等に関する事項について情報を提供すること

196

Q99 指定薬物とは。

第14章 指定薬物

 指定薬物とは。

 指定薬物とは，覚醒剤等のように法律で取り締まられていなかった「危険ドラッグ」を取り締まるため，厚生労働大臣が指定して規制する薬物である。指定薬物は，原則，製造，販売，所持，使用等が禁止される。

解　説

　覚醒剤や麻薬等のように法律で取り締まられていいない危険な物質を販売等していることが社会問題となっている。このような物質は，「脱法ドラッグ」と呼ばれていたが，危険な薬物であるという内容にふさわしい呼称に変更することになり，平成26年からは「危険ドラッグ」と呼ばれるようになった。この「危険ドラッグ」には，平成18年の法改正により薬機法定められた「指定薬物」が多く含まれる。

　指定薬物に指定されるものは，「医薬品，医療機器等の品質，有効性及び安全性の確保等に関する法律第2条第15項に規定する指定薬物及び同法第76条の4に規定する医療等の用途を定める省令」で定められているが，「指定薬物」については化学物質を特定するのではなく，基本骨格が同じ物質を一括して指定する「包括指定」が活用されており，幅広い規制がされている。指定薬物を摂取した場合の症状は，薬物によって様々であるが，意識消失，幻覚，視覚過敏，聴覚過敏，興奮等の症状が出る場合が多い。

　この指定薬物に関して，厚生労働省は，平成26年中，薬機法違反で92事件，148名を検挙している（警察等との合同捜査含む。厚生労働省ホームページより）。

第14章　指定薬物

100　指定薬物の取締りはどのようなものか。

　指定薬物は，医療等の用途以外では，製造，販売，所持，使用等が禁止される。また，疑わしい物品がある場合には，厚生労働大臣等は検査を受けることを命じ，一時的な販売の禁止も命ずることができる等，疑わしい時点で迅速に対応ができるようにされている。

―――――― 解　　説 ――――――

1　所持等の禁止

　指定薬物は，医療等の用途以外では，製造，輸入，販売，授与，所持，購入，譲り受け，使用が禁止されている（薬機76条の4）。罰則は，指定薬物を製造，輸入，販売，授与した者，指定薬物を所持した者（販売又は授与の目的で貯蔵し，又は陳列した者に限る。）は，5年以下の懲役若しくは500万円以下の罰金，又は併科（薬機83条の9），それ以外の違反をしたものは，3年以下の懲役若しくは300万円以下の罰金又は併科とされている（薬機84条1項26号）。

2　医療等の用途

　使用等が許される「医療等の用途」とは，医薬品とする場合と「医薬品，医療機器等の品質，有効性及び安全性の確保等に関する法律第2条第15項に規定する指定薬物及び同法第76条の4に規定する医療等の用途を定める省令」に定められる工場製品の原料等に用いられる場合である。

3　広告の禁止

　また，医薬関係者等以外への広告も原則禁止されており（薬機76条の5），違反した場合には，2年以下の懲役若しくは200万円以下の罰金，又は併科とされている（薬機85条1項9号）。

4　疑いのある物品の検査等

　指定薬物及び指定薬物と同等以上に精神毒性を有する蓋然性の高い物がある疑いがある物品を発見した場合には厚生労働大臣又は都道府県知事等は検査を受けること命ずることができる（薬機76条の6第1項）。また，この命令された者に対して，一時的に，製造，販売，広告等を禁止することを命じられる（薬機76条の6第2項）。さらに，同一の物品と認められる物品について流通等を広域的に規制する必要がある場合には，同様に販売や広告等を禁止できるとしており（薬機76条の6の2第1項），疑わしい点で迅速に対応できることとされている。さらに，疑いがある物を貯蔵等している場合には，店舗等に立ち入り，物品の試験の為の必要な最少分量に限り収去等させることができる（薬機76条の8）。

　また，厚生労働大臣等は，インターネットで指定薬物等の広告がある場合には，プロバイダに送信を防止することの要請ができ（薬機76条の7の2第3項），プロバイダは，当該措置を行ったことよる損害があっても必要な限度で行われたものであれば免責される（薬機76条の7の3）。

　厚生労働大臣等は，検査結果により指定薬物であることが判明した場合には，検査結果を検査を受けた者に対して通知をし，指定薬物を発見した場合には，その取扱者に危険の発生を防止する措置を命じることができ，従わない場合には，薬事監視員に破棄回収をさせることができる（薬機76条の7）。

付　録

資　料

索　引

資料1　医薬品等適正広告基準の改正について

資料1

医薬品等適正広告基準の改正について

$$\left(\begin{array}{l}\text{平成29年9月29日薬生発0929第4号}\\\text{厚生労働省医薬・生活衛生局長通知}\end{array}\right)$$

　医薬品，医薬部外品，化粧品，医療機器及び再生医療等製品（以下「医薬品等」という。）の広告については，医薬品，医療機器等の品質，有効性及び安全性の確保等に関する法律（昭和35年法律第145号）第66条から第68条までの規定及び「医薬品等適正広告基準について」（昭和55年10月9日付け薬発第1339号厚生省薬務局長通知，改正平成14年3月28日医薬発第0328009号厚生労働省医薬局長通知。以下「旧通知」という。）に基づき，都道府県等を中心として監視指導が行われているところです。

　医薬品等の広告を巡る環境の変化に伴い，今般，一般用医薬品及び指定医薬部外品に関する部分を中心に見直しの検討を行い，別紙のとおり医薬品等適正広告基準を全面的に改正しました。つきましては，貴管下関係業者，関係団体等に対し，周知方御取り計らいの上，医薬品等の広告に係る監視指導について格段の御配慮をお願いいたします。

　なお，本通知をもって，旧通知は廃止します。

別紙

医薬品等適正広告基準

第1　（目的）

　この基準は，医薬品，医薬部外品，化粧品，医療機器及び再生医療等製品（以下「医薬品等」という。）の広告が虚偽，誇大にわたらないようにするとともにその適正を図ることを目的とする。

第2　（対象となる広告）

　この基準は，新聞，雑誌，テレビ，ラジオ，ウェブサイト及びソーシャル・ネットワーキング・サービス等のすべての媒体における広告を対象とする。

第3　（広告を行う者の責務）

1　医薬品等の広告を行う者は，使用者が当該医薬品等を適正に使用することが

資料1　医薬品等適正広告基準の改正について

できるよう，正確な情報の伝達に努めなければならない。

2　医薬品等の広告を行う者は，医薬品等の本質に鑑み，医薬品等の品位を損なう又は信用を傷つけるおそれのある広告は行ってはならない。

第4（基準）

1　名称関係

(1)　承認又は認証を要する医薬品等の名称についての表現の範囲

医薬品，医療機器等の品質，有効性及び安全性の確保等に関する法律（昭和35年法律第145号。以下「法」という。）第14条又は第23条の2の5若しくは第23条の25の規定に基づく承認並びに法第23条の2の23の規定に基づく認証（以下「承認等」という。）を受けた名称又は一般的名称以外の名称を，別に定める場合を除き使用してはならない。

ただし，一般用医薬品及び医薬部外品においては，共通のブランド製品の共通部分のみを用いることは差し支えない。

(2)　承認等を要しない医薬品等の名称についての表現の範囲

承認等を要しない医薬品等については，日本薬局方に定められた名称，法第14条の9若しくは第23条の2の12の規定に基づく届出を行った一般的名称又は届け出た販売名以外の名称を，別に定める場合を除き使用してはならない。

なお，販売名はその医薬品等の製造方法，効能効果及び安全性について事実に反する認識を得させるおそれのあるものであってはならない。

2　製造方法関係

医薬品等の製造方法について実際の製造方法と異なる表現又はその優秀性について事実に反する認識を得させるおそれのある表現をしてはならない。

3　効能効果，性能及び安全性関係

(1)　承認等を要する医薬品等についての効能効果等の表現の範囲

承認等を要する医薬品等の効能効果又は性能（以下「効能効果等」という。）についての表現は，明示的又は暗示的であるか否かにかかわらず承認等を受けた効能効果等の範囲をこえてはならない。

(2)　承認等を要しない医薬品等についての効能効果等の表現の範囲

承認等を要しない医薬品等（化粧品を除く。）の効能効果等の表現は，医学，薬学上認められている範囲をこえてはならない。

また，承認を要しない化粧品の効能効果についての表現は，平成23年7月

資料1　医薬品等適正広告基準の改正について

21日薬食発第0721第1号医薬食品局長通知「化粧品の効能の範囲の改正について」に定める範囲をこえてはならない。

(3)　医薬品等の成分等及び医療機器の原材料等についての表現の範囲

医薬品等の成分及びその分量又は本質等並びに医療機器の原材料，形状，構造及び原理について，承認書等への記載の有無にかかわらず，虚偽の表現，不正確な表現等を用い効能効果等又は安全性について事実に反する認識を得させるおそれのある広告をしてはならない。

(4)　用法用量についての表現の範囲

医薬品等の用法用量について，承認等を要する医薬品等にあっては承認等を受けた範囲を，承認等を要しない医薬品等にあっては医学，薬学上認められている範囲をこえた表現，不正確な表現等を用いて効能効果等又は安全性について事実に反する認識を得させるおそれのある広告をしてはならない。

(5)　効能効果等又は安全性を保証する表現の禁止

医薬品等の効能効果等又は安全性について，具体的効能効果等又は安全性を摘示して，それが確実である保証をするような表現をしてはならない。

(6)　効能効果等又は安全性についての最大級の表現又はこれに類する表現の禁止

医薬品等の効能効果等又は安全性について，最大級の表現又はこれに類する表現をしてはならない。

(7)　効能効果の発現程度についての表現の範囲

医薬品等の速効性，持続性等についての表現は，医学，薬学上認められている範囲をこえてはならない。

(8)　本来の効能効果等と認められない表現の禁止

医薬品等の効能効果等について本来の効能効果等とは認められない効能効果等を表現することにより，その効能効果等を誤認させるおそれのある広告を行ってはならない。

4　過量消費又は乱用助長を促すおそれのある広告の制限

医薬品等について過量消費又は乱用助長を促すおそれのある広告を行ってはならない。

5　医療用医薬品等の広告の制限

(1)　医師若しくは歯科医師が自ら使用し，又はこれらの者の処方せん若しくは指示によって使用することを目的として供給される医薬品及び再生医療等製

205

資料1　医薬品等適正広告基準の改正について

品については，医薬関係者以外の一般人を対象とする広告を行ってはならない。

(2)　医師，歯科医師，はり師等医療関係者が自ら使用することを目的として供給される医療機器で，一般人が使用するおそれのないものを除き，一般人が使用した場合に保健衛生上の危害が発生するおそれのあるものについても(1)と同様にするものとする。

6　一般向広告における効能効果についての表現の制限

医師又は歯科医師の診断若しくは治療によらなければ一般的に治癒が期待できない疾患について，医師又は歯科医師の診断若しくは治療によることなく治癒ができるかの表現は，医薬関係者以外の一般人を対象とする広告に使用してはならない。

7　習慣性医薬品の広告に付記し，又は付言すべき事項

法第50条第11号の規定に基づき厚生労働大臣の指定する医療用医薬品について広告する場合には，習慣性がある旨を付記し，又は付言しなければならない。

8　使用及び取扱い上の注意について医薬品等の広告に付記し，又は付言すべき事項

使用及び取扱い上の注意を特に換起する必要のある医薬品等について広告する場合は，それらの事項を，又は使用及び取扱い上の注意に留意すべき旨を，付記し又は付言しなければならない。

ただし，看板等の工作物で商品名のみを広告する場合はこの限りではない。

9　他社の製品の誹謗広告の制限

医薬品等の品質，効能効果，安全性その他について，他社の製品を誹謗するような広告を行ってはならない。

10　医薬関係者等の推せん

医薬関係者，理容師，美容師，病院，診療所，薬局，その他医薬品等の効能効果等に関し，世人の認識に相当の影響を与える公務所，学校又は学会を含む団体が指定し，公認し，推せんし，指導し，又は選用している等の広告を行ってはならない。

ただし，公衆衛生の維持増進のため公務所又はこれに準ずるものが指定等を

資料1　医薬品等適正広告基準の改正について

している事実を広告することが必要な場合等特別の場合はこの限りでない。

11　懸賞，賞品等による広告の制限
　⑴　過剰な懸賞，賞品等射こう心を煽る方法による医薬品等又は企業の広告を行ってはならない。
　⑵　懸賞，賞品として医薬品を授与する旨の広告を行ってはならない。ただし，家庭薬を見本に提供する程度であればこの限りではない。
　⑶　医薬品等の容器，被包等と引換えに医薬品を授与する旨の広告を行ってはならない。

12　不快，迷惑，不安又は恐怖を与えるおそれのある広告の制限
　　　広告に接した者に，不快，迷惑，不安又は恐怖を与えるおそれのある表現や方法を用いた広告を行ってはならない。
　　　特に，電子メールによる広告を行う際は，次の方法によらなければならない。
　⑴　医薬品販売業者の電子メールアドレス等の連絡先を表示すること。
　⑵　消費者の請求又は承諾を得ずに一方的に電子メールにより広告を送る場合，メールの件名欄に広告である旨を表示すること。
　⑶　消費者が，今後電子メールによる広告の受け取りを希望しない場合，その旨の意思を表示するための方法を表示するとともに，意思表示を示した者に対しては，電子メールによる広告の提供を行ってはならないこと。

13　テレビ，ラジオの提供番組等における広告の取扱い
　⑴　テレビ，ラジオの提供番組又は映画演劇等において出演者が特定の医薬品等の品質，効能効果等，安全性その他について言及し，又は暗示する行為をしてはならない。
　⑵　テレビ，ラジオの子ども向け提供番組における広告については，医薬品等について誤った認識を与えないよう特に注意しなければならない。

14　医薬品の化粧品的若しくは食品的用法又は医療機器の美容器具的若しくは健康器具的用法についての表現の制限
　　　医薬品について化粧品的若しくは食品的用法を又は医療機器について美容器具的若しくは健康器具的用法を強調することによって消費者の安易な使用を助長するような広告を行ってはならない。

207

資料2　医薬品等適正広告基準の解説及び留意事項等について

資料2

医薬品等適正広告基準の解説及び留意事項等について

$$\left(\begin{array}{l}\text{平成29年 9 月29日薬生監麻発0929第 5 号厚生労働}\\\text{省医薬・生活衛生局監視指導・麻薬対策課長通知}\end{array}\right)$$

　医薬品，医薬部外品，化粧品，医療機器及び再生医療等製品（以下「医薬品等」という。）の広告を巡る環境の変化に伴い，今般，医薬品等適正広告基準について改正を行い，「医薬品等適正広告基準の改正について」（平成29年 9 月29日薬生発0929第 4 号厚生労働省医薬・生活衛生局長通知）を発出しました。

　これに伴い，医薬品等適正広告基準の解説及び留意事項等を別紙のとおり示しますので，貴管下関係業者，関係団体等に対し，周知方御取り計らいの上，医薬品等の広告に係る監視指導について格段の御配慮をお願いいたします。

　なお，本通知をもって，「医薬品等適正広告基準について」（昭和55年10月 9 日薬監第121号厚生省薬務局監視指導課長通知）は廃止します。

別紙

医薬品等適正広告基準の解説及び留意事項等

1　広告が消費者に与える効果は，その表現，内容だけでなく，利用される媒体の性質，広告表現全体の構成や説明の文脈，更には世相によっても異なる。

　従って，ある広告が違反広告に当たるか否かの評価については，当解説及び留意事項等に記載されている事例や文面のみから形式的に判断されるべきではなく，各種の要素を総合的に考慮して判断する必要があることに留意しなければならない。

2　医薬品等適正広告基準（以下，「本基準」という。）の運用にあたって留意すべき事項は次のとおりである。

　(1)　本基準のうち，「第 4 」の「 1 」から「 3 」までは，医薬品，医療機器等の品質，有効性及び安全性の確保等に関する法律（昭和35年法律第145号。以下「法」という。）第66条第 1 項の解釈について示したものである。また「第 4 」の「 4 」以降については，医薬品等の本質に鑑み，その広告の適正を図るため，医薬品等について，消費者の使用を誤らせる，乱用を助長させる，又は信用を損なうことがないよう遵守すべき事項を示したものである。

資料2　医薬品等適正広告基準の解説及び留意事項等について

(2)　本基準の運用にあたっては，医薬関係者を対象とする広告と一般人を対象とする広告，医薬品広告，医療機器広告，化粧品広告等，それぞれの広告の性格の違いを勘案し，画一的な取扱いを避けるよう配慮する。

　　（注）広告の効果は広告を仲立ちとする広告主と消費者の相対的関係によって変化するものであるため，広告主は広告する商品の特性，広告の受け手のニーズを考慮して広告を制作する必要がある。本項は広告基準のあてはめにあたってもこの点に留意すべきことを示したものである。

(3)　本基準「第3（広告を行う者の責務）」は，医薬品等の広告を行う者が一般的に留意すべき事項を示したものである。

〈医薬品等適正広告基準〉

第1　（目的）

　　この基準は，医薬品，医薬部外品，化粧品，医療機器及び再生医療等製品（以下「医薬品等」という。）の広告が虚偽，誇大にわたらないようにするとともにその適正を図ることを目的とする。

第2　（対象となる広告）

　　この基準は，新聞，雑誌，テレビ，ラジオ，ウェブサイト及びソーシャル・ネットワーキング・サービス等のすべての媒体における広告を対象とする。

本項は，広告に利用される媒体の多様化が進んでいることに鑑み，本基準が媒体を問わず適用されることを明示したものである。

第3　（広告を行う者の責務）

1　医薬品等の広告を行う者は，使用者が当該医薬品等を適正に使用することができるよう，正確な情報の伝達に努めなければならない。

2　医薬品等の広告を行う者は，医薬品等の本質に鑑み，医薬品等の品位を損なう又は信用を傷つけるおそれのある広告は行ってはならない。

---

(1)　本項の1は，広告対象となった医薬品等を使用者が適正に使用することができるよう，広告主，広告媒体等，医薬品等の広告業務に従事する者が，広告の制作又は新聞，雑誌等への掲載基準による審査にあたって，それぞれの

資料2　医薬品等適正広告基準の解説及び留意事項等について

立場から，正確な情報の伝達に努めることを求めたものである。

(2) 医薬品等は，その特殊性に鑑みて，品位のある広告が要求される。また，ふざけたもの，嫌悪感を与えるもの，性的表現等で医薬品等の信用を損なうような広告は行わないこと。

(3) アニメーションを用いる場合，あまりにも誇張されたもの，品位に欠けるもの，視聴者に不快感，嫌悪感などを与えるような広告は行わないこと。

(4) 語呂合せは，本項に抵触する場合が多いため注意すること。

第4（基準）

1　名称関係

(1) 承認又は認証を要する医薬品等の名称についての表現の範囲

　　医薬品，医療機器等の品質，有効性及び安全性の確保等に関する法律（昭和35年法律第145号。以下「法」という。）第14条又は第23条の2の5若しくは第23条の25の規定に基づく承認並びに法第23条の2の23の規定に基づく認証（以下「承認等」という。）を受けた名称又は一般的名称以外の名称を，別に定める場合を除き使用してはならない。

　　ただし，一般用医薬品及び医薬部外品においては，共通のブランド製品の共通部分のみを用いることは差し支えない。

(2) 承認等を要しない医薬品等の名称についての表現の範囲

　　承認等を要しない医薬品等については，日本薬局方に定められた名称，法第14条の9若しくは第23条の2の12の規定に基づく届出を行った一般的名称又は届け出た販売名以外の名称を，別に定める場合を除き使用してはならない。

　　なお，販売名はその医薬品等の製造方法，効能効果及び安全性について事実に反する認識を得させるおそれのあるものであってはならない。

〈共通〉

(1) 名称の広告について

　　本項は，医薬品等の名称について広告する場合，他のものと同一性を誤認させないようにその表現の範囲を示したものである。

(2) 名称の略称について

　　広告の前後の関係等から総合的にみて医薬品等の同一性を誤認させるおそれがない場合において，ブランド名等の販売名の共通部分のみを用いる場合など名称について略称を使用する場合は，必ず販売名を付記又は付言するこ

とにより明示しなければならない。

　なお，名称の表現については明確に行うものとし，名称と判断できないような小さな字句等で表現することは認められない。

(3) 名称の仮名又はふりがな等について

　「漢字」の名称で承認等を受けた医薬品等については，その名称の一部又は全部を「仮名」，「アルファベット」等で置き換えること又はこの逆の行為を行ってはならない。

　ただし，医薬品等の同一性を誤認させるおそれがない範囲で，「漢字」に「ふりがな」をふること及びアルファベットを併記することは差し支えない。

(4) 愛称について

① 医薬品及び再生医療等製品については，愛称を使用してはならない。

　また，医薬部外品，化粧品及び医療機器については，広告の前後の関係等から総合的にみて，同一性を誤認させるおそれがない場合において愛称を使用することは差し支えない。ただし，その場合，販売名に使用することができないものを愛称として使用することは認められない。

② 愛称を使用する製品について，愛称を広告に用いる場合は，同広告中に承認等を受けた名称又は一般的名称若しくは届出を行った一般的名称又は届け出た販売名を付記又は付言することにより明示しなければならない。（化粧品を除く。）

〈医療機器〉

(1) 1品目として承認等を受けた又は届け出た医療機器の名称について

　医療機器にあって，形状，構造又は原理の異なるものについて，1品目として承認等を受けた又は届け出たものの名称については，承認書等に記載された個々の型式名又は種類名を名称として使用することは差し支えないものとする。

---

2 製造方法関係

　医薬品等の製造方法について実際の製造方法と異なる表現又はその優秀性について事実に反する認識を得させるおそれのある表現をしてはならない。

〈共通〉

(1) 製造方法等の優秀性について

資料2　医薬品等適正広告基準の解説及び留意事項等について

　　　本項は，製造方法について広告する場合の表現の範囲を示したものである。製造方法について「最高の技術」，「最先端の製造方法」等最大級の表現又は「近代科学の枠を集めた製造方法」，「理想的な製造方法」，「家伝の秘法により作られた……」等最大級の表現に類する表現は，その優秀性について事実に反して誇大に誤認させるおそれがあるため認められない。

　　　なお，製造部門，品質管理部門，研究部門等を広告の題材として使用することは，事実であり，製造方法等の優秀性や他社・他製品との比較において誤認を与えない場合に限り差し支えない。この場合，本基準第4の9「他社の製品の誹謗広告の制限」にも抵触する恐れがあることに留意すること。

⑵　特許について

　　　特許に関する虚偽又は誇大な広告を行った場合は本項に抵触する。なお，特許が事実である場合は，本基準第4の10「医薬関係者等の推せん」により取扱う。

⑶　研究について

　　　各製造販売業者等が，その製品にかかわる研究内容を述べる場合は，事実を正確に，強調せずに表現すること。

　3　効能効果，性能及び安全性関係
　⑴　承認等を要する医薬品等についての効能効果等の表現の範囲
　　　承認等を要する医薬品等の効能効果又は性能（以下「効能効果等」という。）についての表現は，明示的又は暗示的であるか否かにかかわらず承認等を受けた効能効果等の範囲をこえてはならない。

　本基準第4の3「効能効果，性能及び安全性関係」の各項は，医薬品等の効能効果等について広告する場合の表現の範囲を示したものである。

〈共通〉
⑴　承認等された効能効果等以外の効能効果等について

　　　医薬品等が承認等されている効能効果等以外の効能効果等を実際に有しており，追加申請すればその効能効果等が実際に承認等されうる場合であっても，その未承認等の効能効果等を広告してはならない。

⑵　未承認等の効能効果等の表現について

　　　未承認等の効能効果等の表現については，薬理学的に当該医薬品等の作用と関係あるものは本項に違反し，薬理学的に当該医薬品等の作用とは認めら

資料2　医薬品等適正広告基準の解説及び留意事項等について

れないものは本基準第4の3(8)「本来の効能効果等と認められない表現の禁止」に違反する。

(3)　効能効果等の副次的効果の表現について効能効果等の二次的，三次的効果等の表現は，本項に抵触するため行わないこと。

　　また，本基準第4の3(8)「本来の効能効果等と認められない表現の禁止」も参照すること。

(4)　効能効果等のしばりの表現について

　①　効能効果等のしばりの表現について

　　承認された効能効果等に一定の条件，いわゆるしばりの表現が付されている医薬品等の広告を行う際は，②の場合を除きしばり表現を省略することなく正確に付記又は付言すること。

　　この場合，しばり部分とその他の部分について，同等の広告効果が期待できるような方法により広告を行うこと。

　　なお，紙面が狭い場合でも同様とする。

　②　効能効果等のしばり表現の省略について

　　テレビ，ラジオにおける効能効果等のしばり表現は，当面，漢方製剤に限り省略できるものとするが，その場合は必ず「この○○○は，体質，症状に合わせてお飲みください。」等の注意喚起の旨を付記又は付言しなければならない。

(5)　同系統の数種の医薬品等を単一の広告文で広告する場合について

　　同系統の数種の医薬品等を単一の広告文で広告する場合の効能効果の表現は，それらの医薬品等に共通する効能効果等でなければならない。

(6)　医薬品，医薬部外品，化粧品，医療機器又は再生医療等製品の同一紙面での広告について

　　医薬品，医薬部外品，化粧品，医療機器又は再生医療等製品を同一紙面又はテレビ等で同時に広告を行う場合には，相互に相乗効果を得るような誤解を招く広告又は科学的根拠に基づかず併用を促すような広告（医薬品及び指定医薬部外品に限る。）は行わないこと。

　　なお，医薬部外品については，「医薬部外品」である旨（新指定及び新範囲医薬部外品の場合は「指定医薬部外品」の旨）を明記すること。

(7)　個々の成分の効能効果等について

　　数種の成分からなる医薬品等について，その個々の成分についての効能効果の説明を行う場合及び医薬品等の作用機序を説明することは，医学，薬学上認められており，かつ，その医薬品等の承認等されている効能効果等の範

213

資料2　医薬品等適正広告基準の解説及び留意事項等について

囲をこえない場合に限り差し支えない。

　　ただし，漢方薬又は漢方製剤の効果は，配合された生薬の薬効とは直接関係がないため，個々の成分の薬理作用を説明することは認められない。

(8)　複数の効能効果を有する医薬品等の広告について

　　複数の効能効果を有する医薬品等を広告する場合，そのうちから，特定の一つの効能効果等を広告することは差し支えない。

①　「○○剤」という表現について

　　「○○剤」という表現は，「解熱鎮痛消炎剤」のように薬効分類として認められており，しかも分類が適当である場合は認められる。従って，例えば「食欲増進剤」のような表現は認められない。

　　なお，その表現が効能効果，作用等から十分に実証できる場合は，具体的事例ごとに検討する。

②　「○○専門薬」等の表現について

　　特定の疾患を対象としたもの，例えば「胃腸病の専門薬」，「皮膚病の専門薬」などの表現は，本項又は本基準第4の3(4)「用法用量についての表現の範囲」に抵触するおそれがあり，かつ，医薬品等の広告の表現としては好ましくないため，承認を受けた名称である場合以外は認められない。

〈医薬部外品〉

(1)　医薬部外品の効能効果について

　　「○○を防ぐ」という効能効果で承認を受けているものにあっては，単に「○○に」等の表現は認められない。

　　ただし，承認された効能効果が明瞭に別記されていればこの限りでない。

(2)　薬用化粧品及び薬用歯みがきでの化粧品の効能効果の表現について

　　化粧品的医薬部外品（いわゆる薬用化粧品。以下同じ。）及び薬用歯みがきの効能効果は，品目ごとに成分分量を審査のうえ承認されたものであるから，承認の範囲内で広告することが原則であるが，次の事項に配慮すれば，その広告表現中に本基準第4の3(2)に係る当解説及び留意事項等の〈化粧品〉(2)の表に掲げられた効能表現のうちそれぞれの類別に対応する該当部分を本基準第4の3(2)に係る当解説及び留意事項等の〈化粧品〉(1)に準じ，使用することができる。

①　医薬部外品本来の目的について

　　医薬部外品本来の目的が隠ぺいされて化粧品であるかのような誤解を与えないこと。

214

資料2　医薬品等適正広告基準の解説及び留意事項等について

②　化粧品的な使用方法等について

化粧品的な使用目的，用法で使用された場合に保健衛生上問題となるおそれのあるもの（殺菌剤配合のシャンプー又は薬用石けんなど）ではないこと。

③　効能効果について

当該効能効果が医薬部外品の効能効果として承認を受けたものであるかのような誤認を与えないこと。

(3)　医薬部外品の効能効果の範囲について

医薬部外品の範囲については，昭和36年2月8日薬発第44号薬務局長通知，昭和36年7月17日薬発第287号薬務局長通知，昭和36年11月18日薬発第470号薬務局長通知，昭和37年9月6日薬発第464号薬務局長通知，昭和55年10月9日薬発第1341号薬務局長通知，平成11年3月12日医薬発第280号医薬安全局長通知及び平成16年7月16日薬食発第0716002号医薬食品局長通知により示されているが，効能効果の範囲については概ね次表のとおりであるので参考とされたい。

医薬部外品の効能・効果の範囲

医薬部外品の種類	使用目的の範囲と原則的な剤型		効能又は効果の範囲
	使用目的	主な剤型	効能又は効果
1．口中清涼剤	吐き気その他の不快感の防止を目的とする内用剤である。	丸剤。板状の剤型，トローチ剤，液剤。	口臭，気分不快。
2．腋臭防止剤	体臭の防止を目的とする外用剤である。	液剤，軟膏剤，エアゾール剤，散剤，チック様のもの。	わきが（腋臭），皮膚汗臭，制汗。
3．てんか粉類	あせも，ただれ等の防止を目的とする外用剤である。	外用散布剤。	あせも，おしめ（おむつ）かぶれ，ただれ，股ずれ，かみそりまけ。
4．育毛剤（養毛剤）	脱毛の防止及び育毛を目的とする外用剤である。	液剤，エアゾール剤。	育毛，薄毛，かゆみ，脱毛の予防，毛生促進，発毛促進，ふけ，病後・産後の脱毛，養毛。
5．除毛剤	除毛を目的とする外用剤である。	軟膏剤，エアゾール剤。	除毛。

215

資料2　医薬品等適正広告基準の解説及び留意事項等について

6．染毛剤（脱色剤，脱染剤）	毛髪の染色，脱色又は脱染を目的とする外用剤である。毛髪を単に物理的に染毛するものは医薬部外品には該当しない。	粉末状，打型状，エアゾール，液状又はクリーム状等。	染毛，脱色，脱染。
7．パーマネント・ウェーブ用剤	毛髪のウェーブ等を目的とする外用剤である。	液状，ねり状，クリーム状，エアゾール，粉末状，打型状の剤型。	毛髪にウェーブをもたせ，保つ。くせ毛，ちぢれ毛又はウェーブ毛髪をのばし，保つ。
8．衛生綿類	衛生上の用に供されることが目的とされている綿類（紙綿類を含む）である。	綿類，ガーゼ。	生理処理用品については生理処理，清浄用綿類については乳児の皮膚・口腔の清浄・清拭又は授乳時の乳首・乳房の清浄・清拭，目，局部，肛門の清浄・清拭。
9．浴用剤	原則としてその使用法が浴槽中に投入して用いられる外用剤である。（浴用石鹸は浴用剤には該当しない。）	散剤，顆粒剤，錠剤，軟カプセル剤，液剤。粉末状，粒状，打型状，カプセル，液状等。	あせも，荒れ性，打ち身（うちみ），くじき，肩の凝り（肩のこり），神経痛，湿しん（しっしん），しもやけ，痔，冷え性，腰痛，リウマチ，疲労回復，ひび，あかぎれ，産前産後の冷え性，にきび。
10．薬用化粧品（薬用石けんを含む）	化粧品としての使用目的を併せて有する化粧品類似の剤型の外用剤である。	液状，クリーム状，ゼリー状の剤型，固型，エアゾール剤。	別掲（次表参照）
11．薬用歯みがき類	化粧品としての使用目的を有する通常の歯みがきと類似の剤型の外用剤である。	ペースト状，液状，液体，粉末状，固形，潤製。	歯を白くする，口中を浄化する，口中を爽快にする，歯周炎（歯槽膿漏）の予防，歯肉炎の予防。歯石の沈着を防ぐ。むし歯を防ぐ。

資料2　医薬品等適正広告基準の解説及び留意事項等について

			むし歯の発生及び進行の予防，口臭の防止，タバコのやにの除去，歯がしみるのを防ぐ。
12.　忌避剤	はえ，蚊，のみ等の忌避を目的とする外用剤である。	液状，チック様，クリーム状の剤型。エアゾール剤。	蚊成虫，ブユ（ブヨ），サシバエ，ノミ，イエダニ，トコジラミ（ナンキンムシ）等の忌避。
13.　殺虫剤	はえ，蚊，のみ等の駆除又は防止の目的を有するものである。	マット，線香，粉剤，液剤，エアゾール剤，ペースト状の剤型。	殺虫。はえ，蚊，のみ等の衛生害虫の駆除又は防止。
14.　殺そ剤	ねずみの駆除又は防止の目的を有するものである。		殺そ。ねずみの駆除，殺滅又は防止。
15.　ソフトコンタクトレンズ用消毒剤	ソフトコンタクトレンズの消毒を目的とするものである。		ソフトコンタクトレンズの消毒。

別掲　薬用化粧品の効能・効果の範囲

種　　類	効　能　・　効　果
1.　シャンプー	ふけ，かゆみを防ぐ。 毛髪・頭皮の汗臭を防ぐ。 毛髪・頭皮を清浄にする。 毛髪・頭皮をすこやかに保つ。　⎫ 毛髪をしなやかにする。　　　　⎬　二者択一
2.　リンス	ふけ，かゆみを防ぐ。 毛髪・頭皮の汗臭を防ぐ。 毛髪の水分・脂肪を補い保つ。 裂毛・切毛・枝毛を防ぐ。 毛髪・頭皮をすこやかに保つ。　⎫ 毛髪をしなやかにする。　　　　⎬　二者択一
3.　化粧水	肌あれ。あれ性。 あせも・しもやけ・ひび・あかぎれ・にきびを防ぐ。 油性肌。 かみそりまけを防ぐ。 日やけによるしみ・そばかすを防ぐ。（注1）

資料2　医薬品等適正広告基準の解説及び留意事項等について

	日やけ・雪やけ後のほてりを防ぐ。 肌をひきしめる。肌を清浄にする。肌を整える。 皮膚をすこやかに保つ。皮膚にうるおいを与える。
4．クリーム，乳液，ハンドクリーム，化粧用油	肌あれ。あれ性。 あせも・しもやけ・ひび・あかぎれ・にきびを防ぐ。 油性肌。 かみそりまけを防ぐ。 日やけによるしみ・そばかすを防ぐ。（注1） 日やけ・雪やけ後のほてりを防ぐ。 肌をひきしめる。肌を清浄にする。肌を整える。 皮膚をすこやかに保つ。皮膚にうるおいを与える。 皮膚を保護する。皮膚の乾燥を防ぐ。
5．ひげそり用剤	かみそりまけを防ぐ。 皮膚を保護し，ひげをそりやすくする。
6．日やけ止め剤	日やけ・雪やけによる肌あれを防ぐ。 日やけ・雪やけを防ぐ。 日やけによるしみ・そばかすを防ぐ。（注1） 皮膚を保護する。
7．パック	肌あれ。あれ性。 にきびを防ぐ。 油性肌。 日やけによるしみ・そばかすを防ぐ。（注1） 日やけ・雪やけ後のほてりを防ぐ。 肌をなめらかにする。 皮膚を清浄にする。
8．薬用石けん（洗顔料を含む）	〈殺菌剤主剤〉（消炎剤主剤をあわせて配合するものを含む） 皮膚の清浄・殺菌・消毒。 体臭・汗臭及びにきびを防ぐ。 〈消炎剤主剤のもの〉 皮膚の清浄，にきび・かみそりまけ及び肌あれを防ぐ。

（注1）作用機序によっては，「メラニンの生成を抑え，しみ，そばかすを防ぐ。」も認められる。

（注2）上記にかかわらず，化粧品の効能の範囲のみを標ぼうするものは，医薬部外品としては認められない。

資料2　医薬品等適正広告基準の解説及び留意事項等について

新指定医薬部外品の効能・効果の範囲（抜すい）

製品群	剤型	効能又は効果	用法・用量	代表的成分
のど清涼剤	トローチ剤 ドロップ剤	たん，のどの炎症による声がれ・のどのあれ・のどの不快感・のどの痛み・のどのはれ	通常成人 （15歳以上） 1日3回	カンゾウ キキョウ セネガ
健胃清涼剤	カプセル剤 顆粒剤 丸剤 散剤 舐剤 錠剤 経口液剤	食べ過ぎ，飲み過ぎによる胃部不快感，はきけ（むかつき，胃のむかつき，二日酔・悪酔いのむかつき，嘔気，悪心）	通常成人 （15歳以上） 原則1日3回 （内服液剤1日1〜3回）	ウイキョウ ケイヒ ショウキョウ ニンジン ハッカ
外皮消毒剤	外用液剤 軟膏剤	すり傷，切り傷，さし傷，かき傷，靴ずれ，創傷面の洗浄・消毒	1日数回患部に適用 （用時調製不可）	アクリノール エタノール 塩化ベンザルコニウム 過酸化水素
		手指・皮膚の洗浄・消毒		
きず消毒保護剤	絆創膏類 外用液剤	すり傷，切り傷，さし傷，かき傷，靴ずれ，創傷面の消毒・保護（被覆）	患部に適用	アクリノール 塩化ベンザルコニウム グルコン酸クロルヘキシジン
ひび・あかぎれ用剤 （クロルヘキシジン主剤）	軟膏剤	ひび・あかぎれ・すり傷・靴ずれ	1日数回適量を患部に塗布	塩酸クロルヘキシジン グルコン酸クロルヘキシジン
ひび・あかぎれ用剤 （メントール・カンフル主剤）		ひび・しもやけ・あかぎれ		dl−カンフル l−メントール

資料2　医薬品等適正広告基準の解説及び留意事項等について

ひび・あかぎれ用剤（ビタミンAE主剤）		ひび・しもやけ・あかぎれ・手足のあれの緩和		酢酸トコフェロールビタミンA油
あせも・ただれ用剤	外用液剤軟膏剤	あせも・ただれの緩和・防止	1日数回適量を患部に塗布	酸化亜鉛
うおのめ・たこ用剤	絆創膏	うおのめ・たこ	患部にはる	サリチル酸
かさつき・あれ用剤	軟膏剤	手足のかさつき・あれの緩和	1日数回適量を患部に塗布	尿素
ビタミンC剤	カプセル剤顆粒剤丸剤散剤舐剤錠剤ゼリー状ドロップ剤経口液剤	肉体疲労時，妊娠・授乳期，病中病後の体力低下時又は中高年期のビタミンCの補給	通常成人（15歳以上）1日3回限度（内服液剤は1日1回）	アスコルビン酸アスコルビン酸カルシウムアスコルビン酸ナトリウム
ビタミンE剤		中高年期のビタミンEの補給	中高年1日3回限度（内服液剤は1日1回）	コハク酸d－α－トコフェロール酢酸d－α－トコフェロールd－α－トコフェロール
ビタミンEC剤		肉体疲労時，病中病後の体力低下時又は中高年期のビタミンECの補給	通常成人（15歳以上）1日3回限度（内服液剤は1日1回）	コハク酸d－α－トコフェロールアスコルビン酸
ビタミン含有保健剤	カプセル剤顆粒剤丸剤散剤錠剤ゼリー状ドロップ剤経口液剤	(1)体力，身体抵抗力又は集中力の維持・改善，(2)疲労の回復・予防，(3)虚弱体質（加齢による身体虚弱を含む。）に伴う身体不調の改善・予防，(4)日常生活に	通常成人（15歳以上）1日3回限度	アミノエチルスルホン酸塩酸チアミン塩酸ピリドキシン塩酸フルスルチアミンリボフラビン

220

資料2　医薬品等適正広告基準の解説及び留意事項等について

		おける栄養不良に伴う身体不調の改善・予防，⑸病中病後の体力低下時，発熱を伴う消耗性疾患時，食欲不振時，妊娠授乳期又は産前産後等の栄養補給		
カルシウム剤	カプセル剤顆粒剤散剤錠剤経口液剤	妊娠授乳期・発育期・中高年期のカルシウムの補給	1日3回限度	クエン酸カルシウムグルコン酸カルシウム沈降炭酸カルシウム乳酸カルシウム

⑷　2類別にわたる効能効果の表現について

　　薬用シャンプーに薬用リンスの効能効果を表現するなど2類別にわたる薬用化粧品の効能効果の表現については，それぞれの薬用化粧品の効能効果の承認を受けていなければ表現できない。

　　なお，薬用化粧品の種類及び効能効果については，前記⑶を参照すること。

⑵　承認等を要しない医薬品等についての効能効果等の表現の範囲

　　承認等を要しない医薬品等（化粧品を除く。）の効能効果等の表現は，医学，薬学上認められている範囲をこえてはならない。

〈共通〉

　効能効果等の表現が「医学，薬学上認められている範囲内」であるか否かの判断については，国内外の文献および専門家の意見などを参考にすること。

〈医薬品〉

⑴　承認を要しない医薬品の効能効果等について

　　承認を要しない日本薬局方収載医薬品の効能効果，用法用量については，「局方医薬品の承認申請の手引き」（日本公定書協会編）などに記載されている「効能又は効果」及び「用法及び用量」を参考にすること。

資料2　医薬品等適正広告基準の解説及び留意事項等について

また，「承認を要せず主として製剤補助剤として用いられる局方医薬品の「効能又は効果」及び「用法及び用量」の記載方法について」（昭和61年6月25日局方薬品協議会）についても併せて参考にすること。

また，承認を要しない化粧品の効能効果についての表現は，平成23年7月21日薬食発第0721第1号医薬食品局長通知「化粧品の効能の範囲の改正について」に定める範囲をこえてはならない。

〈化粧品〉
⑴　化粧品の効能効果について

化粧品の効能効果として広告することができる事項は，後記⑵の表に掲げる効能効果の範囲とする。

なお，数種の化粧品を同一の広告文で広告する場合は，それぞれの化粧品の効能効果の範囲を逸脱しないように注意すること。

⑵　化粧品の効能効果の表現について

承認を要しない化粧品の効能効果の範囲は，昭和36年2月8日薬発第44号薬務局長通知の別表第1（平成23年7月21日薬食発0721第1号医薬食品局長通知により改正）に記載された範囲とする。

化粧品の効能の範囲の改正について（抜すい）

（平成23年7月21日薬食発0721第1号厚生労働省医薬食品局長通知）

化粧品の効能の範囲

⑴ 頭皮，毛髪を清浄にする。	㉚ 肌にはりを与える。
⑵ 香りにより毛髪，頭皮の不快臭を抑える。	㉛ 肌にツヤを与える。
⑶ 頭皮，毛髪をすこやかに保つ。	㉜ 肌を滑らかにする。
⑷ 毛髪にはり，こしを与える。	㉝ ひげを剃りやすくする。
⑸ 頭皮，毛髪にうるおいを与える。	㉞ ひげそり後の肌を整える。
⑹ 頭皮，毛髪のうるおいを保つ。	㉟ あせもを防ぐ（打粉）。
⑺ 毛髪をしなやかにする。	㊱ 日やけを防ぐ。
⑻ クシどおりをよくする。	㊲ 日やけによるシミ，ソバカスを防ぐ。
⑼ 毛髪のつやを保つ。	㊳ 芳香を与える。
⑽ 毛髪につやを与える。	㊴ 爪を保護する。
⑾ フケ，カユミがとれる。	㊵ 爪をすこやかに保つ。
	㊶ 爪にうるおいを与える。

222

資料2　医薬品等適正広告基準の解説及び留意事項等について

⑿　フケ，カユミを抑える。	㊷　口唇の荒れを防ぐ。
⒀　毛髪の水分，油分を補い保つ。	㊸　口唇のキメを整える。
⒁　裂毛，切毛，枝毛を防ぐ。	㊹　口唇にうるおいを与える。
⒂　髪型を整え，保持する。	㊺　口唇をすこやかにする。
⒃　毛髪の帯電を防止する。	㊻　口唇を保護する。口唇の乾燥を防ぐ。
⒄　（汚れをおとすことにより）皮膚を清浄にする。	㊼　口唇の乾燥によるカサツキを防ぐ。
	㊽　口唇を滑らかにする。
⒅　（洗浄により）ニキビ，アセモを防ぐ（洗顔料）。	㊾　ムシ歯を防ぐ（使用時にブラッシングを行う歯みがき類）。
⒆　肌を整える。	㊿　歯を白くする（使用時にブラッシングを行う歯みがき類）。
⒇　肌のキメを整える。	
㉑　皮膚をすこやかに保つ。	51　歯垢を除去する（使用時にブラッシングを行う歯みがき類）。
㉒　肌荒れを防ぐ。	
㉓　肌をひきしめる。	52　口中を浄化する（歯みがき類）
㉔　皮膚にうるおいを与える。	53　口臭を防ぐ（歯みがき類）。
㉕　皮膚の水分，油分を補い保つ。	54　歯のやにを取る（使用時にブラッシングを行う歯みがき類）。
㉖　皮膚の柔軟性を保つ。	
㉗　皮膚を保護する。	55　歯石の沈着を防ぐ（使用時にブラッシングを行う歯みがき類）。
㉘　皮膚の乾燥を防ぐ。	
㉙　肌を柔らげる。	56　乾燥による小ジワを目立たなくする。

（注1）例えば，「補い保つ」は「補う」あるいは「保つ」との効能でも可とする。

（注2）「皮膚」と「肌」の使い分けは可とする。

（注3）（　　）内は，効能には含めないが，使用形態から考慮して，限定するものである。

（注4）56については，日本香粧品学会の「化粧品機能評価ガイドライン」に基づく試験等を行い，その効果を確認した場合に限る。

(3)　化粧品に定められた効能効果以外の効能効果について

　　　前記(2)の表に掲げる効能効果以外に「化粧くずれを防ぐ」，「小じわを目立たなく見せる」，「みずみずしい肌に見せる」等のメーキャップ効果及び「清涼感を与える」，「爽快にする」等の使用感を表示して広告することは，事実に反しない限り認められる。

　　　なお，基礎化粧品等においても，メーキャップ効果及び使用感について事実であれば表現できる。

(4)　効能効果のしばりの表現について

　　　しばり表現のある効能効果は，しばり表現を省略することなく正確に付記

資料2　医薬品等適正広告基準の解説及び留意事項等について

又は付言すること。この場合，しばり部分とその他の部分について，同等の
広告効果が期待できるような方法により広告を行うこと。

(5)　薬理作用に基づく効能効果の表現について

　　化粧品は，本来そのほとんどが薬理作用によってその効能効果が認められ
たものではないため，上記(2)に記載する効能効果以外の薬理作用による効能
効果の表現はできない。

---

(3)　医薬品等の成分等及び医療機器の原材料等についての表現の範囲

　　医薬品等の成分及びその分量又は本質等並びに医療機器の原材料，形
状，構造及び原理について，承認書等への記載の有無にかかわらず，虚
偽の表現，不正確な表現等を用い効能効果等又は安全性について事実に
反する認識を得させるおそれのある広告をしてはならない。

〈共通〉

(1)　成分等について

　　医薬品等の成分及びその分量又は本質等並びに医療機器の原材料，形状，
構造及び原理について，例えば医薬品の場合にはその有効成分が男性ホルモ
ンであるものを両性ホルモンであるとする，単味であるものを総合，複合等
とする，又は「高貴薬配合」,「デラックス処方」等とするような表現は認め
られない。

(2)　特定成分の未配合表現について

　　特定の薬物（カフェイン，ナトリウム，ステロイド，抗ヒスタミン等）を
配合していない旨の広告は，他社誹謗又は安全性の強調とならない限り，そ
の理由を併記した上で行うことは差し支えない。

　　なお，付随して2次的効果を訴えないこと。

(3)　配合成分の表現について

①　「各種……」,「数種……」等の表現について

　　配合成分の表現の仕方で「各種ビタミンを配合した……」,「数種のアミ
ノ酸配合……」のように「各種……」,「数種……」という表現は不正確で，
かつ誤認させ易いので，配合されている成分名は具体的に全部が列挙され
ている場合の他は使用しないこと。

②　配合成分数の表現について

　　配合成分の表現の仕方で「10種のビタミンを配合……」,「15種類の生薬
を配合……」のように配合成分数をあげることは事実である限りは差し支

資料 2　医薬品等適正広告基準の解説及び留意事項等について

えないが，強調表現とならないように注意すること。

③　特定成分の表現について

　配合成分の表現の仕方で「ゴオウ配合……」のように配合成分中の特定成分を取り出して表現する場合は，この表現成分が有効成分であり，しかも承認された効能効果等と関連がある場合に限ること。

　ただし，一般用医薬品においては，添加物成分に添加物である旨及び承認書に記載されている配合目的を明記することは差し支えない。なお，有効成分であるかのような表現はしないこと。

(4)　原産国の表現について

　製品を輸入して販売する場合又はバルクを輸入して国内で小分け製造する場合には，「スイス生まれの○○」，「ドイツ生薬○○」又は「イギリス製」等と表現できるが，原料を輸入して国内で製造した場合には，これらの表現では原料の輸入による国内製造を製品の輸入と誤認するおそれがあるため，「スイスから原料を輸入し，製造した」等正確に記載すること。

　なお，原産国の表示の方法については，「化粧品の表示に関する公正競争規約施行規則」（平成27年７月21日承認公取委572号，消表対第966号）を参考にすること。

(5)　安全性関係について

　本項は，「天然成分を使用しているので副作用がない」，「誤操作の心配のない安全設計」等のような表現を認めない趣旨である。

(6)　配合成分の略記号表示について

　配合成分をアルファベット等の略号・記号等で表現した場合に，何という成分なのか不明であり，あたかも優れた成分又は新しい成分が配合されているかのような誤解を生じるおそれがあるため，本来の成分名が明確に説明してある場合以外は行わないこと。

〈医薬品〉

(1)　一般用医薬品における「漢方処方」等の表現について

　一般用医薬品で，「漢方処方」，「漢方製剤」等と表現できる範囲は，一般用漢方製剤承認基準に定められているもの，医療用医薬品の漢方製剤と同一処方であるもの及び承認を受けた販売名に漢方の名称が付されているものとする。

　なお，製剤自体が漢方製剤でないものについて，例えば『漢方処方の「○○エキス」に西洋薬を配合』のようにその処方の一部が漢方処方である旨

225

資料 2 　医薬品等適正広告基準の解説及び留意事項等について

を示すことは，当該配合剤が漢方製剤である又は漢方製剤よりも優秀である
かの印象を与え，安全性等について誤解を招くこととなるため認められない。
(2)　一般用医薬品における「生薬配合」又は「生薬製剤」の表現について
　　①　「生薬配合」の表現については，有効成分の一部に生薬が配合されてお
　　　り，しかも承認された効能効果等と関連がある場合に限り使用して差し支
　　　えない。
　　②　「生薬製剤」の表現については，有効成分の全てが生薬のみから構成さ
　　　れている場合に限り使用して差し支えない。

〈医薬部外品・化粧品〉
(1)　指定成分・香料の未含有表現について
　　化粧品及び薬用化粧品において，「肌のトラブルの原因になりがちな指定
　成分・香料を含有していない」等の表現は不正確であり，また，それらの成
　分を含有する製品の誹謗につながるおそれもあるので，「指定成分，香料を
　含有していない」旨の広告にとどめ，「100％無添加」，「100％ピュア」等の
　ごとく必要以上に強調しないこと。

〈医薬部外品〉
(1)　浴用剤における「生薬配合」又は「生薬製剤」の表現について
　　①　「生薬配合」の表現については，浴用剤の有効成分の一部に生薬が配合
　　　されており，しかも承認された効能効果等と関連がある場合であって，か
　　　つ，「医薬部外品」の文字が付記されていれば表現して差し支えない。
　　②　「生薬製剤」の表現については，浴用剤の有効成分の全てが生薬のみか
　　　ら構成されている場合であって，かつ，「医薬部外品」の文字が付記され
　　　ていれば表現して差し支えない。

〈化粧品〉
(1)　特記成分について
　　承認を要しない化粧品において特定成分を表示することは，あたかもその
　成分が有効成分であるかのような誤解を生じるため，原則として認められな
　い。ただし，特定成分に配合目的を併記するなど誤解を与えないよう表示を
　行う場合は差し支えない。
　　なお，特定成分を表現することは，全てが「特記表示」に該当することと
　なるため注意すること。

資料 2　医薬品等適正広告基準の解説及び留意事項等について

(2)　化粧品の成分の表現について

　　化粧品の配合成分の表現に際しては，当該成分が有効成分であるかの誤解を与えないようにすること。

　　また，薬理効果を明示又は暗示する成分が配合されている旨の広告は行わないこと。

---

　(4)　用法用量についての表現の範囲

　　医薬品等の用法用量について，承認等を要する医薬品等にあっては承認等を受けた範囲を，承認等を要しない医薬品等にあっては医学，薬学上認められている範囲をこえた表現，不正確な表現等を用いて効能効果等又は安全性について事実に反する認識を得させるおそれのある広告をしてはならない。

〈共通〉

(1)　併用に関する表現について

　　併用に関する表現は認められない。ただし，承認等により併用を認められた医薬品等及び化粧品（「化粧品基準及び医薬部外品の製造販売承認申請に関する質疑応答集（Ｑ＆Ａ）について」（平成28年 3 月30日付厚生労働省医薬・生活衛生局審査管理課事務連絡）で定める範囲）を除く。

　　なお，化粧品などを順次使用することの表現は差し支えない。

(2)　安全性に関する表現について

　　「いくら飲んでも副作用がない」，「使用法を問わず安全である」等のような表現は認められない。

(3)　複数の用法用量がある場合の表現について

　　複数の用法用量がある場合において， 1 つの用法用量のみ又は特定の用法用量のみを強調することは，効能効果等について事実に反する認識を得させるおそれがあるため認められない。

〈医薬品〉

(1)　承認を要しない医薬品の用法用量について

　　承認を要しない日本薬局方収載医薬品の用法用量については，本基準第 4 の 3 (2)「承認等を要しない医薬品等についての効能効果等の表現の範囲」を参照のこと。

(2)　「○○専門薬」等の表現について

資料2　医薬品等適正広告基準の解説及び留意事項等について

　　特定の年齢層，性別などを対象にしたもの，例えば「小児専門薬」，「婦人専門薬」などの表現は，本基準第4の3⑴「承認等を要する医薬品等についての効能効果等の表現の範囲」に抵触するおそれがあり，かつ，医薬品広告の表現としては好ましくないため，承認を受けた名称である場合以外は使用しないこと。

　　ただし，「○○専門薬」の表現ではなく，「小児用」，「婦人用」等の表現については，承認上の効能効果等又は用法用量から判断して特定の年齢層，性別等が対象であると推定できる医薬品等の場合は差し支えない。

　　なお，「小児用」等と表現できる事例は，小児の用法からなる「かぜ薬」などである。

⑸　効能効果等又は安全性を保証する表現の禁止

　　医薬品等の効能効果等又は安全性について，具体的効能効果等又は安全性を摘示して，それが確実である保証をするような表現をしてはならない。

〈共通〉

⑴　効能効果等又は安全性の保証表現について

　　例えば胃腸薬の広告で胃弱，胃酸過多等の適応症をあげ，それが「根治」，「全快する」等又は「安全性は確認済み」，「副作用の心配はない」等の表現を用い，疾病の要因，患者の性別，年齢等の如何を問わず効能効果が確実であること又は安全であることを保証するような表現は認められない。

　　なお，効能効果等又は安全性を保証する表現については，明示的，暗示的を問わず認められない。

⑵　歴史的な表現について

　　特定の医薬品に関係なく，その企業の歴史の事実として単に「創業○○年」等と広告することは差し支えない。

　　また，「△△（商品名）販売○○周年」など単に当該医薬品等が製造販売された期間の事実のみを表現し，効能効果等又は安全性を保証するような表現がなされていなければ差し支えない。

　　ただし，「△△（商品名）は○○年の歴史を持っているから良く効くのです。」等その企業又は医薬品等の歴史に関連させ，安全性，優秀性の保証となる表現又は他社に対する優越性の保証となる表現をすることは，本項だけでなく本基準第4の3⑴「承認等を要する医薬品等についての効能効果等の

228

表現の範囲」又は本基準第4の3⑵「承認等を要しない医薬品等についての効能効果等の表現の範囲」に抵触するおそれがあるため注意すること。

⑶　臨床データ等の例示について

　　一般向けの広告にあっては，臨床データや実験例等を例示することは消費者に対して説明不足となり，かえって効能効果等又は安全性について誤解を与えるおそれがあるため原則として行わないこと。

⑷　図面，写真等について

　　使用前，後に関わらず図面，写真等による表現については，承認等外の効能効果等を想起させるもの，効果発現までの時間及び効果持続時間の保証となるもの又は安全性の保証表現となるものは認められない。

⑸　使用体験談等について

　　愛用者の感謝状，感謝の言葉等の例示及び「私も使っています。」等使用経験又は体験談的広告は，客観的な裏付けとはなりえず，かえって消費者に対し効能効果等又は安全性について誤解を与えるおそれがあるため以下の場合を除き行ってはならない。

　　なお，いずれの場合も過度な表現や保証的な表現とならないよう注意すること。

　①　目薬，外皮用剤及び化粧品等の広告で使用感を説明する場合

　　　ただし，使用感のみを特に強調する広告は，消費者に当該製品の使用目的を誤らせるおそれがあるため行わないこと。

　②　タレントが単に製品の説明や呈示を行う場合

⑹　身体への浸透シーン等について

　　医薬品等が身体に浸透する場面等をアニメーション，模型などを用いて表現する場合は，特に効能効果等又は安全性に関する虚偽又は誇大な表現とならないよう十分に注意すること。

　　また，アニメーションや写真を用いて作用機序を単に説明する場合であっても，効能効果又は安全性の保証的表現にならないよう注意すること。

⑺　疾病部分の炎症等が消える場面の表現について

　　テレビ広告，ウェブサイト等で用いる，画面中の模式図，アニメーション等については，効能効果の保証的表現とならないよう留意すること。

⑻　副作用等の表現について

　　「副作用が少ない」，「比較的安心して……」，「刺激が少ない」等の表現は安全性について誤認させるおそれがあるため，使用しないこと。

　　ただし，低刺激性等が立証されており安全性を強調しない場合及び「眠く

資料2　医薬品等適正広告基準の解説及び留意事項等について

なりにくい」と表現することは，その製剤として科学的根拠があり安全性の保証につながらない場合に限り認められるが，本基準第4の9「他社の製品の誹謗広告の制限」に抵触しないように注意すること。

(9)　「すぐれたききめ」，「よくききます」の表現について

これらの表現を，キャッチフレーズ等の強調表現として使用することは認められない。

強調表現とは，概ね次のような表現を行った場合をいう。

①　キャッチフレーズ（人の注意を引くように工夫した印象的な宣伝文句）の場合

例：よくきく○○○

　　○○○はよくきく

②　文字の場合は，他の文字と比較して大きい，色が濃（淡）い，色が異なる，文字の上に点を打つ等の場合

③　音声の場合は，大きく発音する，一音ずつ切って発音する，「よーく」と強く伸ばす等の場合

④　文字，音声いずれの場合でも「すぐれた」と「よくききます」を重ねて表現した場合

(10)　「世界○○ヵ国で使用されている」旨の表現について

「世界○○ヵ国で使用されている」旨の表現については，効能効果等が確実であること又は安全であることを保証するような表現は認められないが，単に事実のみを表現する場合であれば差し支えない。

〈医療機器〉

(1)　安全性の表現について

家庭用電気治療器等に「安全です，安心してお使いください。」，「安全性が高い」等と漠然と記載したものは，本項に抵触するため注意すること。

(6)　効能効果等又は安全性についての最大級の表現又はこれに類する表現の禁止

医薬品等の効能効果等又は安全性について，最大級の表現又はこれに類する表現をしてはならない。

資料 2　医薬品等適正広告基準の解説及び留意事項等について

〈共通〉

(1)　最大級の表現について

　　「最高のききめ」，「無類のききめ」，「肝臓薬の王様」，「胃腸薬のエース」，「世界一を誇る○○ＫＫの○○」，「売上げＮｏ．１（注）」等の表現は認められない。

　　（注）新指定医薬部外品以外の医薬部外品及び化粧品を除く。

(2)　新発売等の表現について

　　「新発売」，「新しい」等の表現は，製品発売後12ヵ月間を目安に使用できる。

(3)　「強力」，「強い」の表現について

　　効能効果の表現で「強力な……」，「強い……」の表現は，原則として認めない。

(4)　安全性の表現について

　　「比類なき安全性」，「絶対安全」等のような最大級の表現は認められない。

---

(7)　効能効果の発現程度についての表現の範囲

　　医薬品等の速効性，持続性等についての表現は，医学，薬学上認められている範囲をこえてはならない。

〈共通〉

(1)　効能効果等の発現程度について

　　「すぐ効く」，「飲めばききめが３日は続く」等の表現は，原則として認められない。

(2)　速効性に関する表現について

　　単に「速く効く」の表現の使用は認められない。また「顆粒だから速く溶け効く」等の表現は非常に良く効くとの印象を与えるおそれがあり，薬理的にみても疑問があるため，このような表現は使用しないこと。

　　ただし，「解熱鎮痛消炎剤」，「局所麻酔剤を含有する歯痛剤（外用）」，「抗ヒスタミン薬を含有する鎮痒消炎薬（外用）」及び「浣腸薬」などに関する速効性について，承認等された効能効果，用法用量等の範囲内で，医学，薬学上十分証明されたものについては，次の場合を除き，「速く効く」等の表現を使用しても差し支えない。

①　強調表現

　例１：ヘッドコピー・キャッチフレーズとして使用する場合

231

資料2　医薬品等適正広告基準の解説及び留意事項等について

　　　　例2：「早く」という言葉を1回の広告中原則として2回以上使用する場
　　　　　　合
　　②　剤型等の比較
　　　　例：「液剤だから早く効く」等の表現
　　③　使用前・使用後的表現（明確な使用経験表現とはとらえられないもの）
　　　　の中で作用時間を明示又は暗示するもの
　　　　例：新幹線の大阪で痛んで京都で治っている。
　(3)　持続性に関する表現について
　　　ビタミン剤等の徐放性製剤において，有効成分が徐々に放出されることと
　　効力の持続とを同一かのように表現している場合があるが，これは必ずしも
　　一致するものではないため，「効力持続型」等の表現については，承認等さ
　　れた効能効果等，用法用量等の範囲内で，医学，薬学上十分に証明された場
　　合以外は行わないこと。

---

　(8)　本来の効能効果等と認められない表現の禁止
　　　医薬品等の効能効果等について本来の効能効果等とは認められない効
　　能効果等を表現することにより，その効能効果等を誤認させるおそれの
　　ある広告を行ってはならない。

〈共通〉
　(1)　本来の効能効果等以外の表現について
　　　本項は，例えば頭痛薬について「受験合格」，ホルモン剤について「夜を
　　楽しむ」又は保健薬について「迫力を生む」，「活力を生み出す」，「人生を2
　　倍楽しむ」等本来の効能効果等とは認められない表現を用いて，効能効果等
　　を誤認させるおそれのある広告は認めない趣旨である。
　(2)　未承認の効能効果等の表現について
　　　未承認の効能効果等の表現については，薬理学的に当該医薬品等の作用と
　　関係あるものは本基準第4の3(1)「承認等を要する医薬品等についての効能
　　効果等の表現の範囲」に違反し，直接薬理学的に当該医薬品等の作用とは認
　　められないものは本項に違反する。
　(3)　本基準の他の項目との関連について
　　①　効能効果等の二次的，三次的効果の表現は本基準第4の3(1)「承認等を
　　　要する医薬品等についての効能効果等の表現の範囲」にも抵触する。
　　②　本項に抵触する表現は，本基準第4の4「過量消費又は乱用助長を促す

資料2　医薬品等適正広告基準の解説及び留意事項等について

おそれのある広告の制限」，本基準第4の14「医薬品の化粧品的用法若しくは食品的用法又は医療機器の美容器具的若しくは健康器具的用法についての表現の制限」にも抵触するおそれのある表現が多いため十分に注意が必要である。

③　性的表現は本基準第3（広告を行う者の責務）に抵触するばかりでなく，本来の使用法を誤らせるもととなるため行わないこと。

4　過量消費又は乱用助長を促すおそれのある広告の制限

　医薬品等について過量消費又は乱用助長を促すおそれのある広告を行ってはならない。

〈共通〉

(1)　子どものテレビ広告等への使用について

　小学生以下の子どもをモデルとして広告に使用する場合は，以下の点に注意すること。

　①　殺虫剤の広告については，幼小児を使用しないこと。

　②　子どもが自分で医薬品を手に持つ又は使用する場面を用いることは思わぬ事故を促すもととなるため，行わないこと。

(2)　服用・使用場面の広告表現について

　服用・使用場面を広告で行う場合は，乱用助長につながらないよう十分注意すること。また，内服剤においては適正な使用を促すという観点から，定められた用法用量を明瞭に表現すること。

〈医薬品〉

(1)　多数購入又は多額購入による値引きについて

　多数購入又は多額購入することによる過度な値引き広告については，消費者に不必要な購入を促すことになるため行わないこと。

5　医療用医薬品等の広告の制限

　(1)　医師若しくは歯科医師が自ら使用し，又はこれらの者の処方せん若しくは指示によって使用することを目的として供給される医薬品及び再生医療等製品については，医薬関係者以外の一般人を対象とする広告を行ってはならない。

　(2)　医師，歯科医師，はり師等医療関係者が自ら使用することを目的とし

233

資料 2　医薬品等適正広告基準の解説及び留意事項等について

> て供給される医療機器で，一般人が使用するおそれのないものを除き，
> 一般人が使用した場合に保健衛生上の危害が発生するおそれのあるもの
> についても(1)と同様にするものとする。

〈共通〉

(1)　医薬関係者以外の一般人を対象とする広告について

　　「医薬関係者以外の一般人を対象とする広告」とは，以下のものを除く広告をいう。

　①　医事又は薬事に関する記事を掲載する医薬関係者向けの新聞又は雑誌による場合

　②　MRによる説明，ダイレクトメール，若しくは文献及び説明書等の印刷物（カレンダー，ポスター等医薬関係者以外の者の目につくおそれの多いものを除く。）による場合

　③　主として医薬関係者が参集する学会，後援会，説明会等による場合

　④　その他主として医薬関係者を対象として行う場合

〈医薬品〉

(1)　医療用医薬品について

　　医療用医薬品とは，医師若しくは歯科医師によって使用され又はこれらの者の処方せん若しくは指示によって使用されることを目的として供給される医薬品をいう。

(2)　特殊疾病用の医薬品の広告の制限について

　　法第67条の規定に基づき，特殊疾病に使用されることが目的とされている医薬品であって，医師又は歯科医師の指導のもとに使用されるのでなければ危害を生ずるおそれが特に大きいものについては，医薬関係者以外の一般人を対象とする広告方法を制限している。広告の制限を受ける特殊疾病は「がん」，「肉腫」，「白血病」である。

〈医療機器〉

(1)　医家向け医療機器について

　　本項(2)に該当する医療機器としては，原理及び構造が家庭用電気治療器に類似する理学診療用器具等がある。

資料2　医薬品等適正広告基準の解説及び留意事項等について

6　一般向広告における効能効果についての表現の制限

　医師又は歯科医師の診断若しくは治療によらなければ一般的に治癒が期待できない疾患について，医師又は歯科医師の診断若しくは治療によることなく治癒ができるかの表現は，医薬関係者以外の一般人を対象とする広告に使用してはならない。

〈共通〉

(1)　医師等の治療によらなければ治癒等が期待できない疾患について

　医師又は歯科医師の診断若しくは治療によらなければ一般的に治癒が期待できない疾患とは，「胃潰瘍」，「十二指腸潰瘍」，「糖尿病」，「高血圧」，「低血圧」，「心臓病」，「肝炎」，「白内障」，「性病」など一般大衆が自己の判断で使用した場合，保健衛生上重大な結果を招くおそれのある疾病をいう。

(2)　上記疾病名の記載について

　疾病名を記載するだけであっても自己治癒を期待させるおそれがあるため，上記の疾病名は広告に使用しないよう注意すること。

7　習慣性医薬品の広告に付記し，又は付言すべき事項

　法第50条第11号の規定に基づき厚生労働大臣の指定する医療用医薬品について広告する場合には，習慣性がある旨を付記し，又は付言しなければならない。

〈医薬品〉

(1)　習慣性医薬品について

　厚生労働大臣の指定する医薬品については，昭和36年2月1日厚生省告示第18号に示す製剤をいう。

8　使用及び取扱い上の注意について医薬品等の広告に付記し，又は付言すべき事項

　使用及び取扱い上の注意を特に換起する必要のある医薬品等について広告する場合は，それらの事項を，又は使用及び取扱い上の注意に留意すべき旨を，付記し又は付言しなければならない。

　ただし，看板等の工作物で商品名のみを広告する場合はこの限りではない。

235

資料2 医薬品等適正広告基準の解説及び留意事項等について

〈共通〉
(1) 使用上の注意等の付記又は付言について
　　使用又は取扱い上の注意を特に喚起する必要のある医薬品等（例えば特異体質者は禁忌である医薬品等）については，添付文章等にその旨が当然記載されていなければならないが，このような場合には，広告においても，それらの事項又は使用及び取扱い上の注意に留意すべき旨を付記し又は付言すべきことを求めたものである。

〈医薬品〉
(1) 使用上の注意等が必要な医薬品について
　　広告中に使用上の注意等が必要な医薬品の範囲及びその表現方法については，日本大衆薬工業協会の自主申し合わせ（平成18年2月24日）及び『医療用医薬品製品情報概要等に関する作成要領』の改訂について（平成27年9月29日厚生労働省医薬食品局監視指導・麻薬対策課事務連絡）により行うこと。

〈医薬部外品〉
(1) 使用上の注意が必要な医薬部外品について
　　使用及び取扱い上の注意を特に喚起する必要のある医薬部外品の範囲は，次に掲げるものとする。
　① 殺虫剤（蚊取り線香を除く。）
　② 染毛剤
　③ パーマネント・ウェーブ用剤

〈化粧品〉
(1) 使用上の注意について
　　化粧品の使用上の注意については，「化粧品の使用上の注意表示に関する自主基準」（平成28年12月1日日本化粧品工業連合会）を参考にすること。

9　他社の製品の誹謗広告の制限
　　医薬品等の品質，効能効果，安全性その他について，他社の製品を誹謗するような広告を行ってはならない。

資料2　医薬品等適正広告基準の解説及び留意事項等について

〈共通〉

(1)　誹謗広告について

　　　本項に抵触する表現例としては，次のようなものがある。

　　①　他社の製品の品質等について実際のものより悪く表現する場合

　　　例：「他社の口紅は流行おくれのものばかりである。」

　　②　他社の製品の内容について事実を表現した場合

　　　例：「どこでもまだ××式製造方法です。」

(2)　「比較広告」について

　　①　漠然と比較する場合であっても，本基準第4の3(5)「効能効果等又は安全性を保証する表現の禁止」に抵触するおそれがあるため注意すること。

　　②　製品同士の比較広告を行う場合は，自社製品の範囲で，その対照製品の名称を明示する場合に限定し，明示的，暗示的を問わず他社製品との比較広告は行わないこと。この場合でも説明不足にならないよう十分に注意すること。

10　医薬関係者等の推せん

　　医薬関係者，理容師，美容師，病院，診療所，薬局，その他医薬品等の効能効果等に関し，世人の認識に相当の影響を与える公務所，学校又は学会を含む団体が指定し，公認し，推せんし，指導し，又は選用している等の広告を行ってはならない。

　　ただし，公衆衛生の維持増進のため公務所又はこれに準ずるものが指定等をしている事実を広告することが必要な場合等特別の場合はこの限りでない。

〈共通〉

(1)　医薬関係者の推せんについて

　　　本項は，医薬品等の推せん広告等は，一般消費者の医薬品等に係る認識に与える影響が大きいことに鑑み，一定の場合を除き，例え事実であったとしても不適当とする趣旨である。

　　　「公認」には，法による承認及び許可等も含まれる。

　　　また，「特別の場合」とは，市町村がそ族昆虫駆除事業を行うに際して特定の殺虫剤等の使用を住民に推せんする場合である。

　　　なお，本項は美容師等が店頭販売において化粧品の使用方法の実演を行う場合等を禁止する趣旨ではない。

237

資料2　医薬品等適正広告基準の解説及び留意事項等について

(2)　推せん等の行為が事実でない場合について

　　推せん等の行為が事実でない場合は，法第66条第2項に抵触する。

(3)　特許について

　　特許に関する表現は，事実であっても本項に抵触し，事実でない場合は虚偽広告として取扱う。

　　なお，特許に関する権利の侵害防止等特殊の目的で行う広告は，医薬品の広告と明確に分離して行うこと。（特許に関しては表示との取扱いの相違に注意：「特許の表示について」（昭和39年10月30日薬監第309号厚生省薬務局監視課長通知））

(4)　「公務所，学校，学会を含む団体」の範囲について

　　「公務所，学校，学会を含む団体」の範囲は，厳格な意味の医薬関係に限定されない。

(5)　厚生労働省認可（許可・承認等）等の表現について

　　厚生労働省認可（許可・承認等），経済産業省認可（許可）等の表現も本項に抵触する。

11　懸賞，賞品等による広告の制限

　(1)　過剰な懸賞，賞品等射こう心を煽る方法による医薬品等又は企業の広告を行ってはならない。

　(2)　懸賞，賞品として医薬品を授与する旨の広告を行ってはならない。ただし，家庭薬を見本に提供する程度であればこの限りではない。

　(3)　医薬品等の容器，被包等と引換えに医薬品を授与する旨の広告を行ってはならない。

〈共通〉

(1)　懸賞，賞品等による広告について

　　景品類を提供して販売・広告することは，不当景品類及び不当表示防止法（昭和37年法律第134号）の規定に反しない限り認められる。

　　なお，医薬品の過量消費又は乱用助長を促す広告を行うことは，本基準第4の4「過量消費又は乱用助長を促すおそれのある広告の制限」に抵触するため不適当である。

(2)　容器，被包等について

　　本項(3)の「医薬品等の容器，被包等」とは，医薬品，医薬部外品，化粧品，医療機器，再生医療等製品すべての場合において，容器，被包その他，引換

資料2　医薬品等適正広告基準の解説及び留意事項等について

券等を封入し，行う場合を含む。

〈医薬品〉
(1)　家庭薬の見本提供について
　　家庭薬を見本に提供することは認められる。
　　なお，家庭薬の範囲は，通常家庭において用いられる主として対症療法剤，すなわち外用剤，頭痛薬，下痢止め，ビタミン含有保健薬等のいわゆる保健薬であって，次のもの以外の医薬品をいう。
　①　毒薬，劇薬
　②　その他（家庭薬の通念から離れている医薬品）
(2)　医薬品を賞品等にする場合について
　　医薬品等の容器，被包等と引換えに医薬品を授与する旨の広告は，医薬品の乱用を助長するおそれがあるため認められない。

12　不快，迷惑，不安又は恐怖を与えるおそれのある広告の制限
　　広告に接した者に，不快，迷惑，不安又は恐怖を与えるおそれのある表現や方法を用いた広告を行ってはならない。
　　特に，電子メールによる広告を行う際は，次の方法によらなければならない。
(1)　医薬品販売業者の電子メールアドレス等の連絡先を表示すること。
(2)　消費者の請求又は承諾を得ずに一方的に電子メールにより広告を送る場合，メールの件名欄に広告である旨を表示すること。
(3)　消費者が，今後電子メールによる広告の受け取りを希望しない場合，その旨の意思を表示するための方法を表示するとともに，意思表示を示した者に対しては，電子メールによる広告の提供を行ってはならないこと。

〈共通〉
(1)　不快，迷惑，不安又は恐怖を与えるおそれのある表現について
　　例えばテレビ等において症状，手術場面等の露骨な表現をすること，医薬品等の名称等についての著しい連呼行為等，視聴者等に対して不快感を与えるおそれのある表現又は「あなたにこんな症状はありませんか，あなたはすでに○○病です」，「胸やけ，胃痛は肝臓が衰えているからです」等の不必要な不安又は恐怖感を与えるおそれのある表現をすることは認められない。

239

資料2　医薬品等適正広告基準の解説及び留意事項等について

(2)　連呼行為について

　　連呼行為は，5回程度を目安として判断する。ただし，本項の趣旨は必ずしも連呼の回数のみによって律すべきものではないことに留意すること。

(3)　奇声等について

　　奇声を上げる等，不快感の著しい場合も本項に該当する。

(4)　電子メールによる広告について

　　種々の商取引において電子メールを使用した商業広告により，

　①　十分な取引条件の説明がなく，取引に入った消費者が後から高額な請求を受けるなどのトラブルに巻き込まれる。

　②　電子メールの開封の有無にかかわらず，受信料がかかる場合がある。

　③　電子メールの開封，廃棄に時間が消費される。

　等の被害が社会問題化していることから規定するものである。

13　テレビ，ラジオの提供番組等における広告の取扱い

　(1)　テレビ，ラジオの提供番組又は映画演劇等において出演者が特定の医薬品等の品質，効能効果等，安全性その他について言及し，又は暗示する行為をしてはならない。

　(2)　テレビ，ラジオの子ども向け提供番組における広告については，医薬品等について誤った認識を与えないよう特に注意しなければならない。

〈共通〉

(1)　テレビ，ラジオの提供番組等における広告について

　　本項は，医薬品等を販売する企業がスポンサーとなっているものを中心にテレビ，ラジオの番組等における広告の取扱いが不適当なものとならないように注意することを求めたものである。

(2)　出演者が広告を行う場合について

　　出演者が提供番組等において，医薬品等の品質，効能効果等について言及し，又は暗示する行為は，視聴者にこれらについて認識を誤らせることとなるため認められない。

　　なお，タレントがCMにおいて医薬品等の品質，効能効果等について言及し，又は暗示する行為を一律に認めないものではないが，タレントの発言内容が，本基準に定めるところを逸脱することのないよう配慮することは当然である。

(3)　テレビの司会者等が広告を行う場合について

240

テレビのワイドショー番組等において司会者等が特定製品のCMを行う場合は、「これからCMです。」等と明示したうえで行うこと。

(4) 子ども向け提供番組での広告について

子どもは一般に医薬品等についての正しい認識，理解がないため，子ども向け提供番組においては医薬品等について誤った認識を与えないよう特に注意する必要がある。

14　医薬品の化粧品的若しくは食品的用法又は医療機器の美容器具的若しくは健康器具的用法についての表現の制限

医薬品について化粧品的若しくは食品的用法を又は医療機器について美容器具的若しくは健康器具的用法を強調することによって消費者の安易な使用を助長するような広告を行ってはならない。

〈医薬品〉

(1) 医薬品の化粧品的又は食品的用法の強調について

食品が医薬品と誤認されることのないように「無承認無許可医薬品の取締りについて」（昭和46年6月1日薬発第476号厚生省薬務局長通知（編注：【資料7】））及び「医薬品の範囲に関する基準の一部改正について」（平成16年3月31日薬食発第0331009号厚生労働省医薬食品局長通知）等をもってその区分を明確にしているが，これに関連して，医薬品が広告により化粧品的又は食品的用法を強調することは，消費者に安易な使用を助長させるおそれがあるため，かかる広告等を制限する趣旨である。

〈医療機器〉

(1) 医療機器の健康器具的用法の表現について

「健康器具的用法」とは，バイブレーター又は家庭用電気治療器を運動不足の解消のために用いる用法等をいう。

(2) 医療機器の美容器具的用法の表現について

「美容器具的用法」とは，バイブレーター等を痩身目的に用いる用法等をいう。

資料3　医療用医薬品の添付文書等の記載要領について

資料3

医療用医薬品の添付文書等の記載要領について

$$\left(\begin{array}{l}\text{平}29\cdot6\cdot8薬生発0608第1号厚}\\\text{生労働省医薬・生活衛生局長通知}\end{array}\right)$$

　標記については，平成9年4月25日付け薬発第606号厚生省薬務局長通知「医療用医薬品添付文書の記載要領について」及び同第607号厚生省薬務局長通知「医療用医薬品の使用上の注意記載要領について」（これらを「旧局長通知」という。）により，適切な運用について努めてきたところですが，医療の進歩や高齢化，IT技術の進歩など，医療を取り巻く状況が大きく変化していることから，添付文書等について，より理解し易く活用し易い内容にするため，今般，別添のとおり「医療用医薬品の添付文書等の記載要領」を定めたので，下記の点に御留意の上，貴管下関係業者，団体等に対し周知徹底を図るとともに，医療用医薬品の添付文書等に関する指導につき，格段の御配慮をお願いします。

　なお，本通知の写しを別記の関係各団体の長宛てに発出することとしているので申し添えます。

記

1　本記載要領の要点
　⑴　旧局長通知に含まれる「原則禁忌」及び「慎重投与」の廃止，並びに「特定の背景を有する患者に関する注意」の新設等，添付文書等の項目・構造を見直したこと。
　⑵　項目の通し番号を設定し，「警告」以降の全ての項目に番号を付与し，該当がない場合は欠番とすることにしたこと。
　⑶　添付文書等に記載されるべき内容について全体的な整理を行ったこと。

2　適用の範囲
　本記載要領は，医療用医薬品の添付文書等に適用すること。ただし，体外診断用医薬品，ワクチン，抗毒素又は検査に用いる生物学的製剤についてはこの限りでない。

　生物由来製品及び特定生物由来製品については，本通知に基づく記載の他，

資料3　医療用医薬品の添付文書等の記載要領について

平成15年5月15日付け医薬発第0515005号厚生労働省医薬局長通知「生物由来製品の添付文書に記載すべき事項について」も踏まえて記載を行うこと。

3　実施時期

　　平成31年4月1日から適用する。ただし，平成31年4月1日時点で既に承認されている医薬品の添付文書等及び承認申請中の医薬品の添付文書（案）については，平成36年3月31日までにできるだけ速やかに本記載要領に基づいた改訂を行うこと。

4　既存の通知の改廃

⑴　廃止について

　　旧局長通知は廃止し，本通知の内容をもって代える。

⑵　改正について

　　旧局長通知の廃止と本通知の発出に伴い，平成15年5月20日付け医薬安発第0520004号厚生労働省医薬局安全対策課長通知「生物由来製品の添付文書の記載要領について」の別添1中の『平成9年4月25日付け薬発第606号厚生省薬務局長通知「医療用医薬品添付文書の記載要領」，同日付け薬発第607号「医療用医薬品の使用上の注意記載要領について」』を，『平成29年6月8日付け薬生発0608第1号厚生労働省医薬・生活衛生局長通知「医療用医薬品の添付文書等の記載要領について」』と改め，別添1第二⑶中『「5．名称」の後，「6．警告」の前』とあるのを，『「キ　名称」の後，「1．警告」の前』に改める。

以上

（別添）

医療用医薬品の添付文書等の記載要領

第1　添付文書等記載の原則

1．医療用医薬品の添付文書等は，医薬品，医療機器等の品質，有効性及び安全性の確保等に関する法律（昭和35年法律第145号。以下「医薬品医療機器法」という。）第52条第1項各号の規定に基づき，医薬品の適用を受ける患

資料3　医療用医薬品の添付文書等の記載要領について

者の安全を確保し適正使用を図るために，医師，歯科医師，薬剤師等の医薬関係者に対して必要な情報を提供する目的で当該医薬品の製造販売業者が作成するものであること。

2．添付文書等に記載すべき内容は，原則として当該医薬品が承認された範囲で用いられる場合に必要とされる事項とすること。ただし，それらの事項以外であっても重要で特に必要と認められる事項については記載すること。

3．記載順序は，第2「記載項目及び記載順序」に従い，項目番号とともに記載すること。記載すべき内容がない項目については，記載項目を省略して差し支えないが，項目番号は繰り上げないこと。ただし，第2で示すア～キについて，ア及びオ～キの項目番号及び項目名，並びにイ～エの項目番号の記載は不要であること。

4．「使用上の注意」は，第2「記載項目及び記載順序」のうち，「3．組成・性状」，「4．効能又は効果」及び「6．用法及び用量」を除く「1．警告」から「15．その他の注意」までの項目とする。

5．同一成分を含有する医薬品であっても，使用者の誤解を招かないよう，投与経路の異なる医薬品は添付文書等を分けて作成すること。

6．効能又は効果や用法及び用量によって注意事項や副作用が著しく異なる場合は分けて記載すること。

7．後発医薬品及びバイオ後続品の「使用上の注意」及び「取扱い上の注意」の記載は，原則として，それぞれの先発医薬品及び先行バイオ医薬品と同一とすること。ただし，製剤の違いによって異なる記載とする必要がある場合はこの限りではない。

8．既に記載している事項の削除又は変更は，十分な根拠に基づいて行うこと。

9．複数の項目にわたる重複記載は避けること。

10．関連する項目がある場合には，相互に参照先を記載すること。

11．「使用上の注意」の記載に当たって，データがないか，あるいは不十分な場合には，その記載が数量的でなく包括的な記載（例えば，慎重に，定期的に，頻回に，適宜など）であっても差し支えないこと。

第2　記載項目及び記載順序
　ア．作成又は改訂年月
　イ．日本標準商品分類番号
　ウ．承認番号，販売開始年月

資料 3　医療用医薬品の添付文書等の記載要領について

エ．貯法，有効期間

オ．薬効分類名

カ．規制区分

キ．名称

1．警告

2．禁忌（次の患者には投与しないこと）

3．組成・性状

　3.1　組成

　3.2　製剤の性状

4．効能又は効果

5．効能又は効果に関連する注意

6．用法及び用量

7．用法及び用量に関連する注意

8．重要な基本的注意

9．特定の背景を有する患者に関する注意

　9.1　合併症・既往歴等のある患者

　9.2　腎機能障害患者

　9.3　肝機能障害患者

　9.4　生殖能を有する者

　9.5　妊婦

　9.6　授乳婦

　9.7　小児等

　9.8　高齢者

10．相互作用

　10.1　併用禁忌（併用しないこと）

　10.2　併用注意（併用に注意すること）

11．副作用

　11.1　重大な副作用

　11.2　その他の副作用

12．臨床検査結果に及ぼす影響

13．過量投与

14．適用上の注意

15．その他の注意

245

資料3　医療用医薬品の添付文書等の記載要領について

　　15.1　臨床使用に基づく情報

　　15.2　非臨床試験に基づく情報

　16.　薬物動態

　　16.1　血中濃度

　　16.2　吸収

　　16.3　分布

　　16.4　代謝

　　16.5　排泄

　　16.6　特定の背景を有する患者

　　16.7　薬物相互作用

　　16.8　その他

　17.　臨床成績

　　17.1　有効性及び安全性に関する試験

　　17.2　製造販売後調査等

　　17.3　その他

　18.　薬効薬理

　　18.1　作用機序

　19.　有効成分に関する理化学的知見

　20.　取扱い上の注意

　21.　承認条件

　22.　包装

　23.　主要文献

　24.　文献請求先及び問い合わせ先

　25.　保険給付上の注意

　26.　製造販売業者等

第3　記載要領

　ア．作成又は改訂年月

　　⑴　作成又は改訂の年月及び版数を記載すること。

　　⑵　再審査結果又は再評価結果の公表，効能又は効果の変更又は用法及び用
　　　量の変更に伴う改訂の場合は，その旨を併記すること。

　イ．日本標準商品分類番号

　　　日本標準商品分類番号は，日本標準商品分類により中分類以下詳細分類ま

246

資料 3　医療用医薬品の添付文書等の記載要領について

で記載すること。
ウ．承認番号，販売開始年月
　(1)　承認番号を記載すること。承認を要しない医薬品にあっては，承認番号に代えて許可番号を記載すること。
　(2)　販売開始年月を記載すること。
エ．貯法，有効期間
　(1)　貯法及び有効期間は，製剤が包装された状態での貯法及び有効期間を製造販売承認書に則り記載すること。
　(2)　日本薬局方又は医薬品医療機器法第42条第1項の規定に基づく基準（以下「法定の基準」という。）の中で有効期間が定められたものは，その有効期間を記載すること。
オ．薬効分類名
　当該医薬品の薬効又は性質を正しく表すことのできる分類名を記載すること。使用者に誤解を招くおそれのある表現は避けること。
カ．規制区分
　毒薬，劇薬，麻薬，向精神薬，覚せい剤，覚せい剤原料，習慣性医薬品，特例承認医薬品及び処方箋医薬品の区分を記載すること。
キ．名称
　(1)　日本薬局方外医薬品にあっては，承認を受けた販売名を記載すること。販売名の英字表記がある場合は，併記すること。
　(2)　法定の基準が定められている医薬品にあっては，基準名を併せて記載すること。それ以外の医薬品であって，一般的名称がある場合には，その一般的名称を併記すること。
　(3)　日本薬局方に収められている医薬品にあっては，日本薬局方で定められた名称を記載し，販売名がある場合は併記すること。

1．警告
　致死的又は極めて重篤かつ非可逆的な副作用が発現する場合，又は副作用が発現する結果極めて重大な事故につながる可能性があって，特に注意を喚起する必要がある場合に記載すること。
2．禁忌（次の患者には投与しないこと）
　(1)　患者の症状，原疾患，合併症，既往歴，家族歴，体質，併用薬剤等からみて投与すべきでない患者を記載すること。なお，投与してはならない理由が異なる場合は，項を分けて記載すること。

247

資料3　医療用医薬品の添付文書等の記載要領について

⑵　原則として過敏症以外は設定理由を〔　〕内に簡潔に記載すること。

３．組成・性状

⑴　「3.1　組成」

　①　有効成分の名称（一般的名称があるものにあっては，その一般的名称）及びその分量（有効成分が不明なものにあっては，その本質及び製造方法の要旨）を，原則として製造販売承認書の「成分及び分量又は本質」欄に則り記載すること。

　②　医薬品添加剤については，原則として製造販売承認書の「成分及び分量又は本質」欄における有効成分以外の成分について，注射剤（体液用剤，人工灌流用剤，粉末注射剤を含む。）にあっては名称及び分量，その他の製剤にあっては名称をそれぞれ記載すること。

　③　細胞培養技術又は組換えDNA技術を応用して製造されるペプチド又はタンパク質を有効成分とする医薬品にあっては，産生細胞の名称を記載すること。

⑵　「3.2　製剤の性状」

　①　識別上必要な色，形状（散剤，顆粒剤等の別），識別コードなどを記載すること。

　②　放出速度を調節した製剤にあっては，その機能を製造販売承認書の「剤形分類」に則り記載すること。

　③　水性注射液にあっては，pH及び浸透圧比を，無菌製剤（注射剤を除く）にあっては，その旨を記載すること。

４．効能又は効果

⑴　承認を受けた効能又は効果を正確に記載すること。

⑵　承認を要しない医薬品にあっては，医学薬学上認められた範囲の効能又は効果であって，届出された効能又は効果を正確に記載すること。

⑶　再審査・再評価の終了した医薬品にあっては，再審査・再評価判定結果に基づいて記載すること。

５．効能又は効果に関連する注意

　承認を受けた効能又は効果の範囲における患者選択や治療選択に関する注意事項を記載すること。なお，原則として，「2．禁忌」に該当するものは記載不要であること。

６．用法及び用量

⑴　承認を受けた用法及び用量を正確に記載すること。

⑵　承認を要しない医薬品にあっては，医学薬学上認められた範囲の用法及び

資料3　医療用医薬品の添付文書等の記載要領について

用量であって，届出された用法及び用量を正確に記載すること。

(3) 再審査・再評価の終了した医薬品にあっては，再審査・再評価判定結果に基づいて記載すること。

7. 用法及び用量に関連する注意

承認を受けた用法及び用量の範囲であって，特定の条件下での用法及び用量並びに用法及び用量を調節する上で特に必要な注意事項を記載すること。

8. 重要な基本的注意

重大な副作用又は事故を防止する上で，投与に際して必要な検査の実施，投与期間等に関する重要な注意事項を簡潔に記載すること。

9. 特定の背景を有する患者に関する注意

(1) 特定の背景を有する患者に関する注意について，効能又は効果等から臨床使用が想定される場合であって，投与に際して他の患者と比べて特に注意が必要である場合や，適正使用に関する情報がある場合に記載すること。

(2) 投与してはならない場合は「2. 禁忌」にも記載すること。

(3) 特定の背景を有する患者に関する注意事項を記載した上で，使用者がリスクを判断できるよう，臨床試験，非臨床試験，製造販売後調査，疫学的調査等で得られている客観的な情報を記載すること。

(4) 「9.1　合併症・既往歴等のある患者」

合併症，既往歴，家族歴，遺伝的素因等からみて，他の患者と比べて特に注意が必要な患者であって，「9.2　腎機能障害患者」から「9.8　高齢者」までに該当しない場合に記載すること。

(5) 「9.2　腎機能障害患者」

① 薬物動態，副作用発現状況から用法及び用量の調節が必要である場合や，特に注意が必要な場合にその旨を，腎機能障害の程度を考慮して記載すること。

② 透析患者及び透析除去に関する情報がある場合には，その内容を簡潔に記載すること。

(6) 「9.3　肝機能障害患者」

薬物動態，副作用発現状況から用法及び用量の調節が必要である場合や，特に注意が必要な場合にその旨を，肝機能障害の程度を考慮して記載すること。

(7) 「9.4　生殖能を有する者」

① 患者及びそのパートナーにおいて避妊が必要な場合に，その旨を避妊が必要な期間とともに記載すること。

249

資料3　医療用医薬品の添付文書等の記載要領について

②　投与前又は投与中定期的に妊娠検査が必要な場合に，その旨を記載すること。

③　性腺，受精能，受胎能等への影響について注意が必要な場合に，その旨を記載すること。

(8)　「9.5　妊婦」

①　胎盤通過性及び催奇形性のみならず，胎児曝露量，妊娠中の曝露期間，臨床使用経験，代替薬の有無等を考慮し，必要な事項を記載すること。

②　注意事項は，「投与しないこと」，「投与しないことが望ましい」又は「治療上の有益性が危険性を上回ると判断される場合にのみ投与すること」を基本として記載すること。

(9)　「9.6　授乳婦」

①　乳汁移行性のみならず，薬物動態及び薬理作用から推察される哺乳中の児への影響，臨床使用経験等を考慮し，必要な事項を記載すること。

②　母乳分泌への影響に関する事項は，哺乳中の児への影響と分けて記載すること。

③　注意事項は，「授乳を避けさせること」，「授乳しないことが望ましい」又は「治療上の有益性及び母乳栄養の有益性を考慮し，授乳の継続又は中止を検討すること」を基本として記載すること。

(10)　「9.7　小児等」

低出生体重児，新生児，乳児，幼児又は小児（以下「小児等」という。）に用いられる可能性のある医薬品であって，小児等に特殊な有害性を有すると考えられる場合や薬物動態から特に注意が必要と考えられる場合にその旨を，年齢区分を考慮して記載すること。

(11)　「9.8　高齢者」

薬物動態，副作用発現状況から用法及び用量の調節が必要である場合や特に注意が必要な場合に，その内容を簡潔に記載すること。

10.　相互作用

(1)　他の医薬品を併用することにより，当該医薬品又は併用薬の薬理作用の増強又は減弱，副作用の増強，新しい副作用の出現又は原疾患の増悪等が生じる場合で，臨床上注意を要する組合せを記載すること。これには物理療法，飲食物等との相互作用についても重要なものを含むものであること。

(2)　血中濃度の変動により相互作用を生じる場合であって，その発現機序となる代謝酵素等に関する情報がある場合は，前段にその情報を記載すること。

(3)　「10.1　併用禁忌」は「2. 禁忌」にも記載すること。併用禁忌にあって

資料 3　医療用医薬品の添付文書等の記載要領について

は，相互作用を生じる医薬品が互いに禁忌になるよう整合性を図ること。

(4)　記載に当たっては，まず相互作用を生じる薬剤名又は薬効群名を挙げ，次いで相互作用の内容として，臨床症状・措置方法，機序・危険因子等を簡潔に記載すること。また，相互作用の種類（機序等）が異なる場合には項を分けて記載すること。

(5)　「10.1　併用禁忌」の記載に当たっては，薬剤名として一般的名称及び代表的な販売名を記載すること。

(6)　「10.2　併用注意」の記載に当たっては，薬剤名として一般的名称又は薬効群名を記載すること。薬効群名を記載する場合は，原則として，代表的な一般的名称を併記すること。

11.　副作用

(1)　医薬品の使用に伴って生じる副作用を記載すること。

(2)　副作用の発現頻度を，精密かつ客観的に行われた臨床試験等の結果に基づいて記載すること。

(3)　「11.1　重大な副作用」の記載に当たっては次の点に注意すること。

①　副作用の転帰や重篤性を考慮し，特に注意を要するものを記載すること。

②　副作用の事象名を項目名とし，初期症状（臨床検査値の異常を含む。），発現機序，発生までの期間，リスク要因，防止策，特別な処置方法等が判明している場合には，必要に応じて記載すること。

③　海外のみで知られている重大な副作用についても，必要に応じて記載すること。

④　類薬で知られている重大な副作用については，同様の注意が必要と考えられる場合に限り記載すること。

(4)　「11.2　その他の副作用」の記載に当たっては次の点に注意すること。

①　発現部位別，投与方法別，薬理学的作用機序，発現機序別等に分類し，発現頻度の区分とともに記載すること。

②　海外のみで知られているその他の副作用についても，必要に応じて記載すること。

12.　臨床検査結果に及ぼす影響

当該医薬品を使用することによって，臨床検査値が見かけ上変動し，かつ明らかに器質障害又は機能障害と結びつかない場合に記載すること。

13.　過量投与

過量投与時（自殺企図，誤用，小児等の偶発的曝露を含む。）に出現する中毒症状を記載すること。観察すべき項目や処置方法（特異的な拮抗薬，透析の

資料3　医療用医薬品の添付文書等の記載要領について

　有用性を含む。）がある場合には，併せて記載すること。

14.　適用上の注意

　⑴　投与経路，剤形，注射速度，投与部位，調製方法，患者への指導事項など，
　　適用に際して必要な注意事項を記載すること。

　⑵　記載に当たっては，「薬剤調製時の注意」，「薬剤投与時の注意」，「薬剤交
　　付時の注意」又はその他の適切な項目をつけて具体的に記載すること。

15.　その他の注意

　⑴　「15.1　臨床使用に基づく情報」
　　　評価の確立していない報告であっても，安全性の懸念や有効性の欠如など
　　特に重要な情報がある場合はこれを正確に要約して記載すること。

　⑵　「15.2　非臨床試験に基づく情報」
　　　ヒトへの外挿性は明らかではないが，動物で認められた毒性所見であって，
　　特に重要な情報を簡潔に記載すること。

16.　薬物動態

　⑴　原則として，ヒトでのデータを記載すること。ヒトでのデータが得られな
　　いものについては，これを補足するために非臨床試験の結果を記載すること。

　⑵　非臨床試験の結果を記載する場合には動物種を，またin vitro試験の結果
　　を記載する場合にはその旨をそれぞれ記載すること。

　⑶　「16.1　血中濃度」
　　①　健康人又は患者における血中薬物濃度及び主要な薬物動態パラメータを
　　　記載すること（ただし，「16.6　特定の背景を有する患者」に該当するも
　　　のを除く。）。

　　②　単回投与・反復投与の区別，投与量，投与経路，症例数等を明示するこ
　　　と。

　⑷　「16.2　吸収」
　　　ヒトでのバイオアベイラビリティ，食事の影響等の吸収に関する情報を記
　　載すること。

　⑸　「16.3　分布」
　　　組織移行，蛋白結合率等の分布に関する情報を記載すること。

　⑹　「16.4　代謝」
　　　代謝酵素，その寄与等の薬物代謝に関する情報を記載し，主要な消失経路
　　が代謝による場合は，その旨がわかるように記載すること。

　⑺　「16.5　排泄」
　　　未変化体及び代謝物の尿中又は糞便中の排泄率等の排泄に関する情報を記

資料3　医療用医薬品の添付文書等の記載要領について

載し，主要な消失経路が排泄による場合は，その旨がわかるように記載すること。

(8)　「16.6　特定の背景を有する患者」

　①　特定の背景を有する患者における血中薬物濃度，主要な薬物動態パラメータ等を記載すること。

　②　腎機能障害・肝機能障害・小児等・高齢者等の区分を記載すること。

(9)　「16.7　薬物相互作用」

　①　原則として，「10. 相互作用」に注意喚起のある薬物相互作用について，臨床薬物相互作用試験の結果を記載すること。必要に応じて，相互作用の機序・危険因子について，ヒト生体試料を用いたin vitro試験等のデータを補足すること。

　②　臨床薬物相互作用試験の結果を記載する場合には，相互作用の程度が定量的に判断できるよう，血中濃度や主要な薬物動態パラメータの増減等の程度を数量的に記載すること。

　③　「10. 相互作用」に注意喚起のない薬物相互作用については，併用される可能性の高い医薬品など特に重要な場合に限り，その概要を記載すること。

(10)　「16.8　その他」

　「16.1　血中濃度」から「16.7　薬物相互作用」までの項目に該当しないが，TDM（therapeutic drug monitoring）が必要とされる医薬品の有効血中濃度及び中毒濃度域，薬物動態（PK）と薬力学（PD）の関係等の薬物動態に関連する情報を記載すること。

17.　臨床成績

(1)　「17.1　有効性及び安全性に関する試験」

　①　精密かつ客観的に行われ，信頼性が確保され，有効性及び安全性を検討することを目的とした，承認を受けた効能又は効果の根拠及び用法及び用量の根拠となる主要な臨床試験の結果について，記載すること。

　②　試験デザイン（投与量，投与期間，症例数を含む。），有効性及び安全性に関する主要な結果を，承認を受けた用法及び用量に従って簡潔に記載すること。

　③　副次的評価項目については，特に重要な結果に限り簡潔に記載することができる。

(2)　「17.2　製造販売後調査等」

　①　希少疾病医薬品等の承認時までの臨床試験データが極めて限定的であっ

253

資料3　医療用医薬品の添付文書等の記載要領について

て，「17.1　有効性・安全性に関する試験」を補完する上で特に重要な結果に限り，記載すること。

② 原則として，医薬品の製造販売後の調査及び試験の実施の基準に関する省令（平成16年厚生労働省令第171号）に準拠して実施された結果を記載すること。

⑶ 「17.3　その他」

① 「17.1　有効性・安全性に関する試験」及び「17.2　製造販売後調査等」の項目に該当しないが，精密かつ客観的に行われた，有効性評価指標以外の中枢神経系，心血管系，呼吸器系等の評価指標を用いた特に重要な臨床薬理試験（QT/QTc評価試験等）等の結果について，記載すること。

② 投与量，症例数，対象の区別（健康人・患者，性別，成人・小児等）を記載すること。

18．薬効薬理

⑴ 承認を受けた効能又は効果の範囲であって，効能又は効果を裏付ける薬理作用及び作用機序を記載すること。

⑵ 「18.1　作用機序」として，作用機序の概要を簡潔に記載すること。作用機序が明確でない場合は，その旨を記載して差し支えない。

⑶ 「18.2」以降として，効能又は効果を裏付ける薬理作用を適切な項目をつけて記載すること。

⑷ ヒトによる薬効薬理試験等の結果を記載する場合には，対象の区別（健康人・患者，性別，成人・小児等）を記載すること。

⑸ 非臨床試験の結果を記載する場合には動物種を記載すること。また，in vitro試験の結果を記載する場合にはその旨を記載すること。

⑹ 配合剤における相乗作用を表現する場合には，十分な客観性のあるデータがある場合に限り記載すること。

19．有効成分に関する理化学的知見

一般的名称，化学名，分子式，化学構造式，核物理学的特性（放射性物質に限る。）等を記載すること。ただし，輸液等の多数の有効成分を配合する医薬品にあっては，主たる有効成分を除き，記載を省略して差し支えない。

20．取扱い上の注意

⑴ 開封後の保存条件及び使用期限，使用前に品質を確認するための注意事項など，「エ．貯法及び有効期間」以外の管理，保存又は取扱い上の注意事項を記載すること。

⑵ 日本薬局方に収められている医薬品又は法定の基準が定められている医薬

資料3　医療用医薬品の添付文書等の記載要領について

品であって，取扱い上の注意事項が定められているものは，その注意事項を記載すること。

21．承認条件

承認条件を製造販売承認書に則り記載すること。ただし，市販直後調査については，この限りではない。

22．包装

包装形態及び包装単位を販売名ごとに記載すること。製品を構成する機械器具，溶解液等がある場合は，その名称を記載すること。

23．主要文献

各項目の記載の裏付けとなるデータの中で主要なものについては主要文献として本項目に記載すること。

24．文献請求先及び問い合わせ先

文献請求先及び問い合わせ先の氏名又は名称，住所及び連絡先（電話番号，ファクシミリ番号等）を記載すること。

25．保険給付上の注意

(1)　保険給付の対象とならない医薬品や効能又は効果の一部のみが保険給付の対象となる場合は，その旨を記載すること。

(2)　薬価基準収載の医薬品であって，投与期間制限の対象になる医薬品に関する情報のほか，保険給付上の注意がある場合に記載すること。

26．製造販売業者等

製造販売業者等の氏名又は名称及び住所を記載すること。

第4　データの取扱い

1．非臨床試験データ

非臨床試験のデータは国内，国外の如何を問わず同等に扱うものとすること。障害の詳しい内容，投与量，投与期間・投与経路・投与回数等の投与方法及び動物種等が極めて重要な情報である場合には，これらを（　）書きすることがあること。

2．疫学研究データ

重要な疫学研究データがある場合には，調査手法を併記した上で記載すること。

3．他剤との比較データ

他剤との比較データ（生物学的同等性試験を含む。）を記載する場合には，

255

資料3　医療用医薬品の添付文書等の記載要領について

　十分な客観性のある比較データであって，重要な情報である場合に限り記載すること。

（別記）

公益社団法人日本医師会会長

公益社団法人日本歯科医師会会長

公益社団法人日本薬剤師会会長

一般社団法人日本病院薬剤師会会長

日本製薬団体連合会会長

日本製薬工業協会会長

米国研究製薬工業協会在日執行委員会委員長

欧州製薬団体連合会会長

日本ジェネリック製薬協会会長

日本漢方生薬製剤協会会長

日本生薬連合会会長

一般社団法人日本CRO協会会長

独立行政法人医薬品医療機器総合機構理事長

資料4　プログラムの医療機器への該当性に関する基本的な考え方について

資料4

プログラムの医療機器への該当性に関する基本的な考え方について

$$\left(\begin{array}{l}\text{平26・11・14薬食監麻発1114第5号厚生労働}\\\text{省医薬食品局監視指導・麻薬対策課長通知}\end{array}\right)$$

　今般，平成25年11月27日に公布された「薬事法等の一部を改正する法律」（平成25年法律第84号。以下「改正法」という。）により，国際整合性等を踏まえ，医療機器の範囲にプログラム又はこれを記録した記録媒体（以下「プログラム医療機器」という。）を加え，製造販売の承認等の対象とすることとしたところです。

　その取扱いに関し，プログラムの医療機器への該当性に関する基本的な考え方について，下記のとおりとりまとめましたので，御了知の上，貴管内関係業者，関係団体等に周知いただくとともに，適切な指導を行い，その実施に遺漏なきよう，御配慮願います。

　また，本通知の写しを各地方厚生局長，独立行政法人医薬品医療機器総合機構理事長，一般社団法人日本医療機器産業連合会会長，米国医療機器・ＩＶＤ工業会会長，欧州ビジネス協会医療機器委員会委員長及び薬事法登録認証機関協議会の長宛て送付することとしています。

　なお，本通知は改正法の施行の日（平成26年11月25日）から適用します。

　また，必要に応じて例示を追加等する場合があります。

記

1．該当性の判断に当たっての基本的な考え方について

　プログラム医療機器は，有体物の医療機器と同様に，改正法による改正後の「医薬品，医療機器等の品質，有効性及び安全性の確保等に関する法律」（昭和35年法律第145号。以下「医薬品医療機器等法」という。）第2条第4項の医療機器の定義に基づき，汎用コンピュータや携帯情報端末等にインストールされた有体物の状態で人の疾病の診断，治療若しくは予防に使用されること又は人の身体の構造若しくは機能に影響を及ぼすことが目的とされているものである。

　ただし，「薬事法等の一部を改正する法律の施行に伴う関係政令の整備等及び経過措置に関する政令」（平成26年政令269号）による改正後の「医薬品，医

資料4　プログラムの医療機器への該当性に関する基本的な考え方について

療機器等の品質，有効性及び安全性の確保等に関する法律施行令」（昭和36年政令第11号。以下「新施行令」という。）別表第1により，プログラム医療機器については，機能の障害等が生じた場合でも人の生命及び健康に影響を与えるおそれがほとんどないものは，医療機器の範囲から除外されているため，該当性の判断に当たっては，この影響を勘案することが必要である。

　無体物である特性等を踏まえ，人の生命及び健康や機能に与える影響等を考慮し，プログラム医療機器の該当性の判断を行うに当たり，次の2点について考慮すべきものであると考えられる。

⑴　プログラム医療機器により得られた結果の重要性に鑑みて疾病の治療，診断等にどの程度寄与するのか。

⑵　プログラム医療機器の機能の障害等が生じた場合において人の生命及び健康に影響を与えるおそれ（不具合があった場合のリスク）を含めた総合的なリスクの蓋然性がどの程度あるか。

　以上を踏まえ，汎用コンピュータ等に組み込まれて使用されるプログラムのうち，⑴医療機器に該当すると考えられるプログラム及び⑵医療機器に該当しないと考えられるプログラムの代表的なものについて，別添のとおり例示する。

2．臨床研究等における取扱いについて

　医師又は歯科医師が主体的に実施する妥当な臨床研究において用いられる医療機器の提供については，医薬品医療機器等法が適用されない場合があるので，その取扱いについては「臨床研究において用いられる未承認医療機器の提供等に係る薬事法の適用について」（平成22年3月31日付け薬食発0331第7号厚生労働省医薬食品局長通知）及び「臨床研究において用いられる未承認医療機器の提供等に係る薬事法の適用について」に関する質疑応答集（Q＆A）について」（平成23年3月31日付け薬食監麻発0331第7号厚生労働省医薬食品局監視指導・麻薬対策課長通知）を参照されたい。

　なお，個々の具体的な事例における医薬品医療機器等法の適用につき判然としない場合には，監視指導・麻薬対策課において相談・助言等を行っていることから，これを活用すること。

資料 4　プログラムの医療機器への該当性に関する基本的な考え方について

（別添）

⑴　医薬品医療機器等法において医療機器に該当するプログラム

　1 ）医療機器で得られたデータ（画像を含む）を加工・処理し，診断又は治療
　　に用いるための指標，画像，グラフ等を作成するプログラム

　　①　診断に用いるため，画像診断機器で撮影した画像を汎用コンピュータ等
　　　に表示するプログラム（診療記録としての保管・表示用を除く）

　　②　画像診断機器で撮影した画像や検査機器で得られた検査データを加工・
　　　処理し，病巣の存在する候補位置の表示や，病変又は異常値の検出の支援
　　　を行うプログラム（CADe（Computer-Aided Detection））

　　③　CADe機能に加え，病変の良悪性鑑別や疾病の進行度等の定量的なデー
　　　タ，診断結果の候補やリスク評価に関する情報等を提供して診断支援を行
　　　うプログラム（CADx（Computer-Aided Diagnosis）

　　④　放射性医薬品等を用いて核医学診断装置等で撮影した画像上の放射性医
　　　薬品等の濃度の経時的変化データを処理して生理学的なパラメータ（組織
　　　血流量，負荷応答性，基質代謝量，受容体結合能等）を計算し，健常人群
　　　等との統計的な比較を行うプログラム

　　⑤　簡易血糖測定器等の医療機器から得られたデータを加工・処理して糖尿
　　　病の重症度等の新たな指標の提示を行うプログラム

　　⑥　一つ又は複数の検査機器から得られた検査データや画像を加工・処理し，
　　　診断のための情報を提示するプログラム（例えば，眼底カメラ，眼撮影装
　　　置，その他眼科向検査機器から得られた画像や検査データを加工・処理し，
　　　眼球の組織・細胞や層構造について，形状・面積・厚さ・体積・濃度・色
　　　等を表示，形態情報との相関比較を行うプログラム）

　2 ）治療計画・方法の決定を支援するためのプログラム（シミュレーションを
　　含む）

資料4　プログラムの医療機器への該当性に関する基本的な考え方について

①　CT等の画像診断機器から得られる画像データを加工・処理し，歯やインプラントの位置のイメージ画像の表示，歯科の矯正又はインプラント治療の術式シミュレーションにより，治療法の候補の提示及び評価・診断を行い，治療計画の作成，及び期待される治療結果の予測を行うプログラム

②　放射線治療における患者への放射線の照射をシミュレーションし，人体組織における吸収線量分布の推定値を計算するためのプログラム（RTPS（放射線治療計画システム）

③　画像を用いて脳神経外科手術，形成外科，耳鼻咽喉科，脊椎外科等の手術をナビゲーションするためのプログラム

④　CT等の画像診断機器で撮影した画像を加工・処理して，整形外科手術の術前計画を作成するためのプログラム

⑤　画像診断機器や検査機器で得られたデータを加工・処理し，手術結果のシミュレーションを行い，術者による術式・アプローチの選択の支援や，手術時に手術機器で使用するパラメータの計算を行うプログラム（例えば，角膜トポグラフィ機能をもつレフラクト・ケラトメータで取得した角膜形状データを基に，屈折矯正手術における角膜不正成分を考慮した手術結果のシミュレーションを行い，レーザの照射データを作成するプログラム（屈折矯正手術レーザ照射データ作成プログラム）

⑥　患者の体重等のデータから麻酔薬の投与量を容易な検証ができない方法により算出し，投与を支援するプログラム

(2)　医薬品医療機器等法において医療機器に該当しないプログラム

1）医療機器で取得したデータを，診療記録として用いるために転送，保管，表示を行うプログラム

①　医療機器で取得したデータを，可逆圧縮以外のデータの加工を行わずに，他のプログラム等に転送するプログラム（データ表示機能を有しないデータ転送プログラム）

資料4　プログラムの医療機器への該当性に関する基本的な考え方について

② 診療記録として患者情報及び検査情報の表示，編集を行うために，医療機器で取得したデータのデータフォーマットの変換，ファイルの結合等を行うプログラム

③ CT等の画像診断機器で撮影した画像を診療記録のために転送，保管，表示するプログラム

④ 検査項目の入力，表示，出力を行い，患者ごとの複数の検査結果を継時的に保管・管理するプログラム

⑤ 事前に入力した患者IDや氏名等のパラメータを複数の医療機器に転送し，設定するプログラム（パラメータそのものは加工せず転送するものに限る）

2）データ（画像は除く）を加工・処理するためのプログラム（診断に用いるものを除く）

① 医療機器で得られたデータを加工・処理して，汎用コンピュータ等で表示するプログラム（例えば，睡眠時無呼吸症候群の在宅治療で使用するCPAP（持続式陽圧呼吸療法）装置のデータ（無呼吸・低呼吸指数，供給圧力，使用時間等）を，SDカード等から汎用コンピュータ等で読み込み一覧表等を作成・表示するプログラム）

② 腹膜透析装置等の医療機器を稼働させるための設定値パラメータ又は動作履歴データを用いて，汎用コンピュータ等でグラフの作成，データの表示，保管を行うプログラム

③ 検査データの有意差検定等の統計処理を行うプログラム

3）教育用プログラム

① 医学教育の一環として，医療関係者がメディカルトレーニング用教材として使用する，又は以前受けたトレーニングを補強するために使用することを目的としたプログラム

資料4　プログラムの医療機器への該当性に関する基本的な考え方について

②　教育の一環として，手術手技の実施状況を撮影し，手術室外の医局等の
ディスプレイ等にビデオ表示することでライブ情報を共有させるためにデ
ジタル画像を転送・表示させるためのプログラム

4）患者説明用プログラム

①　患者へ治療方法等を説明するため，アニメーションや画像により構成さ
れる術式等の説明用プログラム

5）メンテナンス用プログラム

①　医療機器の消耗品の交換時期，保守点検の実施時期等の情報を転送，記
録，表示するプログラム（医療機関内の複数の医療機器の使用状況等を
ネットワーク経由で記録・表示させるプログラムを含む）

②　輸液ポンプ等の医療機器の動作履歴や稼働状況の自己点検プログラム

③　内視鏡洗浄消毒器等の医療機器の運転履歴，機器ID，担当者ID等を記
録・表示するプログラム

6）院内業務支援プログラム

①　インターネットを利用して診療予約を行うためのプログラム

②　総合コンピュータシステム（レセコン・カルテコン）において，入力さ
れたカルテ情報から情報提供用文書の出力，受付，会計業務，レセプト総
括発行等の集計作業を行うプログラム

③　医療機器の販売管理，在庫管理，入出庫管理，設置場所の管理のための
プログラム

④　医療機器の添付文書の集中管理を行うため，複数の医療機器の添付文書
を保管・表示するプログラム

資料4　プログラムの医療機器への該当性に関する基本的な考え方について

7）健康管理用プログラム

① 日常的な健康管理のため，個人の健康状態を示す計測値（体重，血圧，心拍数，血糖値等）を表示，転送，保管するプログラム

② 電子血圧計等の医療機器から得られたデータを転送し，個人の記録管理用として表示，保管，グラフ化するプログラム

③ 個人の服薬履歴管理や母子の健康履歴管理のために，既存のお薬手帳や母子手帳の情報の一部又は全部を表示，記録するプログラム

④ 個人の健康履歴データを単なる記録のために健康管理サービス提供者と共有するプログラム（診断に使用しないものに限る）

⑤ 携帯情報端末内蔵のセンサ等を利用して個人の健康情報（体動等）を検知し，生活環境の改善を目的として家電機器などを制御するプログラム

⑥ 携帯情報端末内蔵のセンサ等を利用して個人の健康情報（歩数等）を検知し，健康増進や体力向上を目的として生活改善メニューの提示や実施状況に応じたアドバイスを行うプログラム

⑦ 健康診断のため，氏名等の受診者情報，受付情報，検査項目，検査機器の使用状況や問診する医師のスケジュール等健康診断の実施に関する情報及び健康診断の検査・診断データを管理し，健康診断の結果の通知表を作成するプログラム

⑧ 健康診断の結果を入力，保管，管理し，受診者への報告用データや結果を表形式等に作成するプログラム

⑨ 保健指導の指導状況を入力，保管，管理し，実績報告のためのデータを作成するプログラム

⑩ 健康診断の問診結果，受診者の生活習慣関連情報，生活習慣改善の指導状況，改善状況に関する情報を入力，保管，管理し，生活習慣の改善のた

資料4　プログラムの医療機器への該当性に関する基本的な考え方について

めに学会等により予め設定された保健指導の助言候補から該当候補を提示
するプログラム

8）一般医療機器（機能の障害等が生じた場合でも人の生命及び健康に影響を
与えるおそれがほとんどないもの）に相当するプログラム（新施行令により，
医療機器の範囲から除外されるもの）

① 汎用コンピュータや携帯情報端末等を使用して視力検査及び色覚検査を
行うためのプログラム（一般医療機器の「視力表」や「色覚検査表」と同
等の機能を発揮するプログラム）

② 携帯情報端末内蔵のセンサ等を用いて，体動を検出するプログラム（一
般医療機器の「体動センサ」と同等の機能を発揮するプログラム）

③ 「ディスクリート方式臨床化学自動分析装置」等の一般医療機器である
分析装置から得られた測定値を転送，保管，表示（グラフ化）するプログ
ラム

④ 添付文書の用法用量・使用上の注意や，治療指針，ガイドラインなど公
知の投与量の増減に対応する薬剤の投与量を提示するプログラム（薬物投
与支援用プログラム）

資料5　個人輸入代行業の指導・取締り等について

資料5

個人輸入代行業の指導・取締り等について

$$\begin{pmatrix}\text{平14・8・28医薬発第08280}\\\text{14号厚生労働省医薬局長通知}\end{pmatrix}$$

　近年，国民の健康意識の高まりやインターネットの普及等に伴い，国内で承認されていない医薬品（以下「無承認医薬品」という。）を国民が自ら海外より輸入し（以下「個人輸入」という。），使用する事例が増加しているが，その際，個人輸入代行業者に輸入手続きの代行を委託するものがみられる。

　先般の個人輸入したダイエット用健康食品等によると疑われる健康被害事例において，これらの個人輸入代行業者が，実際には無承認医薬品の輸入や無承認医薬品の広告を行うなど薬事法（昭和35年法律第145号）に違反する行為を行っている事例がみられることから，今般，医薬品の無許可輸入に該当する事例等を明確化し，指導取締りの参考としたので，今後は，下記に従い，貴管下関係業者に対して，遺漏のないよう指導・取締りを行われたい。

　また，近年の健康被害事例の発生を踏まえ，厚生労働省としては安易な個人輸入に対して注意喚起を行ってきているところであるので，都道府県においても必要な周知・啓発を図られたい。

記

無許可輸入の具体例等について

第1　定義
　1　輸入
　　「輸入」とは，外国から積み出された貨物を本邦の領土内に引き取ることをいう。
　2　輸入者
　　「輸入者」とは，実質的にみて本邦に引き取る貨物の処分権を有している者，すなわち実質的に輸入の効果が帰属する者をいう。
　3　輸入販売業者
　　「輸入販売業者」とは，業として，医薬品等を輸入する者をいう。

265

資料5　個人輸入代行業の指導・取締り等について

第2　無許可輸入に該当する事例等
1　業務の範囲
　　輸入代行業者の行う業務の範囲については，一般に，輸入者の要請に基づき個別商品の輸入に関する役務（手続き）を請け負うものであり，商品の受け取り等の輸入の効果が帰属する場合は，輸入販売業の許可の取得が必要なものであること。
2　輸入代行業者の行う違反事例等の態様
　　輸入代行業と称している場合であっても，外国の業者から医薬品を輸入し，顧客に販売する行為を行うなど実態として輸入行為を行っている場合は輸入販売業の許可の取得が必要であるので，必要な指導取締り等適切な措置を行われたい。なお，現在までに輸入代行業と称するもののうち，その事業の形態により薬事法違反行為と考えられるものについて以下のとおり類型化したので，取締り等に当たり参考とされたい。
　　また，薬事法上，輸入代行業者が，輸入代行業者である旨の広告を行うことを規制するものではないが，この様な場合においても，無承認医薬品の広告を行うことは違法であることについて，十分に周知指導されたい。
⑴　輸入行為（別紙1参照）
　⑴　輸入代行業者は，無承認医薬品である商品のリストを不特定多数の者に示し，その輸入の希望を募る。注1）
　⑵　消費者は，輸入代行業者の提示するリスト中の特定の商品の輸入手続きを依頼する。
　⑶　消費者は，輸入代行業者の手数料が上乗せされた価格を支払う。
　⑷　輸入代行業者は，予め注文を見込んで個人使用目的として輸入していた商品を消費者に渡すか，又は消費者の依頼に応じて自らの資金で商品を輸入し，消費者に渡す。注2）
　注1）商品リストが無承認医薬品の広告に該当する場合，薬事法違反となる。なお，商品名が伏せ字などであっても，当該商品の認知度，付随している写真等から総合的にみて広告に該当すると考えられる場合は，薬事法違反となる。
　注2）輸入販売業の許可が必要となるため，許可なく行えば薬事法違反となる。
⑵　能動的手続代行行為（別紙2参照）
　⑴　輸入代行業者は，無承認医薬品である商品のリストを不特定多数の者に示し，その輸入の希望を募る。注1）

資料5　個人輸入代行業の指導・取締り等について

⑵　消費者は，輸入代行業者の提示するリスト中の特定の商品の輸入手続きを依頼する。

⑶　消費者は，輸入代行業者の手数料が上乗せされた価格を支払う。

⑷　輸入代行業者は，預かった代金等をとりまとめ，送付先等リスト（消費者の氏名，現住所等）とともに，外国の販売業者に送付する。

⑸　外国の販売業者は，消費者に対し，直接商品を送付する。注2）

注1）商品リストが無承認医薬品の広告に該当する場合，薬事法違反となる。なお，商品名が伏せ字などであっても，当該商品の認知度，付随している写真等から総合的にみて広告に該当すると考えられる場合は，薬事法違反となる。

注2）消費者＝輸入者

3　違反事例とならない輸入代行業者の行う態様

輸入代行業者は，消費者の要請に基づき個別商品の発注，支払い等の輸入に関する手続を請け負うものであり，商品の受け取り等の輸入の効果が消費者に帰属する場合。

受動的手続代行行為（別紙3参照）

⑴　消費者は，輸入代行業者に希望する商品の輸入を依頼する。

⑵　消費者は，輸入代行業者の手数料が上乗せされた価格を支払う。

⑶　輸入代行業者は，預かった代金等をとりまとめ，送付先等リスト（消費者の氏名，現住所等）とともに，外国の販売業者に送付する。

⑷　外国の販売業者は，消費者に対し，直接商品を送付する。注1）

注1）消費者＝輸入者

第3　輸入代行業者への指導等

輸入代行業者が，過去に輸入者から代行手続きの委託を受け輸入代行行為を行った医薬品等について，海外等において当該医薬品等に関する危害が発生している等の情報に接した場合にあっては，消費者に対し当該情報を伝えるなど健康被害の発生防止に努めることを指導されたい。

第4　無承認医薬品の広告

輸入代行業者によるインターネット等を利用した無承認医薬品の広告については，安易な個人輸入を助長する行為によって健康被害のおそれが危惧されるとともに，薬事法上違法な行為であることから，以下に留意の上，厳正な監視指導を図られたい。

267

資料5　個人輸入代行業の指導・取締り等について

1　医薬品の広告該当性
　医薬品の広告に該当するかについては，かねてより，
　　(1)　顧客を誘引する（顧客の購入意欲を昂進させる）意図が明確であること
　　(2)　特定医薬品等の商品名が明らかにされていること
　　(3)　一般人が認知できる状態にあること
に基づき判断してきているが，輸入代行業者のホームページ上等におけるいわゆる無承認医薬品の商品名等の表示については，名称の一部を伏せ字とした場合や文字をぼかす，写真や画像イメージのみを表示するなどの場合であっても，金額を示すなど商品に対する顧客誘因性が認められる場合などであって，当該商品の認知度，付随している写真及び説明書き等から特定医薬品であることが認知できる場合は，広告に該当するものとして取り扱うこと。

2　医薬品の範囲
　薬事法第2条第1項第2号又は第3号に規定する医薬品に該当するか否かについては，昭和46年6月1日薬発第476号厚生省薬務局長通知「無承認無許可医薬品の監視指導について」の中の「医薬品の範囲に関する基準」として，具体的な判断のための基準が示されているところであること。

（別紙1）

1．業者による輸入行為

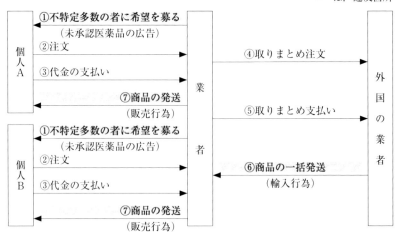

資料5　個人輸入代行業の指導・取締り等について

(別紙2)

2．能動的手続代行行為

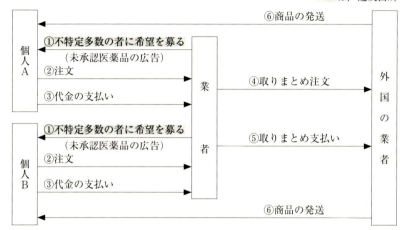

(別紙3)

3．受動的手続代行行為（違反なし）

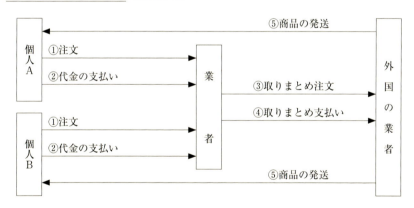

(参考)
○代行業者不在型の個人輸入

資料6　インターネットによる医薬品等の広告の該当性
に関する質疑応答集（Q＆A）について

資料6

インターネットによる医薬品等の広告の該当性に関する
質疑応答集（Q＆A）について

（平26・5・22薬食監麻発0522第9号厚生労働
省医薬食品局監視指導・麻薬対策課長通知）

　薬事法（昭和35年法律第145号）における医薬品等の広告の該当性については，「薬事法における医薬品等の広告の該当性について」（平成10年9月29日医薬監第148号）（以下「通達」という。）においてお示ししているところですが，「薬事法及び薬剤師法の一部を改正する法律」（平成25年法律第103号。以下「改正法」という。）については，平成25年12月13日に公布されたところであり，改正法のうち，医薬品の販売業等に関する規制の見直しについては，平成26年6月12日より施行されるところです。この改正により，一般用医薬品のインターネット販売等に係る新たな制度が実施されることから，インターネットによる医薬品等の広告に対する監視指導に資するため，別添のとおり，インターネットによる医薬品等の広告の該当性に係る質疑応答集（Q＆A）を作成いたしましたので，御了知のうえ，貴管内市町村，関係団体，関係機関等に周知徹底を図るとともに，適切な指導に遺漏なきよう，お願いいたします。

　なお，個別具体的な事例が広告に該当するか否かについて疑義が生じた場合には，厚生労働省医薬食品局監視指導・麻薬対策課まで御照会ください。

（別添）

Ｑ１．インターネット上で医薬品等を販売している場合や個人輸入代行行為を行っている場合において，当該事業者のサイト内で医薬品名等で検索し，検索前には当該サイト内で具体的な医薬品名等は表示されていなかったが，完全一致検索の結果として初めて検索した医薬品名等が表示される場合は，当該医薬品等を広告していると見なしてよいか。

Ａ１．購入希望者が当該業者のサイト上で購入を希望する医薬品等を検索しなければ具体的な医薬品名等が表示されないのであれば，当該事業者が当該医薬品等を能動的に広告しているとはみなせず，顧客を誘因する意図が明確とは考え

資料6　インターネットによる医薬品等の広告の該当性
に関する質疑応答集（Q＆A）について

られないため，原則として，医薬品等の広告に該当するとはいえないと考える。ただし，検索した文言による医薬品等の該当がなく医薬品等の情報が表示されない場合でも，併せて，他の医薬品等の購入等を誘導するような情報が表示され，当該医薬品等の情報が表示される場合には，当該表示は薬事法上の広告に該当する。

Q2．当該事業者のサイトにおいて，トップページに具体的な医薬品の名称等は記載されていないものの「製品分類」や「製品カテゴリ」などの項目があり，その項目をクリックすると具体的な医薬品名等が表示される場合，当該事業者は医薬品等について広告していると見なしてよいか。

A2．トップページに具体的な医薬品名等が表示されていなくても，他のページで通達において示した三つの要件（以下「三要件」という。）を満たした広告行為が行われている場合には，当該事業者は医薬品等について広告していると見なすことができる。

Q3．インターネット上で会員専用のログインを求めた上で医薬品等の販売や個人輸入代行行為を行っている場合，当該事業者は医薬品等の広告を行っていると見なしてよいか。

A3．IDやパスワードの設定等により，ログインを求める場合であっても，そのことをもって，一般人（広告を行っている者以外の者を指す。）が認知できる状態ではなくなる等，インターネット上の表示が医薬品等の広告に該当しないということにはならない。

　なお，薬局開設者等が，特定販売を行うことについてIDやパスワード等が必要なホームページで広告をするときは，当該IDやパスワード等については，事前に行政機関に届け出ることとなっている。

271

資料6　インターネットによる医薬品等の広告の該当性
に関する質疑応答集（Q＆A）について

> Q4．国内未承認薬の広告行為が薬事法違反である旨をインターネット上に
> 表示し，購入者がその旨を了解した上でなければ具体的な医薬品名等が表
> 示されているページに進めない場合において，進んだ先に具体的な医薬品
> 等が表示される場合，薬事法第68条違反で指導の対象となるか。

A4．医薬品等の広告に該当し，薬事法第68条違反で指導の対象となる。

> Q5．医薬品等を海外から日本国内に販売するサイト又は個人輸入代行を行
> うサイトを紹介・誘導しているサイト（以下「紹介サイト」という。）に
> おいて，特定の医薬品名等が表示されている場合には，当該紹介サイトが
> 広告を行っていると見なしてよいか。

A5．当該紹介サイトが医薬品等の広告に該当するかどうかについては，個別具
体的に判断されることとなるが，当該紹介サイトが，リンク先の販売又は輸入
代行行為を行う主体となる事業者と同一である場合や，同一とみなせるような
場合等には，医薬品等の広告に該当する可能性がある。なお，リンク先のサイ
トのみが薬事法違反の場合もあるので，留意されたい。

資料7

無承認無許可医薬品の指導取締りについて

$\left(\begin{array}{l}\text{昭46・6・1薬発第476号厚生省薬務局長通}\\\text{知, 最終改正平30・4・18薬生発0418第4号}\end{array}\right)$

　昨今, その本質, 形状, 表示された効能効果, 用法用量等から判断して医薬品とみなされるべき物が, 食品の名目のもとに製造（輸入を含む。以下同じ。）販売されている事例が少なからずみうけられている。

　かかる製品は, 医薬品, 医療機器等の品質, 有効性及び安全性の確保等に関する法律（昭和35年法律第145号）（以下「法」という。）において, 医薬品として, その製造, 販売, 品質, 表示, 広告等について必要な規制を受けるべきものであるにもかかわらず, 食品の名目で製造販売されているため,

　⑴　万病に, あるいは, 特定疾病に効果があるかのごとく表示広告されることにより, これを信じて服用する一般消費者に, 正しい医療を受ける機会を失わせ, 疾病を悪化させるなど, 保健衛生上の危害を生じさせ,

　⑵　不良品及び偽薬品が製造販売される,

　⑶　一般人の間に存在する医薬品及び食品に対する概念を崩壊させ, 医薬品の正しい使用が損われ, ひいては, 医薬品に対する不信感を生じさせる,

　⑷　高貴な成分を配合しているかのごとく, あるいは特殊な方法により製造したかのごとく表示広告して, 高価な価格を設定し, 一般消費者に不当な経済的負担を負わせる,

等の弊害をもたらすおそれのある事例がみられている。

　このため, 従来より各都道府県の協力をえて, 法等の規定に基づく厳重な指導取締りを行なってきたところであるが, 業者間に認識があさく, 現在, なお医薬品の範囲に属する物であるにもかかわらず, 食品として製造販売されているものがみられることは極めて遺憾なことである。

　ついては, 今般, 今まで報告されてきた事例等を参考として, 人が経口的に服用する物のうち「医薬品の範囲に関する基準」（以下「基準」という。）を別紙のとおり定めたので, 今後は, 下記の点に留意のうえ, 貴管下関係業者に対して, 遺憾のないように指導取締りを行なわれたい。

資料7　無承認無許可医薬品の指導取締りについて

記

1. 医薬品の該当性については，法第2条における定義に照らし合わせて判断されるべきものであり，本基準は，当該判断に資するよう，過去の判断を例示しているものであることから，医薬品の該当性は，その目的，成分本質（原材料）等を総合的に検討の上，判断すること。
2. 基準により医薬品の範囲に属する物は，法の規制を受けるべきものであるので，この旨関係業者に周知徹底し，同法の規定に基づく承認及び許可を受けたものでなければ，製造販売しないよう強力に指導されたいこと。なお，その表示事項，形状等の改善により，食品として製造販売する物にあっては，表示事項については直ちに，また，形状等については，昭和46年11月までに所要の改善措置を講じさせること。
3. これらの指導にもかかわらず，基準により医薬品の範囲に属する物を食品として製造販売する業者に対しては，法及びその他の関連法令に基づき，告発等の厳重な措置を講じられたいこと。
4. ドリンク剤及びドリンク剤類似清涼飲料水の取扱いについては，今後とも，基準準中専ら医薬品として使用される物として例示したような成分本質の物についても，清涼飲料水に配合しないよう指導されたいこと。

（別紙）

医薬品の範囲に関する基準

　人が経口的に服用する物が，医薬品，医療機器等の品質，有効性及び安全性の確保等に関する法律（昭和35年法律第145号）第2条第1項第2号又は第3号に規定する医薬品に該当するか否かは，医薬品としての目的を有しているか，又は通常人が医薬品としての目的を有するものであると認識するかどうかにより判断することとなる。通常人が同項第2号又は第3号に掲げる目的を有するものであると認識するかどうかは，その物の成分本質（原材料），形状（剤型，容器，包装，意匠等をいう。）及びその物に表示された使用目的・効能効果・用法用量並びに販売方法，販売の際の演述等を総同的に判断すべきものである。
　したがって，医薬品に該当するか否かは，個々の製品について，上記の要素を総合的に検討のうえ判定すべきものであり，その判定の方法は，Ⅰの「医薬品の判定における各要素の解釈」に基づいて，その物の成分本質（原材料）を分類し，

資料7　無承認無許可医薬品の指導取締りについて

効能効果，形状及び用法用量が医薬品的であるかどうかを検討のうえ，Ⅱの「判定方法」により行うものとする。

ただし，次の物は，原則として，通常人が医薬品としての目的を有するものであると認識しないものと判断して差し支えない。

1　野菜，果物，調理品等その外観，形状等から明らかに食品と認識される物
2　健康増進法（平成14年法律第103号）第26条の規定に基づき許可を受けた表示内容を表示する特別用途食品
3　食品表示法（平成25年法律第70号）第4条第1項の規定に基づき制定された食品表示基準（平成27年内閣府令第10号）第2条第1項第10号の規定に基づき届け出た表示内容を表示する機能性表示食品

Ⅰ　医薬品の判定における各要素の解釈
1　物の成分本質（原材料）からみた分類
　物の成分本質（原材料）が，専ら医薬品として使用される成分本質（原材料）であるか否かについて，別添1「食薬区分における成分本質（原材料）の取扱いについて」（以下「判断基準」という。）により判断することとする。

　なお，その物がどのような成分本質（原材料）の物であるかは，その物の成分，本質，起源，製法等についての表示，販売時の説明，広告等の内容に基づいて判断して差し支えない。

　判断基準の1．に該当すると判断された成分本質（原材料）については，別添2「専ら医薬品として使用される成分本質（原材料）リスト」にその例示として掲げることとする。

　なお，別添2に掲げる成分本質（原材料）であっても，医薬部外品として承認を受けた場合には，当該成分本質（原材料）が医薬部外品の成分として使用される場合がある。

　また，判断基準の1．に該当しないと判断された成分本質（原材料）については，関係者の利便を考え，参考として別添3「医薬品的効能効果を標ぼうしない限り医薬品と判断しない成分本質（原材料）リスト」にその例示として掲げることとする。

　なお，当該リストは医薬品の該当性を判断する際に参考とするために作成するものであり，食品としての安全性等の評価がなされたもののリストではないことに留意されたい。

275

資料7　無承認無許可医薬品の指導取締りについて

2　医薬品的な効能効果の解釈

その物の容器，包装，添付文書並びにチラシ，パンフレット，刊行物，インターネット等の広告宣伝物あるいは演述によって，次のような効能効果が表示説明されている場合は，医薬品的な効能効果を標ぼうしているものとみなす。また，名称，含有成分，製法，起源等の記載説明においてこれと同様な効能効果を標ぼうし又は暗示するものも同様とする。

なお，食品表示基準（平成27年内閣府令第10号）第2条第1項第11号の規定に基づき，内閣総理大臣が定める基準に従い，栄養成分の機能の表示をする栄養機能食品（以下「栄養機能食品」という。）にあっては，その表示等を医薬品的な効能効果と判断しないこととして差し支えない。

（一）疾病の治療又は予防を目的とする効能効果

（例）糖尿病，高血圧，動脈硬化の人に，胃・十二指腸潰瘍の予防，肝障害・腎障害をなおす，ガンがよくなる，眼病の人のために，便秘がなおる等

（二）身体の組織機能の一般的増強，増進を主たる目的とする効能効果ただし，栄養補給，健康維持等に関する表現はこの限りでない。

（例）疲労回復，強精（強性）強壮，体力増強，食欲増進，老化防止，勉学能力を高める，回春，若返り，精力をつける，新陳代謝を盛んにする，内分泌機能を盛んにする，解毒機能を高める，心臓の働きを高める，血液を浄化する，病気に対する自然治癒能力が増す，胃腸の消化吸収を増す，健胃整腸，病中・病後に，成長促進等

（三）医薬品的な効能効果の暗示

（a）名称又はキャッチフレーズよりみて暗示するもの

（例）延命○○，○○の精（不死源），○○の精（不老源），薬○○，不老長寿，百寿の精，漢方秘法，皇漢処方，和漢伝方等

（b）含有成分の表示及び説明よりみて暗示するもの

（例）体質改善，健胃整腸で知られる○○○○を原料とし，これに有用成分を添加，相乗効果をもつ等

（c）製法の説明よりみて暗示するもの

（例）本邦の深山高原に自生する植物○○○○を主剤に，△△△，××等の薬草を独特の製造法（製法特許出願）によって調製したものである。等

（d）起源，由来等の説明よりみて暗示するもの

（例）○○○という古い自然科学書をみると胃を開き，鬱（うつ）を

資料7　無承認無許可医薬品の指導取締りについて

散じ，消化を助け，虫を殺し，痰なども無くなるとある。こうした経験が昔から伝えられたが故に食膳に必ず備えられたものである。等

（e）新聞，雑誌等の記事，医師，学者等の談話，学説，経験談などを引用又は掲載することにより暗示するもの

（例）医学博士○○○○の談

「昔から赤飯に○○○をかけて食べると癌にかからぬといわれている。………癌細胞の脂質代謝異常ひいては糖質，蛋白代謝異常と○○○が結びつきはしないかと考えられる。」等

3　医薬品的な形状の解釈

錠剤，丸剤，カプセル剤及びアンプル剤のような剤型は，一般に医薬品に用いられる剤型として認識されてきており，これらの剤型とする必要のあるものは，医薬品的性格を有するものが多く，また，その物の剤型のほかに，その容器又は被包の意匠及び形態が市販されている医薬品と同じ印象を与える場合も，通常人が当該製品を医薬品と認識する大きな要因となっていることから，原則として，医薬品的形状であった場合は，医薬品に該当するとの判断が行われてきた。

しかし，現在，成分によって，品質管理等の必要性が認められる場合には，医薬品的形状の錠剤，丸剤又はカプセル剤であっても，直ちに，医薬品に該当するとの判断が行われておらず，実態として，従来，医薬品的形状とされてきた形状の食品が消費されるようになってきていることから，「食品」である旨が明示されている場合，原則として，形状のみによって医薬品に該当するか否かの判断は行わないこととする。ただし，アンプル形状など通常の食品としては流通しない形状を用いることなどにより，消費者に医薬品と誤認させることを目的としていると考えられる場合は，医薬品と判断する必要がある。

4　医薬品的な用法用量の解釈

医薬品は，適応疾病に対し治療又は予防効果を発揮し，かつ，安全性を確保するために，服用時期，服用間隔，服用量等の詳細な用法用量を定めることが必要不可欠である。したがって，ある物の使用方法として服用時期，服用間隔，服用量等の記載がある場合には，原則として医薬品的な用法用量とみなすものとし，次のような事例は，これに該当するものとする。ただし，

277

資料7　無承認無許可医薬品の指導取締りについて

調理の目的のために，使用方法，使用量等を定めているものについてはこの限りでない。

　一方，食品であっても，過剰摂取や連用による健康被害が起きる危険性，その他合理的な理由があるものについては，むしろ積極的に摂取の時期，間隔，量等の摂取の際の目安を表示すべき場合がある。

　これらの実態等を考慮し，栄養機能食品にあっては，時期，間隔，量等摂取の方法を記載することについて，医薬品的用法用量には該当しないこととして差し支えない。

　ただし，この場合においても，「食前」「食後」「食間」など，通常の食品の摂取時期等とは考えられない表現を用いるなど医薬品と誤認させることを目的としていると考えられる場合においては，引き続き医薬品的用法用量の表示とみなすものとする。

　（例）１日２～３回，１回２～３粒
　　　　１日２個
　　　　毎食後，添付のサジで２杯づつ
　　　　成人１日３～６錠
　　　　食前，食後に１～２個づつ
　　　　お休み前に１～２粒

Ⅱ　判定方法

　人が経口的に服用する物について，Ⅰの「医薬品の判定における各要素の解釈」に基づいて，その成分本質（原材料）を分類し，その効能効果，形状及び用法用量について医薬品的であるかどうかを検討のうえ，以下に示す医薬品とみなす範囲に該当するものは，原則として医薬品とみなすものとする。なお，２種以上の成分が配合されている物については，各成分のうちいずれかが医薬品と判定される場合は，当該製品は医薬品とみなすものとする。

　ただし，当該成分が薬理作用の期待できない程度の量で着色，着香等の目的のために使用されているものと認められ，かつ，当該成分を含有する旨標ぼうしない場合又は当該成分を含有する旨標ぼうするが，その使用目的を併記する場合等総合的に判断して医薬品と認識されるおそれのないことが明らかな場合には，この限りでない。

　医薬品とみなす範囲は次のとおりとする。

（一）効能効果，形状及び用法用量の如何にかかわらず，判断基準の１．に該当する成分本質（原材料）が配合又は含有されている場合は，原則として

278

資料7　無承認無許可医薬品の指導取締りについて

医薬品の範囲とする。

（二）判断基準の1．に該当しない成分本質（原材料）が配合又は含有されている場合であって，以下の①から③に示すいずれかに該当するものにあっては，原則として医薬品とみなすものとする。

①　医薬品的な効能効果を標ぼうするもの

②　アンプル形状など専ら医薬品的形状であるもの

③　用法用量が医薬品的であるもの

（別添1）食薬区分における成分本質（原材料）の取扱いについて

1．「専ら医薬品として使用される成分本質（原材料）リスト」の考え方

(1)　専ら医薬品としての使用実態のある物

解熱鎮痛消炎剤，ホルモン，抗生物質，消化酵素等専ら医薬品として使用される物

(2)　(1)以外の動植物由来物（抽出物を含む。），化学的合成品等であって，次のいずれかに該当する物。ただし，一般に食品として飲食に供されている物を除く。

①　毒性の強いアルカロイド，毒性タンパク等，その他毒劇薬指定成分（別紙参照）に相当する成分を含む物（ただし，食品衛生法で規制される食品等に起因して中毒を起こす植物性自然毒，動物性自然毒等を除く）

②　麻薬，向精神薬及び覚せい剤様作用がある物（当該成分及びその構造類似物（当該成分と同様の作用が合理的に予測される物に限る）並びにこれらの原料植物）

③　処方せん医薬品に相当する成分を含む物であって，保健衛生上の観点から医薬品として規制する必要性がある物

注1）ビタミン，ミネラル類及びアミノ酸（別紙参照）を除く。ただし，ビタミン誘導体については，食品衛生法の規定に基づき使用される食品添加物である物を除き，「専ら医薬品として使用される成分本質（原材料）リスト」に収載される物とみなす。

注2）当該成分本質（原材料）が薬理作用の期待できない程度の量で着色，着香等の目的のために使用されているものと認められ，かつ，当該成分本質（原材料）を含有する旨標ぼうしない場合又は当該成分本質（原材料）を

含有する旨標ぼうするが，その使用目的を併記する場合等総合的に判断して医薬品と認識されるおそれがないことが明らかな場合には，「専ら医薬品として使用される成分本質（原材料）リスト」に収載されていても，医薬品とみなさない。

注３）「医薬品的効能効果を標ぼうしない限り医薬品と判断しない成分本質（原材料）リスト」に収載されている原材料であっても，水，エタノール以外の溶媒による抽出を行った場合には，当該抽出成分について，上記の考え方に基づいて再度検討を行い，「専ら医薬品として使用される成分本質（原材料）リスト」に収載すべきかどうか評価する。

２．新規成分本質（原材料）の判断及び判断する際の手続き

⑴　「専ら医薬品として使用される成分本質（原材料）リスト」にも，「医薬品的効能効果を標ぼうしない限り医薬品と判断しない成分本質（原材料）リスト」にも収載されていない成分本質（原材料）を含む製品を輸入販売又は製造する事業者は，あらかじめ，当該成分本質（原材料）の学名，使用部位，薬理作用又は生理作用，毒性，麻薬・覚せい剤様作用，国内外での医薬品としての承認前例の有無，食習慣等の資料を都道府県薬務担当課（室）を通じて，厚生労働省医薬・生活衛生局監視指導・麻薬対策課あて提出し，その判断を求めることができる。

⑵　監視指導・麻薬対策課は，提出された資料により，上記１の考え方に基づき学識経験者と協議を行い，専ら医薬品として使用される成分本質（原材料）への該当性を判断する。この場合，事業者に対し追加資料の要求をする場合がある。

⑶　監視指導・麻薬対策課は，「専ら医薬品として使用される成分本質（原材料）リスト」に該当せず，効能効果の標ぼう等からみて食品としての製造（輸入），販売等が行われる場合には，食品安全部関係各課（室）に情報提供を行う。

　　また，当該リストは定期的に公表するものとする。

３．その他

　「医薬品的効能効果を標ぼうしない限り医薬品と判断しない成分本質（原材料）リスト」及び「専ら医薬品として使用される成分本質（原材料）リスト」は，今後，新たな安全性に関する知見等により，必要に応じて変更することがある。

資料7　無承認無許可医薬品の指導取締りについて

（参考）

ハーブについては，次の文献等を参考にする。

・Jeffrey B. Harborne FRS, Herbert Baxter：Dictionary of Plant Toxins, Willey
・The Complete German Commission E Monographs Therapeutic Guide to Herbal Medicines（The American Botanical Council）
・Botanical Safety Handbook（American Herbal Products Association）
・Richard Evans Schultes, Albert Hofmann：The Botany and Chemistry of Hallucinogens, Charles C. Thomas Publisher
・Poisonous Plants：Lucia Woodward
・WHO monographs on selected medicinal plants
・John H. Wiersema, Blanca Leon：World Economic Plants
・中薬大辞典：小学館
・和漢薬：医歯薬出版株式会社

（別紙）

○毒薬・劇薬指定基準（注略）

(1)　急性毒性（概略の致死量：mg/kg）が次のいずれかに該当するもの。

　　1）経口投与の場合，毒薬が30mg/kg，劇薬が300mg/kg以下の値を示すもの。

　　2）皮下投与の場合，毒薬が20mg/kg，劇薬が200mg/kg以下の値を示すもの。

　　3）静脈内（腹腔内）投与の場合，毒薬が10mg/kg，劇薬が100mg/kg以下の値を示すもの。

(2)　次のいずれかに該当するもの。なお，毒薬又は劇薬のいずれに指定するかは，その程度により判断する。

　　1）原則として，動物に薬用量の10倍以下の長期連続投与で，機能又は組織に障害を認めるもの

　　2）通例，同一投与法による致死量と有効量の比又は毒性勾配から，安全域が狭いと認められるもの

　　3）臨床上中毒量と薬用量が極めて接近しているもの

　　4）臨床上薬用量において副作用の発現率が高いもの又はその程度が重篤なもの

　　5）臨床上蓄積作用が強いもの

281

資料7　無承認無許可医薬品の指導取締りについて

　6）臨床上薬用量において薬理作用が激しいもの

○注1に規定するアミノ酸は，以下のとおりとする。
　・アスパラギン，アスパラギン酸，アラニン，アルギニン，イソロイシン，グ
　　リシン，グルタミン，グルタミン酸，シスチン，システイン，セリン，チロ
　　シン，トリプトファン，トレオニン，バリン，ヒスチジン，4－ヒドロキシ
　　プロリン，ヒドロキシリジン，フェニルアラニン，プロリン，メチオニン，
　　リジン，ロイシン

（別添2　略）

282

事 項 索 引

【アルファベット等】

iPS細胞 ……………………………………… 1
OTC医薬品 …………… 19, 20, 25, 26, 107
OTC医薬品の分類 ……………………… 25
PMDA ………………………… 33, 57, 60, 122
PTP包装 ……………………………………… 13
QMS省令 ………………………………… 49, 132
RMP ………………………………………… 59

【あ 行】

安全管理責任者 ……………………… 43, 74
アンプル形状 ………………………… 9, 13, 14
アンプル剤 ……………………………………… 13
医行為 ……………………………………… 51
一般用医薬品の販売ルール ……………… 3
一般用検査薬 ………………………… 31, 32
医薬品該当性 ……………………… 7〜10, 13,
　　15, 17, 18, 190
医薬品等総括販売責任者 ……………… 43
医薬品等適正広告基準 ………… 147, 153,
　　165, 166, 168〜170, 172, 174, 203, 208
医薬品の承認 ………………… 35, 37, 58, 72
医薬品の製造販売 ……………………… 37, 38
医薬品の分類 …………………………… 19
医薬品副作用被害救済制度
　　…………………………………… 46, 65〜67
医薬品リスク管理計画 ………………… 59
医薬部外品 ………………………… 143, 144

医薬分業 …………………… 81, 111, 112
医療機器 …………………………… 119, 121
　　——の修理 ………………………… 130
　　——プログラム ……………… 133, 135
医療等の用途 …………………………… 198
医療廃棄物 ……………………………… 76
医療用医薬品 …………………… 19, 21, 24,
　　46, 59, 77, 93, 234
院内製剤 …………………………… 55, 56
栄養機能食品 …………………… 157, 158
遠隔服薬指導 ……………………… 3, 91
置き薬 …………………………………… 79
卸売販売業 …………………… 77, 78, 88

【か 行】

回収 …………………… 48〜50, 76, 199
外用剤 …………………………………… 114
加工 …………………………………… 55
課徴金 …………………………………… 182
患者紹介 …………………………… 109〜111
感染等被害救済制度 ……………… 2, 66
勧誘 ………………………………… 192, 193
危険ドラッグ ……………………… 197
希少疾病医薬品 ……………………… 33, 34
偽造医薬品 ……………………… 93〜95
機能性表示食品 …………… 157, 161, 182
強調表現 …………………… 225, 230, 231
業務改善命令 …………………………… 61

事項索引

経済上の利益 ……………… 109, 110

計数調剤 …………………… 55, 56

劇薬 ………………………… 26, 34

化粧品 ……………… 116, 146～153

健康器具的用法 …… 169, 207, 233, 241

健康食品 ……………… 157, 181, 184,
　185, 187, 189～192

効能効果 …………… 7, 10～12, 157

後発医薬品 …………………… 35

個人輸入 ………………… 113～118

誇大広告 ………… 165, 174, 194～196

小分け ……………………… 41, 42

【さ　行】

再審査期間 ……………… 26, 33, 35,
　36, 58, 137

再審査制度 …………………… 58

再生医療等製品 ……………… 1, 2, 33,
　38, 67, 155

ジェネリック医薬品 ………… 35

指定薬物 ………………… 197～199

指導義務 …………………… 3, 25

消極的な弊害 ………………… 10, 18

使用成績評価制度 ………… 137～140

処方箋医薬品 ………… 19, 21, 22, 24

スイッチOTC ………………… 26

スマートドラッグ …………… 113

製造販売業許可 ……………… 38, 123

製造販売業許可の種類 ……… 123

製造物 ……………… 45, 55, 56

生物由来製品感染等被害救済制度

　…………………………… 66

設置管理医療機器 …………… 125

損害賠償 ……… 65, 73, 85, 104, 105

【た　行】

体外診断用医薬品 ………… 31, 123, 137

ダイレクトOTC ……………… 26

ダイレクトメール ……… 170, 178, 179

立入検査 ……………………… 57

治験 ………………… 37, 38, 72, 73

　――実施計画書（プロトコル）

　…………………………… 72, 73

中止命令 …………………… 180

調剤所 ……………………… 77

適応外使用 …… 65, 67, 70, 71, 74, 75

適正要件 …………………… 67

添付文書 …… 2, 45, 46, 58, 65, 67～72

　――の届出制 ……………… 69

店舗販売業 …………………… 77～86

登録販売者 ……… 80, 86, 98, 100, 102

特定機能病院 …………… 71, 74, 75

特定販売 ……………… 3, 26, 90,
　96, 98, 102, 106

特定保健用食品 ………… 157, 159, 160

特定保守管理医療機器

　………………… 124, 125, 127

特別用途食品 ……………… 9, 162

特定臨床研究 …………… 51～53

毒薬 ………………………… 34

特許権の侵害 ………………… 47

【な　行】

日本薬局方 …………………… 7

事項索引

【は 行】

ハーボニー事件 ················· 93, 95
配置販売業 ·························· 79
バッカル錠 ·························· 114
美容器具的用法 ····················· 241
品質保証責任者 ······················ 43
副作用・感染症報告制度 ·········· 60
副作用被害救済制度 ················· 2
副作用報告制度 ······················ 63
プログラム ·············· 119, 122, 133〜135
プロバイダ ·················· 180, 199
報告義務違反 ························ 61
保険医療機関 ·········· 5, 81, 84, 85
保健機能食品制度 ················· 157
保険薬局 ···························· 5

【や 行】

薬学的知見 ················· 3, 4, 28
薬剤師不在時間 ··············· 86, 87
薬局医薬品 ········· 3, 19, 20, 24, 30, 97
薬局製剤指針 ························ 30
薬局製造販売医薬品 ················· 30
薬局の開設 ··················· 81, 84
優良誤認 ···················· 181, 190
輸入代行業 ·················· 117, 118
要指導医薬品 ·········· 3, 19, 25, 26, 28

【ら 行】

リコメンド広告 ····················· 178

条 文 索 引

◎医薬品，医療機器等の品質，有効性
　及び安全性の確保等に関する法律
　（薬機法）

1条	70
1条の2	2, 70
1条の4	41
2条	
——1項	7, 17, 119, 133
——2項	143
——3項	146
——4項	119, 121, 133, 135, 141
——5項	123
——6項	123
——7項	123
——8項	124, 125
——9項	155
——12項	77
——13項	37, 113, 117
——14項	31
——16項	33
——17項	37, 72
4条	77, 84, 89
——1項	5
——5項	3, 20, 26, 80
5条	83
7条3項	88
9条の3第1項	90
12条	38, 113, 117
12条の2	38

13条	39, 41
14条	37, 47, 113, 117
——1項	107
——2項	40
——7項	33
14条の4	35, 58
23条1項	17, 43
23条の2の2	132
23条の2の3	41, 132
23条の2の5	123, 132
23条の2の9	137, 140
23条の2の12	31
23条の2の23	123
24条	25, 100
25条	78, 88, 98, 106
26条	77, 106
30条	79
31条の2	79
35条3項	88
36条の5	28
36条の6	90
36条の8	80
36条の9	79, 80
36条の10	79, 80
39条	123, 125, 127, 128
——3項	127
39条の3	124
40条3項	127
40条の2	130, 131

41条1項 ································· 7
42条の3 ····························· 130
44条1項 ······························ 34
48条 ··································· 34
52条 ··································· 69
52条の2 ···························· 2, 69
55条1項 ······························ 70
59条3号 ····························· 144
66条 ········ 147, 165, 168, 174, 176, 177
68条 ····················· 107, 117, 118, 141,
167, 180, 181, 184, 187, 189
68条の10 ························ 60, 63
69条の2 ····························· 57
72条の4第1項 ······················ 61
72条の5 ····························· 180
75条1項 ······························ 61
76条の4 ····························· 198
76条の6 ····························· 199
76条の6の2 ························· 199
76条の7 ····························· 199
76条の7の3 ························· 199
76条の8 ····························· 199
77条の2 ······························ 33
77条の3 ······························ 33
80条 ··································· 30
80条の2 ························ 37, 61, 72
83条の9 ····························· 198
84条 ·································· 107
85条1項 ························ 107, 198
88条1号 ······························ 95
114条の55 ························· 125
216条の7 ····························· 2

◎医薬品，医療機器等の品質，有効性
及び安全性の確保等に関する法律施
行規則（薬機規）

1条2項 ························· 3, 26, 86
1条4項2号 ·························· 90
14条 ··································· 94
14条の3第3項 ······················ 87
15条の5 ····························· 178
15条の6 ······························ 96
15条の12 ····························· 91
15条の13 ························· 89, 92
15条の16 ····························· 87
26条1項 ······························ 39
57条2項 ······························ 58
63条 ··································· 58
87条 ··································· 43
140条 ·································· 80
147条の6 ···························· 178
147条の7 ····························· 96
158条の7 ····························· 24
158条の10 ···························· 30
159条の14 ···················· 98, 100, 102
159条の15 ·························· 100
159条の17 ···························· 80
170条 ································· 142
181条別表第2 ······················ 130
204条別表第3 ······················· 34
210条7号 ····························· 94
216条 ·································· 94
219条の2 ···························· 144
228条の20 ···························· 61
251条 ·································· 33

287

273条1項 ·· 61

289条 ·· 94

◎医薬品，医療機器等の品質，有効性
　及び安全性の確保等に関する法律施
　行令（薬機令）

3条 ·· 30, 55

37条の21 ······································ 132

56条 ·· 131

114条の55第1項 ····························· 125

◎医薬品，医薬部外品，化粧品及び医
　療機器の製造販売後安全管理の基準
　に関する省令（GVP省令）

4条2項 ·· 43

◎医薬品，医薬部外品，化粧品及び再
　生医療等製品の品質管理の基準に関
　する省令（GQP省令）

4条3項 ·· 43

◎医薬品の臨床試験の実施の基準に関
　する省令（GCP省令）

50条 ·· 73

◎医療法

4条の2 ·· 74

6条の5 ····································· 195, 196

7条1項 ·· 5

16条の3第1項 ····························· 71, 74

21条1項 ·· 77

87条1項 ··· 195

◎医療法施行規則

1条の9 ··· 195

1条の9の2 ······································ 196

1条の11第2項 ························· 71, 74, 75

9条の23 ································· 71, 74, 75

◎健康増進法

26条 ······················· 9, 157, 159, 162

29条 ·································· 157, 160

31条 ······························ 161, 182, 183

32条 ······························ 161, 182

36条の2 ··· 182

39条 ··· 182

◎健康保険法

63条3項1号 ·· 5

64条 ··· 5

65条 ··· 5

◎消費者契約法

2条4項 ·· 161

4条1項 ·· 192

12条 ··· 192

◎食品衛生法

4条 ··· 157

◎食品表示法

4条 ··· 157, 158

11条 ··· 161

◎食品表示基準

2条1項 ··········· 157, 158, 161

7条 ······················· 158

21条 ····················· 158

◎製造物責任法

2条 ···················· 45, 55

◎独立行政法人医薬品医療機器総合機構法

3条 ······················· 57

4条 ····················· 65, 67

15条1項 ············· 65, 66, 67

16条 ················· 65, 66

◎独立行政法人医薬品医療機器総合機構法施行規則

3条2号 ··················· 65

◎独立行政法人医薬品医療機器総合機構法施行令

3条 ······················· 65

◎特許法

69条1項 ·················· 47

◎不当景品類及び不当表示防止法

2条4項 ·················· 190

5条1号 ············· 181, 190

7条1項 ················· 181

8条1項 ················· 182

36条 ···················· 181

39条 ····················· 181

◎保険医療機関及び保険医療養担当規則（療担規則）

2条の4の2第2項 ········· 109

◎保険薬局及び保険薬剤師療養担当規則（薬担規則）

2条の3第1項 ······· 81, 104, 112

2条の3の2第2項 ·········· 109

◎薬剤師法

22条 ··················· 89, 92

25条の2 ·············· 3, 4, 90

◎薬剤師法施行規則

13条 ····················· 92

◎薬局等構造設備規則

1条9項 ··················· 94

2条9項 ··············· 94, 106

3条7項 ··················· 94

◎薬局並びに店舗販売業及び配置販売業の業務を行う体制を定める省令

1条2項 ··················· 95

2条 ····················· 106

◎臨床研究法

1条 ······················· 51

2条 ···················· 51, 52

4条 ······················· 51

条文索引

5 条	52	13条	53
9 条	51	14条	53
10条	53	32条	53
12条	53	33条	53

判 例 索 引

大判昭 6 ・12・21大刑集10巻803
　　頁 ································ 22

最大判昭40・ 7 ・14刑集19巻 5 号
　　554頁 ························ 121

最大判昭50・ 4 ・30民集29巻 4 号
　　572頁 ·························· 81

最二小決昭54・12・17判タ406号
　　98頁 ···························· 13

東京高判昭55・11・26高検速報
　　2470号，刑月12巻11号1154頁 ········ 11

最三小判昭57・ 9 ・28判タ480号
　　62頁，刑集36巻 8 号787頁
　　·························· 8, 10, 17, 121

最三小判昭59・ 6 ・19刑集38巻 8
　　号2761頁，判タ535号206頁 ··········· 41

広島高判平 2 ・ 9 ・13高刑速 7 号
　　243頁 ···························· 11

最三小判平 8 ・ 1 ・23民集50巻 1
　　号 1 頁 ······················ 70, 72

最二小判平11・ 4 ・16民集53巻 4
　　号627頁 ·························· 47

名古屋地判平12・ 3 ・24判時1733
　　号70頁 ···························· 73

福岡高判平14・11・21裁判所ウェ
　　ブサイト ···················· 85, 104

東京地判平14・12・13判時1805号
　　14頁 ···························· 56

東京地判平16・ 3 ・23判時1908号
　　143頁 ···························· 56

東京地判平19・10・11ウェスト
　　ロー・ジャパン ·············· 67, 68

東京地判平20・10・31裁判所ウェ
　　ブサイト ···················· 67, 68

東京地判平24・10・25判タ1395号
　　372頁 ·························· 190

最二小判平25・ 1 ・11民集67巻 1
　　号 1 頁，裁時1571号35頁
　　···························· 3, 26, 96

東京高判平25・ 3 ・28判タ1411号
　　264頁 ···························· 18

最三小判平25・ 4 ・12民集67巻 4
　　号899頁 ·························· 45

東京高判平25・ 6 ・26判時2225号
　　43頁，裁判所ウェブサイト
　　···························· 82, 112

東京地判平26・ 2 ・20判タ1420号
　　316頁 ···························· 73

京都地判平27・ 1 ・21判時2267号
　　83頁 ························ 181, 191

東京高判平27・ 9 ・30裁判所ウェ
　　ブサイト ·························· 68

名古屋高判平28・ 2 ・ 5 裁判所
　　ウェブサイト ···················· 68

大阪高判平28・ 2 ・25金判1490号
　　34頁 ······················ 191, 192

大阪地判平29・ 1 ・12ウェスト
　　ロー・ジャパン ·················· 68

最三小判平29・ 1 ・24民集71巻 1
　　号 1 頁 ·························· 192

東京地判平29・ 3 ・16裁判所ウェ
　　ブサイト ·············· 174, 176, 187

東京地判平29・ 7 ・18判例秘書 ········ 91

通知等索引

通 知 等 索 引

昭37・5・24薬鑑144号厚生省薬務局監視課長通知
　「組合せ医薬品の取扱いについて」 ……………………………………107

昭46・6・1薬発476号厚生省薬務局長通知「無承認無許可医薬品の指導
　取締りについて」別添「医薬品の範囲に関する基準」 ………8, 11, 13, 15

昭47・2・2薬監27号厚生省薬務局監視課長通知
　「化粧品における特定成分の特記表示について」 ………………………150

平4・6・29薬安80号厚生省薬務局安全課長通知
　「医薬品等の副作用の重篤度分類基準について」 ………………………60

平9・12・25医薬監104号厚生省医薬安全局監視指導課長通知
　「組合せ医薬品等の取扱いについて」 ……………………………………108

平10・9・29医薬監148号厚生省医薬安全局監視指導課長通知
　「薬事法における医薬品等の広告の該当性について」
　………………………………………………118, 166, 174, 184, 185, 187, 189

平14・8・28医薬発0828014号厚生労働省医薬局長通知
　「個人輸入代行業の指導・取締り等について」 …………………………117

平15・8・29食安基発0829001号・食安監発0829005号厚生労働省医薬食品
　局食品安全部基準審査課長，監視安全課長通知
　　「食品として販売に供する物に関して行う健康保持増進効果等に関す
　　る虚偽誇大広告等の禁止及び広告等適正化のための監視指導等に関す
　　る指針（ガイドライン）に係る留意事項について」 …………………184

平17・2・10薬食発0210001号厚生労働省医薬食品局長通知
　「処方せん医薬品の指定について」 ………………………………………21

平17・3・31薬食機発0331004号厚生労働省医薬食品局審査管理課医療機
　器審査管理室長通知
　　「薬事法及び採血及び供血あつせん業取締法の一部を改正する法律等
　　の施行に伴う医療機器修理業に係る運用等について」 ………………130

平17・9・8環廃対発050908003号・環廃産発050908001号環境省大臣官房
　廃棄物・リサイクル対策部廃棄物対策課長・産業廃棄物課長通知
　　「在宅医療に伴い家庭から排出される廃棄物の適正処理について」 ……76

平21・2・6厚生労働省告示25号「薬事法第2条第2項第3号の規定に基
　づき厚生労働省が指定する医薬部外品」 ………………………………144

平21・2・6厚生労働省告示28号「薬事法第59条第7号の規定に基づき厚
　生労働省が指定する医薬部外品」 ………………………………………144

通知等索引

平21・6・5医政経発0605001号薬食審査発0605014号厚生労働省医薬食品
局審査管理課長通知
「医療用後発医薬品の薬事法上の承認審査及び薬価収載に係る医薬品
特許の取扱いについて」……………………………………………………… 36
平23・7・21薬食発0721第1号厚生労働省医薬食品局通知
「化粧品の効能の範囲の改正について」……………………………… 147, 148
平24・2・13医機連発169号日本医療機器産業連合会
「『未承認の医療機器に関する適正な情報提供について』に係わる質
疑応答集について」………………………………………………………… 141
平24・3・30薬食監麻発0330第13号厚生労働省医薬食品局監視指導・麻薬
対策課長通知
「未承認の医療機器に関する適正な情報提供の指針について」………… 141
平24・4・11薬食安発0411第1号・薬食審査発0411第2号厚生労働省医薬
食品局安全対策課長・厚生労働省医薬食品局審査管理課長通知
「医薬品リスク管理計画指針について」……………………………………… 59
平26・3・5保医発0305第10号厚生労働省保険局医療課長・厚生労働省保
険局歯科医療管理官通知
「保険医療機関及び保険医療養担当規則等の一部改正に伴う実施上の
留意事項について」………………………………………………………… 109
平26・3・10薬食発0310第1号厚生労働省医薬食品局長通知
「薬事法及び薬剤師法の一部を改正する法律等の施行等について」………… 29
平26・3・18薬食発0318第4号厚生労働省医薬食品局長通知
「薬局医薬品の取扱いについて」………………………………………… 22, 24
平26・3・18薬食発0318第6号厚生労働省医薬食品局長通知
「薬事法第36条の5第2項の「正当な理由」等について」……………………… 29
平26・3・31厚生労働省医薬食品局監視指導・麻薬対策課事務連絡
「医薬品の販売業等に関するQ&Aについて」…………………………… 96
平26・5・7厚生労働省医薬食品局総務課・厚生労働省医薬食品局監視指
導・麻薬対策課事務連絡
「医薬品の販売業等に関するQ&Aについて（その2）」…………………… 99
平26・5・22薬食監麻発0522第9号厚生労働省医薬食品局監視指導・麻薬
対策課長通知
「インターネットによる医薬品等の広告の該当性に関する質疑応答集
（Q&A）について」……………………………………………………… 118

293

通知等索引

平26・9・1薬食安発0901第01号厚生労働省医薬食品局安全対策課長通知
「添付文書等記載事項の届出等に当たっての留意事項について」……………69
平26・10・2薬食発1002第20号厚生労働省医薬食品局長通知
「医薬品等の副作用等の報告について」……………………………………………60
平26・11・14薬食監麻発1114第5号厚生労働省医薬食品局監視指導・麻薬
対策課長通知
「プログラムの医療機器への該当性に関する基本的な考え方につい
て」………………………………………………………………………………122, 135
平26・11・21薬食発1121第2号厚生労働省医薬食品局長通知
「医薬品の承認申請について」……………………………………………………35, 37
平26・11・21薬食発1121第10号厚生労働省医薬食品局長通知
「医薬品・医療機器等の回収について」………………………………………………48
平26・11・21薬食機参発1121第44号厚生労働省大臣官房参事官通知
「医療機器及び体外診断用医薬品の製造販売承認に係る使用成績評価
の取扱いについて」……………………………………………………137, 139, 140
平26・11・25厚生労働省医薬食品局医療機器・再生医療等製品担当参事官
室，厚生労働省医薬食品局安全対策課，厚生労働省医薬食品局監視指
導・麻薬対策課事務連絡
「医療機器プログラムの取扱いに関するＱ＆Ａについて」…………………122
平26・12・17薬食監麻発1217第1号厚生労働省医薬食品局監視指導・麻薬
対策課長通知
「インターネット上の無承認医薬品及び指定薬物等に係る広告監視指
導について」……………………………………………………………………………180
平26・12・25薬食発1225第1号厚生労働省医薬食品局長通知
「体外診断用医薬品の一般用検査薬への転用について」………………………31
平26・12・26薬食機参発1226第3号厚生労働省大臣官房参事官通知
「医療機器及び体外診断用医薬品の製造販売承認時における使用成績
評価の対象に係る基本的な考え方について」…………………………137, 138
平27・8・10厚生労働省医政局長事務連絡
「情報通信機器を用いた診療（いわゆる「遠隔診療」）について」…………91
平27・12・28薬生機発1228第1号厚生労働省大臣官房参事官通知
「医療機器の使用成績評価の指定の要否と調査期間に係る手続き及び
具体的な運用について」……………………………………………………………139

294

通知等索引

平28・1・8消食表5号消費者庁食品表示企画課長通知
　「特定保健用食品に関する質疑応答集」 ……………………………………………………… 159
平28・2・22薬生機発0222第1号厚生労働省大臣官房参事官（医療機器・
　再生医療等製品審査管理担当）通知
　「黄体形成ホルモンキットに係る一般用検査薬ガイドラインの策定に
　ついて」 …………………………………………………………………………………………………… 31
平28・3・31保医発0331第6号厚生労働省保険局医療課長・厚生労働省保
　険局歯科医療管理官通知
　「『保険医療機関及び保険医療養担当規則の一部改正等に伴う実施上
　の留意事項について』の一部改正について」 ………………………………………………… 81
平28・6・10医政発0610第18号厚生労働省医政局長通知
　「医療法施行規則の一部を改正する省令の施行について」 …………………………… 75
平28・9・21薬生安発0921第1号厚生労働省医薬・生活衛生局安全対策課
　長通知
　「一般用医薬品の区分リストについて』の一部改正について」 …………………… 31
平28・11・15厚生労働省医薬・生活衛生局医療機器審査管理課・厚生労働
　省医薬・生活衛生局監視指導・麻薬対策課事務連絡
　「一般用検査薬にかかる啓発及び普及を目的とした情報提供につい
　て」 …… 32
平29・3・31消食表188号消費者庁次長通知
　「特別用途食品の表示許可等について」 ……………………………………………………… 162
平29・5・10薬生機審発0510第1号厚生労働省医薬・生活衛生局医療機器
　審査管理課長通知
　「『インスリン注射器等を交付する薬局に係る取扱いについて』の一
　部改正について」（特定保険医療材料等を交付する薬局の取扱いにつ
　いて） …………………………………………………………………………………………………… 128
平29・6・8薬生発0608第1号厚生労働省医薬・生活衛生局長通知
　「医療用医薬品の添付文書等の記載要領について」 …………………………………… 69
平29・6・9薬生発0609第1号厚生労働省医薬・生活衛生局長通知
　「未承認医療機器の展示会等への出展について」 ……………………………………… 141
平29・6・26厚生労働省医薬・生活衛生局長薬生発0626第3号厚生労働省
　医薬・生活衛生局長通知
　「医薬品の製造販売業者における三役の適切な業務実施について」 …………… 44

通知等索引

平29・9・26薬生発0926第10号厚生労働省医薬・生活衛生局長通知
「医薬品，医療機器等の品質，有効性及び安全性の確保等に関する法
律施行規則の一部を改正する省令等の施行等について」……………… 87
平29・9・29薬生安発0929第2号厚生労働省医薬・生活衛生局医薬安全対
策課長通知
「製造販売業者における製造販売後安全管理業務に関する法令遵守の
徹底について（再周知徹底依頼）」……………………………………… 61
平29・9・29薬生監麻発0929第5号厚生労働省医薬・生活衛生局監視指
導・麻薬対策課長通知
「医薬品等適正広告基準の解説及び留意事項等について」………151, 166, 208
平29・9・29薬生発0929第4号厚生労働省医薬・生活衛生局長通知
「医薬品等適正広告基準の改正について」……………… 166, 203, 168, 170, 172
平29・10・5薬生発1005第1号厚生労働省医薬・生活衛生局長通知
「医薬品，医療機器等の品質，有効性及び安全性の確保等に関する法
律施行規則の一部を改正する省令等の施行について」……………………93, 95
平30・1・10厚生労働省医薬・生活衛生局総務課，厚生労働省医薬・生活
衛生局監視指導・麻薬対策課，厚生労働省医政局総務課，医療安全推
進室事務連絡
「偽造医薬品の流通防止に係る省令改正に関するＱ＆Ａについて」
…………………………………………………………………………94, 95
平30・3・30厚生労働省医薬・生活衛生局事務連絡
「医療機器の販売業及び修理業の取扱いに関する質疑応答集（Ｑ＆
Ａ）について」………………………………………………………… 142
平30・4・6薬生発0406第3号厚生労働省医薬・生活衛生局長通知
「臨床研究において使用される未承認の医薬品，医療機器及び再生医
療等製品の提供等に係る医薬品，医療機器等の品質，有効性及び安全
性の確保等に関する法律の適用について」………………………………53
平30・5・8医政発0508第1号厚生労働省医政局長通知
「医療広告ガイドライン」…………………………………………… 194

著者略歴

赤羽根 秀宜 (Hidenori Akabane)

中外合同法律事務所　パートナー　薬事・健康関連グループ代表

薬剤師として薬局勤務後，司法の面から医療界を良くしようと考え，弁護士となる。

1975年　栃木県栃木市生まれ
1997年　帝京大学薬学部卒業　薬剤師として薬局勤務
2008年　東海大学法科大学院卒業
2009年　弁護士登録（第二東京弁護士会）

〈活動〉
日本病院薬剤師会顧問
小児治験ネットワーク中央治験審査委員会委員
東京薬科大学非常勤講師（法学）
帝京大学薬学部非常勤講師
東京薬科大学附属社会医療研究所　教授（薬事関係法規学）
日本薬剤師会DI・医療安全・DEM委員会委員
一般社団法人薬局共創未来人材育成機構　理事
一般社団法人　スマートヘルスケア協会　理事
株式会社グッドサイクルシステム　社外取締役
株式会社ソフィアホールディングス　社外取締役

〈主な著書〉
『赤羽根先生に聞いてみよう　薬局・薬剤師のためのトラブル相談Q＆A47』
（じほう，2014）　ほか

〈所属事務所：中外合同法律事務所〉
〒100-0005　東京都千代田区丸の内3丁目1番1号　国際ビル839区
TEL 03-3212-1925／FAX 03-3201-0643

Q&A　医薬品・医療機器・健康食品等に関する
法律と実務
―医薬品該当性，医薬品・健康食品の広告，製造販
　売，添付文書，薬局，個人輸入，医薬部外品，医
　療機器，化粧品，指定薬物―

2018年8月2日　初版発行
2021年7月2日　初版第2刷発行

著　者　　赤羽根　秀　宜

発 行 者　　和　田　　裕

発行所　日 本 加 除 出 版 株 式 会 社

本　　　社　　郵便番号 171-8516
　　　　　　　東京都豊島区南長崎 3 丁目16番 6 号
　　　　　　　Ｔ Ｅ Ｌ　（03）3953 - 5757（代表）
　　　　　　　　　　　　（03）3952 - 5759（編集）
　　　　　　　Ｆ Ａ Ｘ　（03）3953 - 5772
　　　　　　　Ｕ Ｒ Ｌ　www.kajo.co.jp

営　業　部　　郵便番号 171-8516
　　　　　　　東京都豊島区南長崎 3 丁目16番 6 号
　　　　　　　Ｔ Ｅ Ｌ　（03）3953 - 5642
　　　　　　　Ｆ Ａ Ｘ　（03）3953 - 2061

組版　㈱象川印刷　／　印刷・製本（POD）京葉流通倉庫㈱

落丁本・乱丁本は本社でお取替えいたします。
★定価はカバー等に表示してあります。
Ⓒ H. Akabane 2018
Printed in Japan
ISBN978-4-8178-4495-8

JCOPY 〈出版者著作権管理機構　委託出版物〉
　　本書を無断で複写複製（電子化を含む）することは，著作権法上の例外を除
　き，禁じられています。複写される場合は，そのつど事前に出版者著作権管理
　機構（JCOPY）の許諾を得てください。
　　また本書を代行業者等の第三者に依頼してスキャンやデジタル化することは，
　たとえ個人や家庭内での利用であっても一切認められておりません。

〈JCOPY〉　Ｈ Ｐ：https://www.jcopy.or.jp/，e-mail：info@jcopy.or.jp
　　　　　　電話：03-5244-5088，FAX：03-5244-5089

医薬品に該当する？景品表示法の優良誤認・有利誤認に当たらない？
その他法律に抵触しない？
疑問解決に役立つ114問のQ&Aを収録！

Q&A 健康・医薬品・医療の広告表示に関する法律と実務

健康食品・美容関連などの優良誤認、医薬品該当性、健康増進・誇大表示、医薬品等適正広告基準、医療用医薬品の販売情報提供活動に関するガイドライン、医療広告ガイドライン、打消し表示、自動継続契約、不実証広告規制、差止請求、措置命令、課徴金

弁護士・薬剤師 **赤羽根秀宜** ／ 弁護士 **井上惠子** 著

2020年9月刊 A5判 336頁 定価3,740円（本体3,400円）978-4-8178-4663-1
商品番号：40823 略号：健康広告

- 健康関連の広告に関連する判断について、法律・ガイドライン・措置命令などの根拠とともに理解できる。
- 設問は、弁護士等の実務家、健康食品・製薬・広告会社、関係事業者など、様々な立場が抱く疑問を収録。

【主な収録内容】

第1章　広告表示が関連する法令
第2章　広告・表示該当性
第3章　健康・医薬品・医療に関する広告規制
　第1節　医薬品
　第2節　医療機器・健康機器
　第3節　医療関係
　第4節　健康食品
第4章　広告・表示に関する広告規制
第5章　不当な広告表示に対する行政対応と民事責任
　第1節　不当な広告表示に対する行政対応
　第2節　不当な広告表示に対する民事責任

【Q抜粋】

Q：キュレーションサイトや新聞の記事等での表現において医薬品の広告等と判断される場合はあるか。
Q：医薬品の添付文書についてはどのような記載が求められているか。
Q：全額返金保証広告をする場合の留意事項は何か。
Q：定期購入販売の場合に初回無料・初回低廉価格表示が有利誤認表示に該当する場合はどのような場合か。
Q：令和元年の薬機法改正で導入される課徴金制度や措置命令はどのような内容か。

日本加除出版
〒171-8516　東京都豊島区南長崎3丁目16番6号
TEL（03）3953-5642　FAX（03）3953-2061（営業部）
www.kajo.co.jp